数字金融支持中小民营企业融资生态链研究

马德功　周进为　李晓昊　等著

中国金融出版社

责任编辑：童祎薇
责任校对：孙　蕊
责任印制：陈晓川

图书在版编目（CIP）数据

数字金融支持中小民营企业融资生态链研究/马德功，周进为，李晓昊著．—北京：中国金融出版社，2024.1
ISBN 978－7－5220－2290－1

Ⅰ.①数…　Ⅱ.①马…②周…③李…　Ⅲ.①中小企业—民营企业—企业融资—研究—中国　Ⅳ.①F279.243

中国国家版本馆CIP数据核字（2024）第010319号

数字金融支持中小民营企业融资生态链研究
SHUZI JINRONG ZHICHI ZHONG-XIAO MINYING QIYE RONGZI
SHENGTAILIAN YANJIU

出版
发行　中国金融出版社

社址　北京市丰台区益泽路2号
市场开发部　（010）66024766，63805472，63439533（传真）
网 上 书 店　www.cfph.cn
　　　　　　（010）66024766，63372837（传真）
读者服务部　（010）66070833，62568380
邮编　100071
经销　新华书店
印刷　北京七彩京通数码快印有限公司
尺寸　169毫米×239毫米
印张　18.75
字数　297千
版次　2024年1月第1版
印次　2024年1月第1次印刷
定价　79.00元
ISBN 978－7－5220－2290－1

作者简介

马德功

马德功，男，1957年6月生，山西长治人，经济学博士，四川大学经济学院教授、博士生导师。

中国世界经济学会常务理事，四川省宏观金融专业委员会副主任，四川省资产评估协会常务理事，四川省金融工作局金融人才评审专家。

主要研究领域：金融学、金融工程、世界经济、资产评估等。

主要著述：《新型城镇化金融支持研究》《人民币升值问题研究》《中央银行外汇市场干预理论与实践》《世界经济波动理论》《洗钱与反洗钱的金融学分析》《资产评估理论与方法》《资产评估理论与管理》、“关于通货膨胀现象的若干思考”“出口退税对人民币汇率及外汇储备影响机制实证分析”“促进中国西部新型城镇化进程的路径思考”“地方政府债务风险防控机制实证分析——基于KMV模型对四川省地方债风险评估”“成都新型城镇化进程中的农民工就业问题研究”“商业银行参与影子银行业务与金融风险传染”“人民币国际化对中国金融风险的影响”“普惠金融发展对国际贸易的影响研究”“数字金融、创业活动与包容性发展” “China's One Belt and One Road Initiative and Outward Chinese Foreign Direct Investment in Europe” “Do International Capabilities and Resources Configure Firm's Sustainable Competitive Performance?” “Supportive Tactics for Innovative and Sustainability Performance in Emerging SMEs” “An Empirical Nexus between Exchange Rate and China's Outward Foreign Direct Investment: Implications for Pakistan under the China Pakistan Economic Corridor Project"等。

在《经济学动态》、《世界经济》、《统计研究》、《四川大学学报》、《上海经济研究》、《重庆大学学报》、《金融论坛》、《金融评论》、*Financial Innovation*、*Sustainability*、*The Quarterly Review of Economics and Finance* 等国内外有影响的学术期刊发表论文近百篇。

主持的主要项目：

国家社科基金项目《数字金融支持中小民营企业融资生态链研究》；

国家社科基金项目《新型城镇化金融支持研究》；

国家社科基金项目《完善汇率形成机制及应对人民币升值压力研究》；

四川省社科基金规划项目《四川地方政府融资、债务风险与防控机制研究》；

成都市哲学社会科学重大招标项目《成都新型城镇化进程中的就业与劳动保护》等。

主要获奖：第七届高等学校科学研究优秀成果二等奖；四川省政府第 16 次哲学社会科学优秀成果一等奖；四川省政府第 12 次哲学社会科学优秀成果三等奖；四川省教育厅第七届哲学社会科学科研成果二等奖；四川省第八届高等教育优秀教学成果三等奖等。

周进为，男，四川大学经济学院博士研究生，世界经济专业，国际金融、数字金融研究方向。参与国家社会科学基金项目以及省市级项目多项，并在国内外重要学术会议中发表多篇论文。

李晓昊，男，四川大学经济学院博士研究生，世界经济专业，国际金融、金融风险研究方向。参与国家社会科学基金项目以及省市级项目多项，并在国内外重要学术会议中发表多篇论文。

序

在我国中小企业中，民营企业占绝大多数[①②]。截至2021年底，我国的中小企业已超过4800万户，占全国企业总数的99.8%。[③] 这些中小企业创造了我国50%的税收、60%的GDP、70%的技术创新、80%的城镇劳动就业[④]。然而，国家发展改革委的一份报告曾经提及，我国每年都有30%左右的中小企业倒闭，其中有60%是由融资问题得不到解决而导致的。[⑤]

中小企业属于企业中的弱势群体，因此在其融资过程中困境重重。这些弱势群体中，一类是由信息不对称或（和）筹资主体属性差异形成的“伪弱势”，另一类是中小企业自身原因导致的“真弱势”。无论是外部因素导致的“伪弱势”，还是自身因素导致的“真弱势”，究其本质均归属于中小企业所处的融资生态存在缺陷。数字金融凭借其技术优势使破除中小企业融资困境成为可能，不仅能够助力于“伪弱势”企业，而且普惠于所有“真弱势”的中小企业。数字金融对中小企业融资的有效支持是通过优化金融生态的中介效应实现的。在数字金融通过优化金融生态实现对中小企业金融支持的机制和路径中，科学合理的政府政策能产生有效的调节效应。

本书以“数字金融支持中小民营企业融资生态链研究”为题，在当前我国经济进入高质量发展的新时代背景下，对于探索金融如何支持中小企业高质量发展，乃至金融如何有效服务实体经济，均具有重要的理论价值和深刻的现

---

① 人民网．持续优化税收营商环境　支持民营经济发展壮大［EB/OL］．（2023-04-12）．http：//finance. people. com. cn/n1/2023/0412/c1004-32662050. html.

② 我国中小企业绝大多数为民营企业，因此在本书的序中不严格区分中小企业和中小民营企业。

③ 光明网．全国中小微企业数量达4800万户［EB/OL］．（2022-09-02）．https：//m. gmw. cn/2022-09/02/content_ 35997745. htm.

④ 中国政府网．刘鹤主持召开国务院促进中小企业发展工作领导小组第一次会议［EB/OL］．（2018-08-20）．http：//www. gov. cn/guowuyuan/2018-08/20/content_ 5315204. htm.

⑤ 搜狐新闻．中小企业倒闭六成因融资问题［EB/OL］．（2008-08-05）．http：//news. sohu. com/20080805/n258594745. shtml.

实意义。

一、中小企业融资为什么难

中小企业融资难，一是资金供求双方的“信息不对称”。由于信息不对称，中小企业信息闭塞，无法搜寻到适合的资金供给者；也是由于信息不对称，银行等金融机构无法获得准确的中小企业的经营状况、财务状况、负债状况、风控状况、资信状况等信息，进而无法确定合适的融资对象。

“信息不对称”生成道德风险，进而引发逆向选择。由于金融机构无法准确获得中小企业的基本信息，这为中小企业可能的违德违信行为提供了空间，即为中小企业道德风险的存在提供了空间；金融机构将此类无法获得准确信息因而存在道德风险的中小企业，一律视作资信状况差的贷款对象，少贷甚至拒绝为其贷款，此即金融机构的逆向选择。

由于“信息不对称”，中小企业无力寻找到合适的资金供给者，商业银行最终成为向中小企业提供贷款的唯一选择。这也是中小企业忧虑资金供给方的道德风险，进而逆向选择的结果。

二是从资金供给者视角，基于商业银行等金融机构收益、成本、风险、规模经济效应等因素的考量。许多追求盈利的金融机构及多元化融资平台较少甚至拒绝向弱势的中小企业开放，中小企业被大部分的金融机构或融资平台排除在外，从而没有形成适用于弱势的中小企业融资的多样化的资金供给资源和供给渠道。

三是从资金需求者视角，中小企业属于“弱势”群体。（1）资产规模小，从而无法向金融机构提供与其资金需求匹配的抵押资产；（2）经营管理能力弱，定位不明确，规划不清晰，经营效率低，管理不规范，预期收益差，无法还本付息的信用风险大；（3）资信水平低，有经营状况不透明、财务不披露，有意虚报瞒报等行为倾向，信用风险加剧。此外，“信息不对称”和企业的“民营”属性会加剧中小企业的这种“弱势”，从而表现出真实业务中的“伪弱势”和“真弱势”。

二、信息不对称、银行对中小企业惜贷、中小企业弱势的本质

将上述问题的本质抽象为中小企业融资生态链存在的缺陷。这里的生态，

即生物生存与发展所处的系统（环境）的状态[①]。生态链，即指定生物与系统中的其他生物之间、指定生物与系统中非生物之间的相互作用、相互依存、相互制约的关系链。

中小企业融资生态链，引用生态学中生态链的概念，具体定义为中小企业在融资过程中与其他金融机构或非金融机构形成的相互依存的关系链。导致中小企业融资难的问题，如“信息不对称”“银行等金融机构惜贷”“中小企业本身弱势和不规范”等，究其本质是中小企业融资生态链存在问题。生态问题属系统性问题，非随机性问题。

中小企业与金融机构之间信息不对称，本质上属于融资生态链问题。由于没有健全的生态链，许多中小企业无法寻找到能够给它们提供贷款的金融机构[②]，也无法寻找到能够提供贷款的非金融机构；由于不存在完善的生态链，银行等金融机构也无法获取中小企业的经营、财务、资产、风险、资信等信息，进而无法确定贷款的对象。因此，中小企业与其金融生态系统中的金融及非金融机构无法形成完整健康的融资生态链，从而表现出“信息不对称”现象。

我国商业银行及非银行金融机构已经与大型企业形成了较为完整和健康的融资生态链，现有金融机构仅需大型企业就可以满足其投资及贷款的生存需求，因而不再需要中小企业作为其贷款对象。目前我国还没有形成适用于向相对弱势的中小企业提供资金支持的商业银行及其他非银行金融机构群体，不存在健康完整的中小企业的融资生态链，从而表现为“银行惜贷”。

中小企业属弱势群体，其治理模式、资产结构及经营风险等与金融机构的需求不匹配。与大型企业相比，由于中小企业的资产规模小、经营效率低、财务欠规范、风控能力差、资信水平低等原因，它们的贷款诉求通常被商业银行等金融机构排除在外，金融机构与中小企业之间难以形成彼此依存和制约的生态链。中小企业呈现“弱势”。

---

① 现有文献显示，“生态”通常指的是生物在一定的自然环境下生存和发展的状态，包括生物的生理特性和生活习性。笔者在这里将生态解读为“生物生存与发展所处的系统（环境）的状态”。例如，一池水，水中养有鱼，若有一条鱼或少量的鱼死了，那可能是这些鱼本身出现了问题；若是大部分鱼死亡，那可能就是鱼的生态问题，即鱼所处的生存环境（系统）出现了问题。

② 或许由于适合中小企业发展的金融生态发育不足，根本就不存在与这些中小企业相适应的金融机构，只是由于信息不对称，中小企业无法知晓而已。

综上所述，中小企业的融资生态发育不健全是中小企业融资难的本质所在。

三、为什么数字金融能够缓解中小企业融资难

数字金融能够改善金融生态，培育、改进和优化中小企业融资生态链，进而赋能中小企业融资。

数字金融，即运用人工智能、大数据、云计算、区块链、生物识别、5G和物联网等数字技术，实现资源跨期配置过程数字化的金融。

数字金融能够弱化甚至消除“信息不对称”现象，进而消除道德风险，规避逆向选择，揭去中小企业中的“伪弱势”面纱，减少中小企业的“属性”误判，最终帮助金融机构在中小企业中发现大量合适的贷款对象。

数字金融能够弱化“信息不对称”现象，将中小企业的基本信息转化为企业的信用信息，进而提升大量中小企业资信水平。

数字金融的“长尾效应”和“网络效应”为商业银行发现广大中小企业市场的规模效应和利润空间创造了可能，进而提升主动为中小企业提供贷款的动力。

数字金融能够降低金融机构提供贷款的成本，优化中小企业贷款规模效益，实现金融机构的逐利目标。

数字金融能够提升大量中小企业的经营管理能力，改善其“弱势”形象。

总而言之，数字金融能够改进和优化我国中小企业的融资生态，形成、培育和完善中小企业与金融机构及非金融机构之间健康完整的融资生态链。

四、数字金融缓解中小企业融资约束的中介效应

数字金融缓解中小企业的融资约束是通过融资生态链中介效应实现的。

融资生态链是指，在一定的金融生态环境下，资金融通主体之间形成的链式相互制约、相互依存的关系。如金融机构（商业银行及其他非银行金融机构）、企业、家庭及其他经济实体之间，由于彼此间的资金融通关系而形成的相互依存的生态链。

（一）中小企业融资生态链的企业端制约

（1）治理结构落后。大部分中小企业属于传统家族治理结构模式，所有

权、经营权、监督权统一，通常采用先内源融资，再外源短期债务、长期债务，最后才是外源权益融资的路径。这种模式导致其融资渠道单一、缺乏监督、财务不规范、资信水平低下。（2）资产规模小。大部分中小企业注册资本少，资产积累不足，缺乏可供抵押的实物资产，无法满足商业银行贷款的要求。（3）经营风险高。与大型企业相比，在外部影响的冲击下，中小企业经营风险更高。

（二）中小企业融资生态链的金融端制约

（1）信贷市场供给制约。我国银行信贷供给的金融机构体系以中央银行为宏观调控主体，政策性银行为政策性信贷供给，商业银行为市场性信贷供给，商业银行又包括大型国有商业银行、股份制商业银行、城市商业银行和外资银行等，从而形成多类型、多层次的信贷供给机构体系。其中，国有金融机构占据了垄断地位，制约了中小企业融资的信贷供给。（2）资本市场供给制约。我国的资本市场包括主板、中小板、创业板、新三板等，构成了各具特色、相互补充、协调发展的多层次资本市场体系。尽管中小板、创业板的准入门槛比主板市场要低得多，但大多数中小企业仍不具备上市资格，从而制约了中小企业的资本融资供给。

（三）中小企业融资生态链的环境制约

（1）信息制约。信息不对称是市场机制的顽疾，成为市场经济运行的缺陷。我国社会主义市场经济条件下的中小企业融资生态链的形成与发育的信息环境也是如此，信息不对称的系统环境制约了中小企业融资生态链的培育和完善。（2）信用体系制约。企业信用体系建设由中央银行负责，但中小企业信用档案等信息却多分散在技术监督、质量检测等职能部门，而各部门间尚未实现真正的信息共享，从而加剧了企业信用信息的不对称。（3）政策制约。货币政策，如货币紧缩政策使货币供应量减少，有限的货币供应量制约了银行向中小企业发放贷款。财政政策，如差别税率政策可以鼓励中小企业，而高成本、高税负的政策则降低了中小企业的盈利水平，增加了中小企业的融资难度。

数字金融能够缓解中小企业融资生态链运行中的“信息不对称”；有助于改善中小企业的“弱势”形象，赋能融资生态链的中小企业端；可以有效提升金融端的风控能力，发现和创造中小企业群体的规模效应和利润空间，帮助金融机构识别中小企业群体中的“伪弱势”，培育和催生适用于中小企业群体融资的金融机构；有利于改善和优化中小企业融资生态链的生存和发展环境。

五、数字金融缓解中小企业融资约束的调节效应

在数字金融缓解中小企业融资约束的逻辑与机制中，政府的相关行为及政策具有良好的调节效应。

（一）大力加强数字技术基础设施建设

通过数字技术基础设施的建设与完善，将物联网基础设施、区块链基础设施、大数据和云计算等基础设施等有机融合，提升中小民营企业、金融机构及其他机构主体相关信息数据的获得性、时效性、可靠性和完整性，从而削弱甚至消除阻碍融资生态链形成与培育过程中的信息不对称。

（二）有效推进融资生态的法治环境建设

制定相关政策法规，形成融资主体自身权益保障的金融生态，消除所有制属性差异带来的中小企业融资禀赋差异，优化和完善优胜劣汰的公平竞争金融生态。

（三）进一步完善社会信用体系建设

改善目前信用信息数据多职能部门的分散管理，打破信用信息数据部门垄断式保护模式，真正实现企业、金融机构及其他部门信用信息的社会生态性共享。

（四）积极改进和优化相关宏观政策

在通常实施的总量货币政策基础上，中央银行须科学设置并精准实施支持和鼓励中小企业融资的结构性货币政策，改善在货币紧缩政策条件下中小企业融资生态链的运行困境。借鉴其他国家支持鼓励中小企业的差别税率政策，降低中小企业的相关税率，改善和优化中小企业的融资生态链。

综上所述，政府行为在数字金融通过融资生态链中介机制实现对中小企业融资支持的过程中，发挥了催化中介的调节效应，加速了数字金融支持中小企业的过程，提升了金融支持的效率。

本书的系统架构、结构层次和内容细节，正是按照上述理论逻辑、运行机制和研究路径展开阐述、讨论、分析和论证的。

马德功

2023 年 3 月 16 日

于川大农林村

目　录

第一部分　基础篇

第二部分 问题篇

第三部分　分析篇

图目录

表目录

第一部分　基础篇

本书第一部分为基础篇，包括第一章、第二章和第三章，对本书的研究逻辑进行了梳理，并基于国内外相关研究对本书的理论基础和基本概念进行了详尽阐述。

第一章为绪论，阐述本书研究的背景和意义、研究方案、创新之处以及对未来研究方向的展望。第二章为国内外研究综述，通过对国内外相关研究进行梳理和总结，寻找发现其他学者研究的贡献与不足。第三章为数字金融支持中小民营企业融资生态链的理论基础，旨在为本书的研究提供理论支撑。

第一章 绪论

第一节 本书的研究背景和研究意义

一、研究背景

（一）我国中小民营企业的融资约束问题久而未解

中小民营企业是我国国民经济的重要组成部分，是社会经济发展的重要支撑。进入21世纪之后，我国中小企业实现了快速发展。2016—2020年，小微企业占全国实有各类市场主体比例超过95%①。而中小民营企业往往具有规模较小且经营水平不高的特点，其金融可得性较低。2019年，44.2%的小型企业存在融资需求，71.6%的微型企业和个体经营者存在融资需求②，根据中国人民银行和中国银保监会发布的《中国小微企业金融服务报告（2018）》③，截至2018年底，全国小微企业贷款授信237万户，同比增长30.9%，贷款授信户数占小微企业总数的18%，小微企业贷款户均余额同比下降17.94%。近年来，尽管中小民营企业融资问题在学术界被多次探讨，却仍未得到较好的解决方法。长期面临融资约束问题，中小民营企业不能及时或以正常利率获得足够的外部资金支持，不利于自身的可持续经营。这将严重抑制我国经济的创新活力，对经济的高质量发展带来负面影响。

---

① 艾瑞咨询．中国中小微企业融资发展报告［EB/OL］．［2021－11－15］．https：//www.iresearch.com.cn/Detail/report？id＝3877&isfree＝0.

② 全国工商联．小微融资难题破解有道［EB/OL］．［2020－05－11］．http：//www.acfic.org.cn/fgzs/fgdt/202005/t20200511_64900.html.

③ 中国人民银行，中国银保监会．中国小微企业金融服务报告（2018）［EB/OL］．［2019－06－24］．http：//www.pbc.gov.cn/goutongjiaoliu/113456/113469/3848271/index.html.

（二）数字技术的高速发展对经济社会产生深刻影响

当前，数字技术在数字经济的浪潮中不断迭代，通过各类数字服务的落地，极大地改变了人们的日常生活，也在企业的生产经营活动中扮演了重要角色。英国演化经济学家 Carlota Perez 认为，技术革命的出现催生了新的经济形态，这种生成过程可以划分为两个阶段，每个阶段大约会经历 20～30 年的时间。其中，第一个阶段包括新兴产业不断涌现和基础建设的持续推进普及，第二个阶段是各个产业的快速发展与持续创新①。

数字技术的快速发展对生产力、生产关系以及生产要素都产生了重要影响。人工智能、区块链、云计算、大数据等数字技术促进了生产力的发展，数据成为五大生产要素之一。共享经济、平台经济等新的经济形态的出现逐渐改变了生产关系，数字金融就是在这种一系列的变化中出现的。数字金融由"互联网金融"和"金融科技"等概念逐步演化而来。在数字技术不断迭代和应用场景不断拓展的过程中，数字金融逐步深化了数字技术与金融的融合，在未改变金融本质的情况下，拓宽了金融服务的外延。如基于互联网的融资模式能够灵活快速匹配供需双方，降低交易成本；电商平台能够基于消费者的行为数据对其进行画像，进而更为准确地进行授信。数字金融正在从技术角度，打破信息不对称所带来的融资壁垒，提升处于弱势地位的中小民营企业的融资可得性，为解决其融资约束问题提供新的方法和路径，展现出提升金融支持实体经济质效的巨大潜力。

（三）金融生态的改善为中小民营企业融资提供良好环境

"金融生态"这一概念来源于生态学，是运用生态学基础原理来剖析金融体系的运行。企业融资行为的发生与金融生态密不可分。我国学者白钦先②早在 2001 年对金融资源配置的相关研究中，就将生态学中的"可持续性"概念应用于金融服务。2004 年，在"中国经济 50 人论坛"会议上，周小川将金融生态的概念首次引入我国③，为我国金融发展以及理论研究提供了创新性视角。

---

① PEREZ C. Technological Revolutions and Financial Capital [M]. Edward Elgar Publishing, 2003: 12－13.

② 白钦先，崔晓峰. 加入 WTO 对我国金融资源配置和金融可持续发展的影响——兼论政策性金融应发挥的作用 [J]. 南方金融，2001（1）：28－30.

③ 周小川. 完善法律制度，改进金融生态 [EB/OL]. [2004－12－08]. http://www.50forum.org.cn/home/article/detail/id/1673.html.

金融生态环境泛指对金融体系运行和发展产生影响的外部环境，包括政治环境、经济环境、社会环境、法律体系等各种能够对金融活动产生影响的外部环境。金融生态环境的恶化，会成为制约中小民营企业发展的障碍。而金融生态的不断完善，对于畅通中小民营企业的融资渠道、优化中小民营企业资源配置具有重要意义。

综上所述，我国中小民营企业融资问题是长期存在而又难以解决的问题。中小民营企业的融资可得性不仅受到自身实力的约束，也与金融服务的数字化水平、金融生态环境是否适宜息息相关。数字金融可以在提升金融服务的数字化水平、金融机构的融资效率的同时，改善企业的金融生态环境。因此，数字金融及其对金融生态环境的治理，在解决我国中小民营企业融资困境方面具有巨大潜力。

二、研究意义

数字金融在我国已实现了较快的发展，但数字金融的服务模式需要与中小民营企业的实际需求相适应，以更好服务实体经济。数字金融与融资生态链的融合是一个不断演进的过程，需要从中小民营企业融资的实际需求出发，通过市场机制激发其创新活力。

从理论意义来看，目前学术界尚未提出融资生态链的概念，同时也缺乏从金融生态视角对数字金融融资生态链对企业融资约束的缓释效用的研究。本书创新性地将数字金融和金融生态纳入统一的经济学分析框架进行分析，讨论了二者对中小民营企业融资支持的共同作用。结合数字金融和企业融资相关理论、信息不对称与交易成本理论、企业生命周期理论和金融生态理论等金融经济学理论，剖析了数字金融支持中小民营企业融资的理论渊源和内在逻辑，从金融生态视角探索支持中小民营企业融资的数字金融生态链，从理论上构建数字金融服务实体经济的路径。

从实践价值来看，基于对典型案例的实地调研和中小民营企业的总体融资情况，本书剖析了中小民营企业的融资困境并指出其症结所在，提出构建覆盖中小企业群体的数字金融生态链的构想，为数字金融基础设施的建立提供科学依据。同时，从中小民营企业角度出发，讨论了企业融资过程中可能面临的决策问题，试图引导企业真正认识到融资生态链的实际价值，特别是在缓解中小民营企业融资约束中发挥的重要作用。本书能为中小民营企业提高自身融资可得性、金融机构增强服务实体经济的质效以及决策部门更好制定货币政策提供参考依据，具有较强的实践意义。

第二节 本书的研究方案

一、本书拟解决的主要问题

本书的研究内容主要集中于数字金融融资生态链如何解决中小民营企业融资约束问题。根据主要问题的本质，基于不同的研究层次和维度，可以将主要问题延伸出以下几个方面的具体问题。

第一，融资约束问题产生的深层次原因究竟有哪些？本部分研究需要通过资料分析以及实地走访调研，分析我国当前中小民营企业的融资现状，对所收集的数据资料进行归纳整理，回答为何中小民营企业会出现融资约束问题，总结中小民营企业融资约束问题的系统性和随机性原因。

第二，融资生态链能否缓解中小企业融资约束问题？本部分研究需要论述融资生态链概念的内涵，解释提出利用融资生态链来解决中小民营企业的融资约束问题的依据，验证其缓解中小民营企业融资约束问题的效果。

第三，数字金融如何支持完善融资生态链？本部分研究需要阐述利用数字金融改善融资生态链的原因，并与传统的融资模式进行比较，验证数字金融融资生态链相较于传统融资模式的优势所在。这也是本书研究立论的基础。

第四，数字金融融资生态链能否有效解决中小民营企业的融资约束问题？本部分研究需要理清数字金融融资生态链缓解融资约束问题的内在逻辑、路径与机制，梳理和完善数字金融融资生态链的框架，进而形成一套成熟的缓解融资约束的机制体制。

二、本书的研究内容与框架

本书的主要内容是讨论数字金融如何支持中小民营企业融资生态链，以缓解中小民营企业的融资约束，并基于此提出相应的政策建议。本书遵循“发现问题—分析问题—解决问题”的总体框架，分为四个篇章开展研究，研究框架如图 1 – 1 所示。

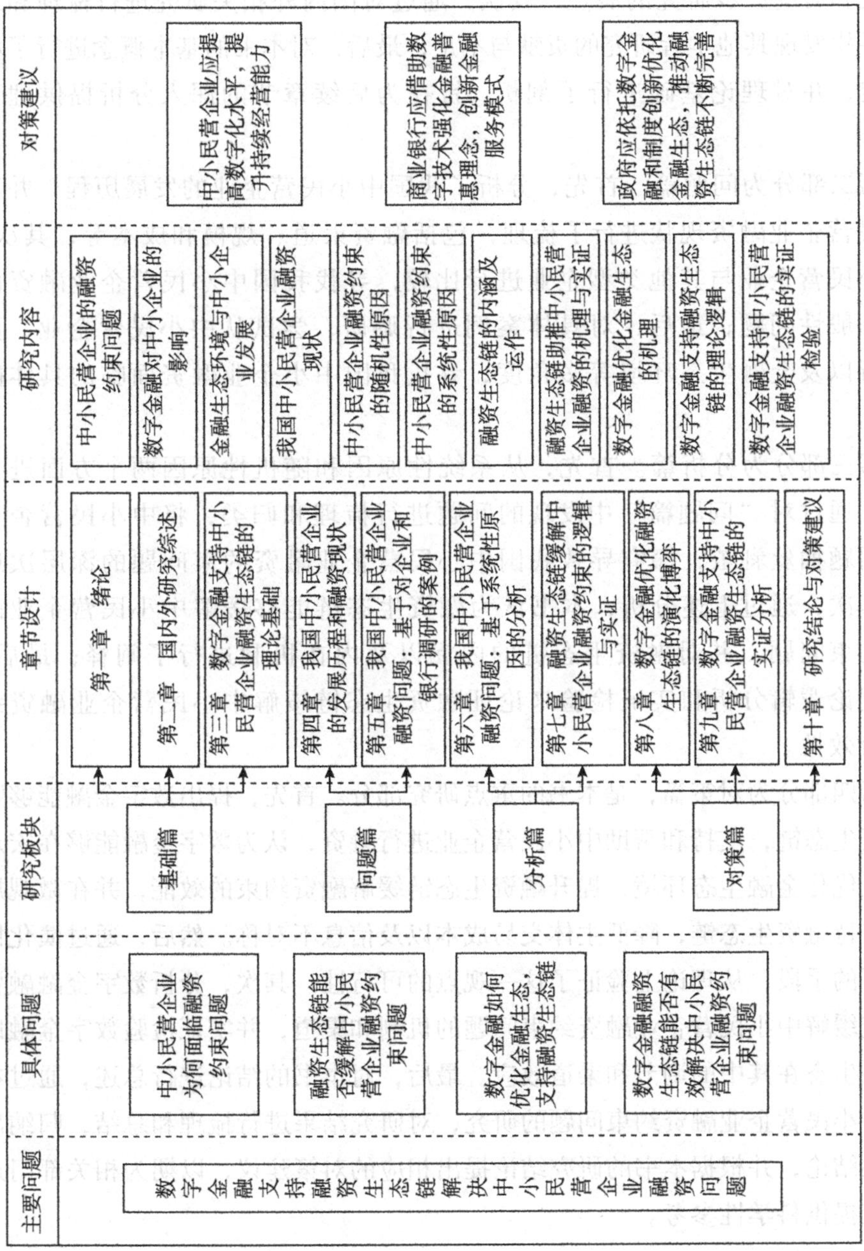
主要问题
具体问题
研究板块
章节设计
研究内容
对策建议
数字金融支持融资生态链解决中小民营企业融资问题
中小民营企业为何面临融资约束问题
融资生态链能否缓解中小民营企业融资约束问题
数字金融如何优化金融生态，支持融资生态链
数字金融融资生态链能否有效解决中小民营企业融资约束问题
基础篇
问题篇
分析篇
对策篇
第一章　绪论
第二章　国内外研究综述
第三章　数字金融支持中小民营企业融资生态链的理论基础
第四章　我国中小民营企业的发展历程和融资现状
第五章　我国中小民营企业融资问题：基于对企业和银行调研的案例
第六章　我国中小民营企业融资问题：基于系统性原因的分析
第七章　融资生态链缓解中小民营企业融资约束的逻辑与实证
第八章　数字金融优化融资生态链的演化博弈
第九章　数字金融支持中小民营企业融资生态链的实证分析
第十章　研究结论与对策建议
中小民营企业的融资约束问题
数字金融对中小企业的影响
金融生态环境与中小企业发展
我国中小民营企业融资现状
中小民营企业融资约束的随机性原因
中小民营企业融资约束的系统性原因
融资生态链的内涵及运作
融资生态链助推中小民营企业融资的机理与实证
数字金融优化金融生态的机理
数字金融支持融资生态链的理论逻辑
数字金融支持中小民营企业融资生态链的实证检验
中小民营企业应提高数字化水平，提升持续经营能力
商业银行应借助数字技术强化金融普惠理念，创新金融服务模式
政府应依托数字金融和制度创新优化金融生态，推动融资生态链不断完善

图1-1　本书的研究框架

第一部分为基础篇。首先，阐述了本书研究的背景和意义、研究方案、创新之处和对进一步研究的展望；其次，通过对国内外相关研究进行梳理和总结，寻找发现其他学者研究的贡献与不足；最后，对本书的基本概念进行了明确界定，并对理论基础进行了剖析，旨在为后续章节的深入分析提供理论支撑。

第二部分为问题篇。首先，分析了我国中小民营企业的发展历程，并对中小民营企业融资现状进行了梳理，包括融资渠道、规模和成本等，其次，将中小民营企业与其他类型企业进行比较，寻找我国中小民营企业融资面临的一般性问题；最后，对具体案例进行调研，尝试从中小民营企业、商业银行以及金融生态环境等多角度，寻找我国中小企业融资面临的具体问题。

第三部分为分析篇。首先，从系统性原因和随机性原因两个方面进行分析，通过对“问题篇”中发现的问题进行梳理和归类，将中小民营企业融资问题抽丝剥茧，探究导致我国中小民营企业融资约束问题的深层次原因；其次，通过上述分析，本书认为融资生态链能够缓解中小民营企业的融资约束问题，并对融资生态链的内涵以及内在机制进行了阐释；最后，通过理论逻辑分析和实证检验来论证融资生态链缓解中小民营企业融资约束的有效性。

第四部分为对策篇，是本书的重点研究部分。首先，提出数字金融能够赋能融资生态链，支持和帮助中小民营企业进行融资，认为数字金融能够在宏观层面上优化金融生态环境，提升融资生态链缓解融资约束的效能，并在微观层面上支持融资生态链，降低主体交易成本以及信息不对称。然后，通过演化博弈分析的手段，从理论上验证了这一观点的可行性。其次，分析数字金融融资生态链缓解中小民营企业融资约束问题的机制和渠道，并实证检验数字金融以及金融生态在其中的调节和渠道效应。最后，对本书的结论进行总述，通过本书对中小民营企业融资约束问题的研究，对研究结果进行梳理和总结，归纳出一般性结论，并根据本书的研究结论提出相应的对策建议，以期为相关部门进行决策提供科学性参考。

三、本书的研究方法与技术路线

（一）田野调查法

田野调查法是对研究对象或具体现象进行详细观察和调研的研究方法，主要用于描述、解释和分析某一科学现象或具体事例。田野调查一般通过抽样筛选研究对象，以个体为具体分析单位，通过观察、问卷、访谈等方法对研究对象开展分析研究。本书问题篇主要通过实地走访调研获取数据和资料，通过与中小民营企业和商业银行相关负责人开展座谈，与政府相关工作人员进行深入交流，获取中小民营企业融资相关的第一手材料，为后续进一步开展案例分析研究提供现实依据。

（二）案例分析法

案例分析法是以现实工作中发生的具体案例为研究对象，通过深入分析和实践论证的方式来发现内在的核心问题，并不断寻求解决问题方法的过程。本书通过对中小民营企业融资实例进行访谈调研，获取了企业融资中的真实事件，具备案例来源的可靠性。基于所获取的材料和案例，本书进行了深入讨论和剖析，辩证地论述了中小民营企业融资面临的困难，并结合对商业银行以及政府部门的访谈记录，挖掘困扰中小民营企业融资的深层次原因，进而总结出具有一般性的结论。

（三）理论分析法

理论分析法通过理性思维认识世界，把握事物的本质以及规律的科学方法，是基于科学理论指导，通过归纳与演绎、比较与分类、模型推导等规范的分析方法对客观事物进行分析的方法。本书首先对数字金融与中小企业融资相关研究进行梳理归纳总结，构建了数字金融支持中小企业融资的理论逻辑，为本书构建理论支撑；其次提出了融资生态链的概念，对融资生态链的内涵与运行机制进行了详细论述，并采用演化博弈模型对数字金融融资生态链的有效性进行分析；最后深入探讨了数字金融融资生态链缓解中小民营企业融资问题的内在机制与效果。

（四）实证分析法

实证分析法是指排除了感性思维价值判断，只对客观经济现象或经济活动进行分析，只考虑经济现象的发展规律和趋势，并依据规律解释和预测人们经济行为效果的方法。本书利用实证分析法检验了数字金融支持中小民营企业融资的理论逻辑。首先，本书在分析数字金融优化金融生态机理时，采用了省级面板的固定效应回归，实证检验了数字金融对金融生态的影响；其次，构建了现金—现金流敏感性模型研究融资生态链对中小企业融资约束的缓解效应；最后，在进一步研究数字金融和金融生态对中小民营企业融资的影响机制与作用效应时，基于企业以及企业之间的微观经济数据构建动态面板，采用 OLS、工具变量法等实证分析法进行参数估计以验证假设。

（五）系统分析法

系统分析法来源于系统科学，是一种系统研究的方法。系统分析法需要将解决的问题视作一个复杂系统，从系统整体性角度进行观察研究和综合分析，寻找系统各个要素之间的关系以及相互作用，从而在复杂环境中作出合理的决策，提出科学的解决方案。本书采用了系统分析法对中小民营企业融资问题进行深入研究，从企业融资问题的本质开始，通过大量文献梳理、实际调研以及数据收集等方式展开深入研究，分析困扰中小民营企业融资的深层次原因，进而提出利用数字金融融资生态链支持中小民营企业融资的解决方案，最后通过实证检验验证这种融资模式的可行性，符合系统分析法的一般步骤。在分析企业融资问题原因方面，着眼于中小民营企业整体和部分，一方面从中小民营企业整体出发挖掘出影响企业融资的系统性和随机性原因，另一方面基于实际调研获取的具体案例进行充分探讨，归纳出个体面临的具体问题。此外，本书基于复杂系统的视角分析了金融生态及其内部结构，探讨了融资生态链模式下中小民营企业和银行的相互依赖作用关系，以及数字金融对金融生态环境的优化作用，从而为本书提出数字金融融资生态链支持中小民营企业融资提供可靠的依据。

本书的技术路线见图 1－2。

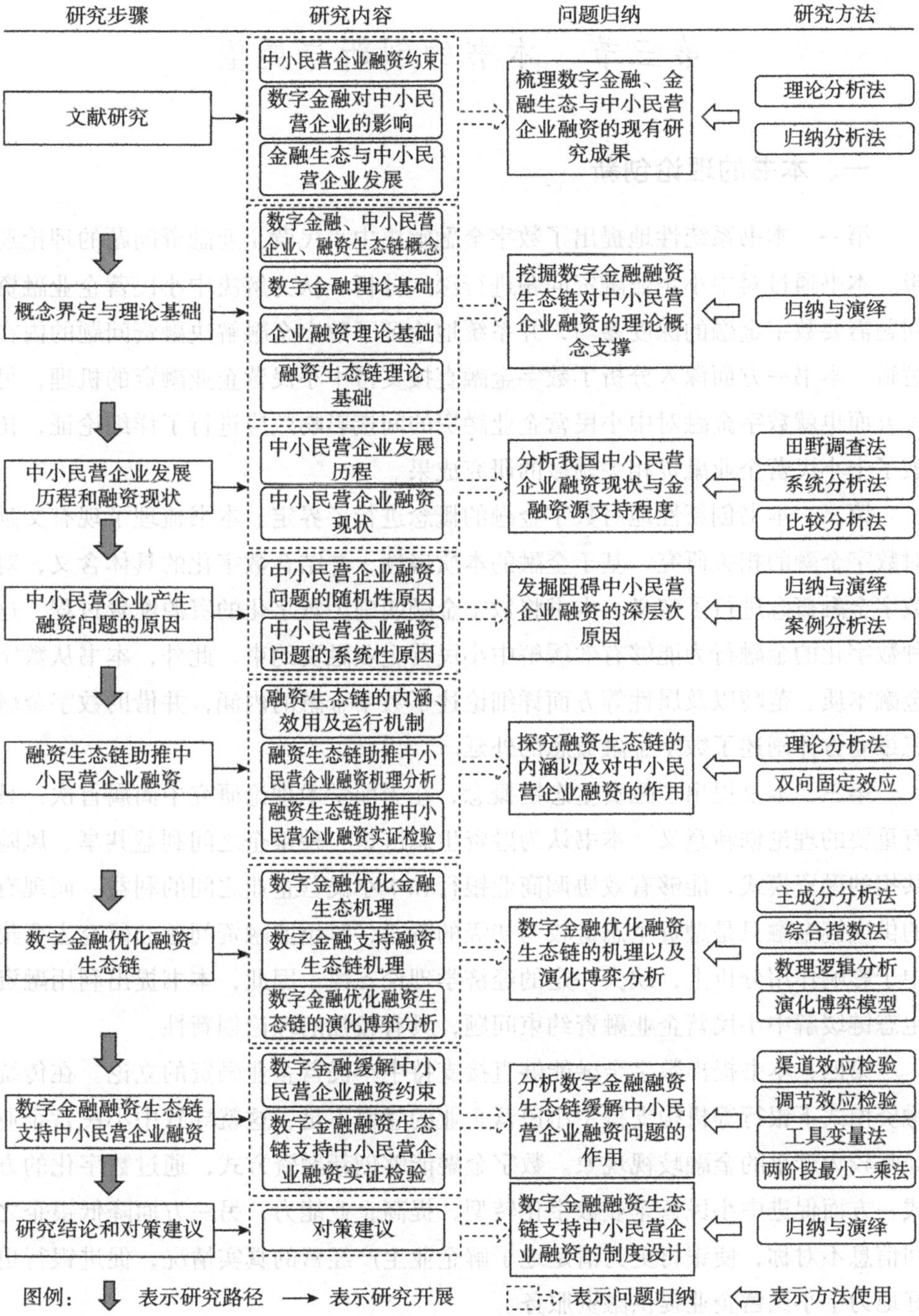
研究步骤
研究内容
问题归纳
研究方法
文献研究
中小民营企业融资约束
数字金融对中小民营企业的影响
金融生态与中小民营企业发展
梳理数字金融、金融生态与中小民营企业融资的现有研究成果
理论分析法
归纳分析法
概念界定与理论基础
数字金融、中小民营企业、融资生态链概念
数字金融理论基础
企业融资理论基础
融资生态链理论基础
挖掘数字金融融资生态链对中小民营企业融资的理论概念支撑
归纳与演绎
中小民营企业发展历程和融资现状
中小民营企业发展历程
中小民营企业融资现状
分析我国中小民营企业融资现状与金融资源支持程度
田野调查法
系统分析法
比较分析法
中小民营企业产生融资问题的原因
中小民营企业融资问题的随机性原因
中小民营企业融资问题的系统性原因
发掘阻碍中小民营企业融资的深层次原因
归纳与演绎
案例分析法
融资生态链助推中小民营企业融资
融资生态链的内涵效用及运行机制
融资生态链助推中小民营企业融资机理分析
融资生态链助推中小民营企业融资实证检验
探究融资生态链的内涵以及对中小民营企业融资的作用
理论分析法
双向固定效应
数字金融优化融资生态链
数字金融优化金融生态机理
数字金融支持融资生态链机理
数字金融优化融资生态链的演化博弈分析
数字金融优化融资生态链的机理以及演化博弈分析
主成分分析法
综合指数法
数理逻辑分析
演化博弈模型
数字金融融资生态链支持中小民营企业融资
数字金融缓解中小民营企业融资约束
数字金融融资生态链支持中小民营企业融资实证检验
分析数字金融融资生态链缓解中小民营企业融资问题的作用
渠道效应检验
调节效应检验
工具变量法
两阶段最小二乘法
研究结论和对策建议
对策建议
数字金融融资生态链支持中小民营企业融资的制度设计
归纳与演绎
图例：
表示研究路径
表示研究开展
表示问题归纳
表示方法使用

图1-2　技术路线

第三节 本书的创新与展望

一、本书的理论创新

第一，本书系统性地提出了数字金融解决中小民营企业融资问题的理论逻辑。本书通过对中小企业融资问题进行深入分析，认为解决中小民营企业融资问题需要数字金融的深度参与，并系统地论证了数字金融解决融资问题的内在逻辑。本书一方面深入分析了数字金融直接支持中小民营企业融资的机理，另一方面也就数字金融对中小民营企业融资的间接影响效应进行了详细论证，拓展了中小民营企业融资相关领域的研究成果。

第二，本书创新性地对数字金融的概念进行了界定。本书梳理了现有文献对数字金融的相关研究，基于金融的本质属性，并结合数字化的具体含义，对数字金融概念进行了定义。本书将数字金融明确为数字化的资源配置过程，这种数字化的金融行为能够有效缓解中小民营企业融资约束。此外，本书从数字金融本质、范畴以及属性等方面详细论述了数字金融的内涵，并借助数字金融三维立方体阐述了数字金融概念的外延。

第三，本书提出了融资生态链概念，在当前学术理论研究中尚属首次，具有重要的理论创新意义。本书认为融资生态链是一种银企之间利益共享、风险共担的融资模式，能够有效协调商业银行和中小民营企业之间的利益。而现有的供应链金融只是融资生态链较为初级的阶段，对企业融资问题的研究主要集中于影响作用分析上，缺少一定的经济学理论支撑。因此，本书提出利用融资生态链缓解中小民营企业融资约束问题，具有较强的理论创新性。

第四，本书提出数字金融能够直接支持中小民营企业融资的立论。在传统融资模式下银行等机构支持中小民营企业的意愿不足，这就导致中小民营企业面临较为严重的金融歧视现象。数字金融能够创新融资方式，通过数字化的方式一方面促进中小民营企业数字化转型，提高企业能力；另一方面降低银企之间信息不对称，使银行更为清楚地了解企业生产经营的真实情况，促进银行更好地为中小民营企业提供融资服务。

第五，本书提出利用数字金融赋能融资生态链能部分解决中小民营企业融资约束问题。融资生态链虽然在制度层面为中小民营企业融资提供了良好的解决方案，但由于缺乏技术支撑，在解决信息沟通以及融资成本问题上仍有所欠缺。而数字金融是数字化和信息化的金融活动，能够凭借人工智能、大数据等数字技术，对融资生态链模式进行优化和赋能，有效降低生态链主体的交易成本和信息不对称，更好地帮助中小民营企业融资。

第六，本书创新性地将金融生态概念融入中小民营企业融资问题中，通过数字金融优化金融生态环境，进而支持融资生态链解决中小民营企业融资问题。本书认为，融资生态链是金融生态的重要组成部分，融资生态链的目的在于为中小民营企业提供高质量的融资服务，而金融生态环境则是该融资服务的重要载体。数字金融能够推动金融法律制度创新，充分发挥金融信用中介功能，推动经济发展方式转变，打破市场壁垒，提高市场效率，进而促进金融生态环境的优化，推动融资生态链更好地服务于中小民营企业融资。

二、本书的实践创新

首先，本书的研究对于政府主导下的金融生态建设具有创新意义。本书在研究中发现金融生态环境对企业融资具有直接影响，而金融生态环境良好发展的关键在于政府主导制定金融生态高质量发展的政策，在于政府对金融生态环境进行有效的监管和规制。数字金融能够依托大数据、人工智能、云计算等数字技术对金融生态环境进行优化，促进金融生态数字化建设，从而有效支持中小民营企业融资。因此，本书的研究能够推动政府为金融生态建设提供更多的政策支持，为相关决策以及监管部门提供科学的参考依据，具有较强的实践创新意义。

其次，本书提出的数字金融融资生态链模式为中小民营企业融资问题提供了创新性的解决方案。本书对中小民营企业的融资现状和发展历程进行梳理，揭示影响中小民营企业融资的系统性和随机性原因，认为这些深层次的原因在于中小民营企业的自身经营能力不足，而数字技术为这些中小民营企业的数字化转型提供了可能。企业能够依靠数字技术增强自身能力建设，规范财务数据，实现数字化转型。企业只有通过数字化才能更好地融入金融生态中，与商业银行形成良好的商业关系，才能维持自身更为长久的生存和发展。数字金融融资生态链创新了企业融资模式，为中小民营企业融资提供更多选择，具备较强的实践创新性。

最后，本书的研究能够提高银行等金融机构对中小民营企业的融资意愿，也为商业银行收入增长提供了新的来源和渠道。本书提出数字金融融资生态链模式能够有效解决中小民营企业融资问题，而解决融资问题的重点在于商业银行等金融机构的积极参与。本书提出的数字金融融资生态链一方面能够促进银行等金融机构实现数字化转型，推动数字化的金融服务实现普惠金融的有效覆盖；另一方面也使银行在为中小民营企业提供数字金融服务时，获得与之相匹配的收益。因此，本书在实践应用过程中不仅能够提高商业银行等金融机构为中小民营企业贷款的意愿，也为商业银行收入增长提供了新的来源，在引导银行提供更为普惠的数字化金融服务、促进金融生态的可持续发展方面，将发挥重要的积极作用。

三、展望

本书对数字金融支持融资生态链的论证仍存有一些不足，需在未来的研究中进一步完善。

第一，衡量融资生态链的数据需要改进。由于融资生态链在我国还未建立起来，也未有对融资生态链的相关研究，目前为止没有相关部门或研究机构对融资生态链的数据进行统计，因此本书尚未找到融资生态链的直接数据。供应链金融是融资生态链的初级阶段，本书设想：若初级阶段的融资生态链能够有效缓解中小民营企业的融资约束问题，则加以改进后的融资生态链将会更好地解决中小民营企业融资问题。因此，本书在进行实证计量时参考了供应链金融的研究方法，构建了融资生态链的代理变量，用于代表融资企业加入融资生态链的情况。

第二，本书在样本选取上还存在提升空间。本书以中小板和创业板上市的中小企业作为研究对象，与一般意义上中小民营企业的概念有一定差异。相对于上市的中小企业来说，我国目前大多数中小民营企业没有上市，这些企业的融资约束问题更为突出，而笔者自身调研的数据有限，受到数据可得性的限制，难以将这些中小民营企业纳入研究。

第二章 国内外研究综述

第一节 关于中小民营企业融资约束

中小民营经济作为我国社会主义市场经济的重要构成，是我国经济增长和产业转型升级的主力军。中小民营企业的发展直接决定着我国经济高质量发展水平和进程。然而，与之不相适应的是，我国中小民营企业仍面临较严重的融资约束尤其是信贷约束困境（Cull 等，2015）①。究其原因是因为中小民营企业主体信用相对较低，传统银行向中小民营企业放贷时往往比大型企业、国有企业更加谨慎，信息采集步骤也较多，且多需要这部分企业提供抵押品才能对其授信。此外，考虑到国有企业在我国的特殊地位，我国民营企业尤其是中小民营企业发展过程中面临的融资约束困境也更为严重（林毅夫和李志赟，2005）②。在这样的背景下，中小民营企业面临更严重受限的融资规模和更高的融资成本，不仅阻碍中小民营企业快速增长扩大，还会影响我国经济发展。

较早研究中小企业融资问题的是英国学者麦克米伦。他曾多次深入调研英国中小企业（纪琼骁，2003）③，并在调研后提出，中小企业普遍存在资金短缺，金融体系无法有效满足中小企业的资金需求的问题。这便是早期研究企业融资约束问题的发端。此后学术界也逐渐重视中小企业融资困境。

学者们现今已对融资约束展开了较为丰富的研究，研究方向可以分为以下几类：一是侧重于研究融资约束的存在性，从企业内部和外部环境制度层面探

---

① Cull R, Li W, Sun B, et al. Government Connections and Financial Constraints: Evidence from a Large Representative Sample of Chinese Firms [J]. Journal of Corporate Finance, 2015 (32): 271 - 294.

② 林毅夫，李志赟. 中国的国有企业与金融体制改革 [J]. 经济学（季刊），2005 (3): 913 - 936.

③ 纪琼骁. 麦克米伦缺欠与中小企业政策性融资 [J]. 金融研究，2003 (7): 111 - 118.

究融资约束的根源，分析影响企业融资约束的宏观和微观因素等。二是将融资约束作为既有事实，并在此基础上剖析其对企业投资决策、创新活动等多方面的作用机理。三是重点探讨缓解融资约束的路径。此外，还有学者聚焦融资约束的测度方法和指标等。因此，本节将从影响融资约束的因素、企业面临融资约束的经济后果、融资约束的衡量和缓解路径方面总结现有文献。

一、影响中小民营企业融资约束的因素

（一）公司特质层面的影响因素

学者们在研究公司特质对融资约束的影响时，主要关注了企业异质性特征、企业家不同个体特征以及不同所有制等因素对融资约束产生的影响。

在企业异质性特征方面，张杰等（2007）① 发现，中小企业在进行固定资产投资时会受到严重信贷约束，但企业年龄不是其主要影响因素。罗正英等（2010）② 检验发现，中小企业经营状况与规模是影响其融资可获性的关键因素，因为企业规模等因素会影响企业的信息传递优势。余明桂和潘红波（2010）③ 发现，企业规模是影响融资的关键因素，规模越大越易获得银行贷款。俞兆云和陈飞翔（2010）④ 重点对福建企业作了详细研究，研究表明产业集群能够在一定程度上缓解中小企业的信贷融资约束。李鑫等（2010）⑤ 分析发现，企业信用状况及资信评价已成为农村中小企业获取银行信贷的最关键影响因素之一。谭之博和赵岳（2012）⑥ 指出，中小企业贷款会受到企业经营风险、资本规模、抵押品、银企间信贷成本等因素制约。张金鑫和王逸（2013）⑦ 发现，企业

① 张杰，经朝明，刘东．商业信贷、关系型借贷与小企业信贷约束：来自江苏的证据［J］．世界经济，2007（3）：75－85.

② 罗正英，周中胜，詹乾隆．中小企业的银行信贷融资可获性：企业家异质特征与金融市场化程度的影响［J］．会计研究，2010（6）：44－50，95－96.

③ 余明桂，潘红波．所有权性质、商业信用与信贷资源配置效率［J］．经济管理，2010，32（8）：106－117.

④ 俞兆云，陈飞翔．对中小企业信贷融资约束及其影响因素的实证研究［J］．统计与决策，2010（8）：93－96.

⑤ 李鑫，王宝明．农村中小企业信贷融资制约因素的实证研究——基于济南市农村中小企业的问卷调查［J］．农业技术经济，2010（9）：37－44.

⑥ 谭之博，赵岳．企业规模与融资来源的实证研究——基于小企业银行融资抑制的视角［J］．金融研究，2012（3）：166－179.

⑦ 张金鑫，王逸．会计稳健性与公司融资约束——基于两类稳健性视角的研究［J］．会计研究，2013（9）：44－50，96.

会计稳健性和社会责任信息披露对融资约束有重要影响。Cheng 等（2014）① 指出，社会责任表现更好的企业会面临更低的融资约束。因为社会责任表现好的企业更愿意公开披露其活动，而更高的透明度会降低企业和资金供给方间的信息不对称。黄蔚和汤湘希（2018）② 以我国 A 股上市公司 2007—2016 年数据为样本，研究结果发现上市公司的合并商誉账面价值与企业的融资约束具有显著的正相关关系。此外，顾雷雷等（2020）③ 也发现企业社会责任行为能有效缓解融资约束。

随着行为金融学发展，学者们也开始重点研究企业家因素对融资约束的影响。Jensen 和 Meckling（1976）④ 认为，企业外源融资会受到其代理问题制约，当股东和管理层利益发生偏差时，管理层可能会采取自利行为，采取异质性融资方式，从而使企业融资成本受到影响。而后，Jensen（1986）⑤ 继续提出，企业高层为提高公司经营效率和自身福利，通常会选择能扩大企业规模的项目，这种行为可能会导致企业过度举债扩张并占用过多自有资金，最终引致融资约束问题。国内学者中，姜付秀等（2016）⑥ 研究发现，具有专业背景和财务经历的董事会秘书更能提高企业信息披露质量并降低融资约束。张晓琳等（2020）⑦ 运用 PSM－DID 模型实证考察了沪深 A 股上市公司购买董事高管责任保险对企业融资约束的影响，并发现董事高管责任保险对企业融资约束存在异质性影响，融资约束的加剧作用只存在于股权集中度高以及独立董事占比低的企业中。

此外，还有不少学者重点关注到企业不同所有制对融资约束的影响。最

① Cheng, B., Ioannou, I., Serafeim, G. Corporate Social Responsibility and Access to Finance [J]. Strategic Management Journal, 2014, 35 (1): 1－23.

② 黄蔚，汤湘希．合并商誉会增加企业的融资约束吗？[J]．证券市场导报，2018（12）：32－40，46.

③ 顾雷雷，郭建鸾，王鸿宇．企业社会责任、融资约束与企业金融化［J］．金融研究，2020（2）：109－127.

④ Jensen M C, Meckling W H. Theory of the Firm: Managerial Behavior, Agency Costs and Ownership Structure [J]. Journal of Financial Economics, 1976, 3 (4): 305－360.

⑤ Jensen M C. Agency Costs of Free Cash Flow, Corporate Finance, and Takeovers [J]. The American Economic review, 1986, 76 (2): 323－329.

⑥ 姜付秀，石贝贝，马云飙．信息发布者的财务经历与企业融资约束［J］．经济研究，2016，51（6）：83－97.

⑦ 张晓琳，温洁，翟淑萍．董事高管责任保险与企业融资约束［J］．金融与经济，2020（4）：75－83.

早，Stiglitz 和 Weiss（1981）[①] 发现，中小民营企业向外融资时，必然会遭遇规模和所有制两方面的双重信贷歧视。Hoshi 等（1991）[②] 发现，融资约束是各国企业面临的普遍难题，其中民营融资约束困境则更为突出和显著，对其企业发展、投资等也有更大影响。Firth 等（2009）[③] 实证指出，相比民营企业，金融机构更倾向于贷款给国有企业。邓可斌和曾海舰（2014）[④] 发现，股权性质是影响企业融资约束的关键因素，民营企业融资约束程度远大于国有企业。唐松等（2017）[⑤] 研究发现，大量中小民营企业的实际控制人均是与政府无关联的一般自然人，因此无法获取有效的信用背书，也较难获得贷款。卜振兴（2019）[⑥] 总结中小民营企业融资难题时指出，缺少股东支持和合格抵押、不能准确识别风险以及难以规范运营等问题使其难以受到金融机构青睐。解维敏等（2021）[⑦] 认为，民营企业融资困境实际上是民营企业在外部融资获取过程中因为信息不对称、有限承诺等受到的融资限制。相较于国有企业，民营企业在市场环境中面临的信息不对称情形更多。由于其缺少能传递和获取的硬信息，因此，在许多时候民营企业更需要如社会地位、企业声誉等软信息才能克服信息不对称问题。然而，这类信息通常难以获取或成本较高，因此，民营企业越发难以获得融资，融资难题也越加凸显。但同时也有学者得出异质性结论，如王家庭和赵亮（2010）[⑧] 利用随机前沿模型评估上市公司融资约束影响

① Stiglitz, J. E., Weiss, A. Credit Rationing in Markets with Imperfect Information [J]. The American Economic Review, 1981, 71 (3): 393-410.

② Hoshi T, Kashyap A, Scharfstein D. Corporate structure, liquidity, and investment: Evidence from Japanese industrial groups [J]. the Quarterly Journal of economics, 1991, 106 (1): 33-60.

③ Firth, M., Lin, C., Liu, P., et al. Inside the Black Box: Bank Credit Allocation in China's Private Sector [J]. Journal of Banking & Finance, 2009, 33 (6): 1144-1155.

④ 邓可斌，曾海舰．中国企业的融资约束：特征现象与成因检验［J］．经济研究，2014，49（2）：47-60，140.

⑤ 唐松，王俊杰，马杨，等．可抵押资产、社会网络与商业信用［J］．南开管理评论，2017，20（3）：53-64，89.

⑥ 卜振兴．从融资角度解析中小民营企业发展困境［J］．当代经济管理，2019，41（4）：72-78.

⑦ 解维敏，吴浩，冯彦杰．数字金融是否缓解了民营企业融资约束？［J］．系统工程理论与实践，2021，41（12）：3129-3146.

⑧ 王家庭，赵亮．我国上市公司的融资约束及其影响因素的实证分析［J］．产业经济研究，2010（3）：77-84.

因素时，实证指出国有企业比民营企业受到的融资约束更高。潘越等(2019)① 研究发现，民营企业受到的融资约束大小与地区宗族文化也有明显关系。宗族文化越浓厚的地区，企业越能获取商业信用，而不必向传统银行寻求更多信贷支援。

（二）银行与市场层面的影响因素

目前，我国中小企业主要依靠以银行贷款为主的外源性融资，因此，银行等金融机构是中小民营企业融资的重要对象。然而由于受到信息不对称、有限承诺与交易成本等诸多因素影响，出于降低自身风险的考量，金融机构更倾向于向信用风险更低的企业提供贷款，如国有企业、大型企业等。如 Jaffee 和 Russell（1976)② 从银行等传统金融机构的角度开展研究，发现银行等贷款机构因为信息缺失而没办法研判借款人信用水平，因此必须提高贷款利率以寻求资金安全和利润。本部分将从银行、市场层面总结归纳中小民营企业融资难题的影响因素。现有研究普遍认为信息不对称、有限承诺以及交易成本是制约企业融资的重要因素。

首先是信息不对称理论，该理论最早由 Fazzari 和 Athey（1987)③、Fazzari 等（1988)④ 研究奠定。该理论认为信息不对称是企业受到融资约束的根本原因，信息不对称会使企业无法获取充足资金来支持自身投资。而后，众多学者均从信息不对称视角探索企业融资约束问题，如 Opler 等（1999)⑤、Stein (2003)⑥ 等研究发现，当市场不够完善时，企业与外部间会存在信息不对称，使金融机构无法对其信用作出准确评估，也难以向其提供资金支持。国内学者

① 潘越，宁博，纪翔阁，等. 民营资本的宗族烙印：来自融资约束视角的证据［J］. 经济研究，2019，54（7）：94－110.

② Jaffee D M，Russell T. Imperfect information，uncertainty，and credit rationing［J］. The Quarterly Journal of Economics，1976，90（4）：651－666.

③ Fazzari，S. M.，Athey，M. J. Asymmetric Information，Financing Constraints，and Investment［J］. The Review of Economics and Statistics，1987，69（3）：481－487.

④ Fazzari，S.，Hubbard，R. G.，Petersen，B. C. Financing Constraints and Corporate Investment［J］. Brookings Papers on Economic Activity，1988（1）：141－195.

⑤ Opler，T.，Pinkowitz，L.，Stulz，R.，et al. The Determinants and Implications of Corporate Cash Holdings［J］. Journal of Financial Economics，1999，52（1）：3－46.

⑥ Stein，J. C. Agency，Information and Corporate Investment［J］. Handbook of the Economics of Finance，2003（1）：111－165.

中，付俊文和李琪（2004）[①] 运用数理模型探讨融资约束时发现，虽然担保机构能够通过为中小企业提供抵押品担保解决部分信息不对称问题，但仍无法解决其带来的逆向选择问题。黄亮等（2005）[②] 运用信息不对称模型对比了中美两国中小企业的融资问题，研究发现，信息不对称导致的逆向选择和信贷配给问题是我国中小企业融资困境的根源所在。陈蕾（2011）[③] 运用海英纳模型验证了信息不对称对中小企业融资的影响，并指出各个主体间的信息不对称问题是产生中小民营企业融资困境的根本原因。尽管我国政府已颁布多项政策解决融资难题，但严重的信息不对称仍然容易引致沟通渠道中断，造成传导不畅、运用不当等问题。李逸凡（2016）[④] 指出，中小企业具有软信息为主、信息结构难以优化等典型事实，因此信息不对称条件下信息结构不同导致的偏离才是产生中小民营企业融资困境的根本原因，而想解决中小民营企业融资难题也需要市场各方主体共同努力，优化企业信息结构。张静和张焰朝（2021）[⑤] 基于2007—2018 年中国 A 股非金融类上市公司数据，研究发现企业战略差异度与融资约束显著正相关，且信息不对称在战略差异度和融资约束间起到了中介作用。

其次是有限承诺理论，这是另一种信贷市场层面的缺陷。在信贷市场中，任何贷款合约都表示着一种跨期交换，即借入者（中小民营企业）在当前获得资金，而借出者（金融机构）换取未来获得相应更高资金的承诺。然而当合约限期来临时，借入者发现不守承诺或是不归还资金更有利，这时合约将得不到履行。这便是经典的由融资引致的风险转移问题（Risk - shifting）。Jensen 和 Meckling（1976）[⑥] 对此指出，当金融机构无法向投资者对其未来资产选择

---

① 付俊文，李琪．信用担保与逆向选择：中小企业融资问题研究［J］．数量经济技术经济研究，2004（8）：127 - 133.

② 黄亮，付伟，倪克勤．逆向选择与信用配给：中小企业融资难根源分析［J］．中央财经大学学报，2005（1）：39 - 43.

③ 陈蕾．信息不对称视角下的中小企业融资困境分析［J］．投资研究，2011，30（10）：56 - 65.

④ 李逸凡．从优化信息结构入手破解中小企业融资难［J］．学习与实践，2016（10）：35 - 44.

⑤ 张静，张焰朝．企业战略差异度与融资约束——基于信息不对称视角的研究［J］．北京工商大学学报（社会科学版），2021，36（2）：92 - 104.

⑥ Jensen M C, Meckling W H. Theory of the Firm: Managerial Behavior, Agency Costs and Ownership Structure［J］. Journal of Financial Economics, 1976, 3（4）: 305 - 360.

作出有效许诺时，金融机构会更倾向于选择过度风险。Jafarey 和 Rupert (2001)[①] 在研究私人负债被用作跨期贸易工具的有限承诺时发现，在逆向选择的情况下，有限承诺对不同质量债务人的影响具有异质性。Povel 和 Raith (2004)[②] 则在委托代理框架下进一步探究了金融机构无法对其资产结构作出有限承诺所引致的风险承担问题。而后 Goodfriend 和 Lacker（1999）[③]、Ligon 等（2002）[④]、Sanches 和 Williamson（2010）[⑤] 等学者也在此基础上进行多角度拓展研究。国内学者将有限承诺运用于中小企业融资分析的研究相对较少。刘伟和李连发（2013）[⑥] 运用有限承诺条件下的动态债务模型探究了地方政府融资平台的挤出效应在资源配置中的负面作用。刘航（2013）[⑦] 则在有限承诺理论下探讨了在投资者面临流动性冲击背景下的银行过度风险承担问题，并进一步指出银行可以选择接受长期资产的收益和风险，却无法向投资者作出可置信的承诺。

最后是交易成本理论，交易成本也是中小企业融资受到约束的重要因素。科斯是最早提出交易成本理论的学者，他指出交易成本是为达成交易所耗费的各种资源和禀赋，包括信息搜寻成本、讨价还价成本、签约成本以及保证合约按时准确实施的成本[⑧]。Arrow（1969）[⑨] 进一步将交易成本理论扩展，指出广义上的交易成本可以视作经济制度在运行过程中产生的成本。Williamson

---

① Jafarey S, Rupert P. Limited Commitment, Money, and Credit [J]. Journal of Economic Theory, 2001, 99 (1-2): 22-58.

② Povel P, Raith M. Financial Constraints and Product Market Competition: Ex Ante vs. Ex Post Incentives [J]. International Journal of Industrial Organization, 2004, 22 (7): 917-949.

③ Goodfriend M, Lacker J M. Limited Commitment and Central Bank Lending [J]. Federal Reserve Bank of Richmond Economic Quarterly, 1999, 85 (4): 1.

④ Ligon E, Thomas J P, Worrall T. Informal Insurance Arrangements with Limited Commitment: Theory and Evidence From Village Economies [J]. The Review of Economic Studies, 2002, 69 (1): 209-244.

⑤ Sanches D, Williamson S. Money and Credit with Limited Commitment and Theft [J]. Journal of Economic Theory, 2010, 145 (4): 1525-1549.

⑥ 刘伟，李连发．地方政府融资平台举债的理论分析［J］．金融研究，2013（5）：126-139.

⑦ 刘航．流动性冲击、有限承诺能力与银行风险承担［J］．浙江社会科学，2013（6）：40-49，157.

⑧ Coase R H. The nature of the firm [J]. Economica, 1937, 4 (16): 386-405.

⑨ Arrow K J. The organization of economic Activity: Issues [J]. The Analysis and Evaluation of Public Expenditures: the PPB System, 1969 (1): 47.

(1979)① 进一步指出，交易成本会受到人为因素的影响，如人的有限理性、机会主义和交易因素等。Greenwald 等（1984）② 指出，当企业寻求外源融资时，外部投资者、金融机构与企业间会出现明显的信息不对称现象，在此背景下，金融机构和投资者会提高溢价水平或者贷款利率以寻求弥补信息差带来的风险。Berger 和 Udell（2002）③ 研究发现，造成中小民营企业融资困境的一大重要因素在于大型金融机构吝于给中小民营企业发放贷款，而其中根本原因在于借贷成本过高。而后，Hennart（2005）④、Casson（2013）⑤、Mann（2022）⑥ 等学者也在此基础上进行多角度深入研究。国内学者中，林毅夫和李永军（2001）⑦ 重点研究了我国中小企业融资困境，并发现我国有着以大中型金融机构为主体的高度集中的特色金融体制，而这类金融机构往往不会给中小企业发放贷款，因为单位贷款处理成本会随着贷款额度的降低而升高。李志赟（2002）⑧ 通过建立起中小企业融资分析框架，指出由于中小民营企业具有非匀质性、缺少贷款抵押和交易成本高等多重特质，中小民营企业很难从大型金融机构获取贷款。蒋伏心和周春平（2009）⑨ 从交易成本工具视角解释了中小企业融资缺口成本，指出中小企业运营规模小、财务状况差以及缺乏抵押品等问题使其在向正规金融机构申请贷款时存在较高的交易成本约束。韩亚欣等

---

① Williamson O E. Transaction - cost economics: The Governance of Contractual Relations [J]. The Journal of Law and Economics, 1979, 22 (2): 233 - 261.

② Greenwald B C, Stiglitz J E, Weiss A. Informational Imperfections in the Capital Market and Macro - Economic Fluctuations [R]. National Bureau of Economic Research, 1984.

③ Berger A N, Udell G F. Small Business Credit Availability and Relationship Lending: The Importance of Bank Organisational Structure [J]. The Economic Journal, 2002, 112 (477): F32 - F53.

④ Hennart J F. Transaction Costs Theory and the Multinational Enterprise [J]. The Nature of the Transnational Firm, 2005: 79 - 126.

⑤ Casson M C. Transaction costs and the Theory of the Multinational Enterprise [M]. New Theories of the Multinational Enterprise (RLE International Business). Routledge, 2013: 24 - 43.

⑥ Mann R J. Explaining the Pattern of Secured Credit [M]. The Creation and Interpretation of Commercial Law. Routledge, 2022: 347 - 405.

⑦ 林毅夫，李永军. 中小金融机构发展与中小企业融资 [J]. 经济研究，2001 (1): 10 - 18, 53 - 93.

⑧ 李志赟. 银行结构与中小企业融资 [J]. 经济研究，2002 (6): 38 - 45, 94.

⑨ 蒋伏心，周春平. 交易成本、非正规金融与中小企业融资 [J]. 世界经济与政治论坛，2009 (2): 22 - 26.

(2016)①通过分析某大型金融机构融资案例发现，中小企业能否获得融资的关键在于金融机构信息搜寻成本。因此，降低银行信息搜寻费用，有助于增加融资利润并降低中小企业交易成本。

（三）宏观环境和制度层面的影响因素

此外，还有不少学者从金融市场环境和制度等视角探究企业融资约束因素。一方面是金融市场环境因素带来的影响。Ferguson 和 Peters（1995）②、魏志华等③（2013）从融资环境视角解释了中小民营企业融资困境，他们均指出当市场环境处于宽松时期时才有货币的普遍信任度变质、杠杆率过高问题，会对中小民营企业形成强烈的挤出效应，而紧缩市场时期则会导致企业融资成本显著扩大。Levine（2005）④发现，完备的金融体系更利于缓解企业外部融资约束。Love（2003）⑤实证指出，大部分国家的小企业相比大企业都面临更严重的融资约束，而金融市场的发展与完善则有利于缓解约束问题。Ryan 等（2014）⑥研究发现，在越依赖银行的金融体系中，银行集中度越高，对中小企业融资约束的影响也越强。Chen 和 Guariglia（2013）⑦以 10 万余家中国企业数据为样本，发现金融体系不完善、金融市场不公平是企业受融资制约的主要因素。李建军和张丹俊（2015）⑧研究指出，我国三个典型债务市场基本处于相互分离的信用断层状态，在带来恶劣商业信用环境的同时，还会急剧加重

---

① 韩亚欣，何敏，李华民．大银行何以为中小企业融资？——基于某大银行支行的案例分析［J］．金融论坛，2016，21（1）：72－80.

② Ferguson M F, Peters S R. What Constitutes Evidence of Discrimination in Lending?［J］. The Journal of Finance, 1995, 50（2）: 739－748.

③ 魏志华，王贞洁，吴育辉，等．金融生态环境、审计意见与债务融资成本［J］．审计研究，2012（3）：98－105.

④ Levine, R. Finance and Growth: Theory and Evidence［J］. Handbook of Economic Growth, 2005（1）: 865－934.

⑤ Love, I. Financial Development and Financing Constraints: International Evidence from the Structural Investment Model［J］. The Review of Financial Studies, 2003, 16（3）: 765－791.

⑥ Ryan, R. M., O'Toole, C. M., et al. Does Bank Market Power Affect SME Financing Constraints?［J］. Journal of Banking & Finance, 2014（49）: 495－505.

⑦ Chen, M., Guariglia, A. Internal Financial Constraints and Firm Productivity in China: Do Liquidity and Export Behavior Make a Difference?［J］. Journal of Comparative Economics, 2013, 41（4）: 1123－1140.

⑧ 李建军，张丹俊．中小企业金融排斥程度的省域差异［J］．经济理论与经济管理，2015（8）：92－103.

我国中小民营企业融资困境。吕劲松（2015）① 认为，我国中小民营企业融资难题有着明显的中国特色，在新常态背景下我国实际利率与经济增长率背离现象会显著推高贷款利率，加重中小企业融资成本负担。舒长江和胡援成（2019）② 发现，我国金融市场尚不够完善，这会导致市场资金传导路径受阻，并使我国传统金融机构资金获取口径较为狭窄，流动性较低，从而进一步制约金融机构资金供给和规模效应。

另一方面，制度和政策也是制约中小民营企业融资的重要因素。我国国有银行掌握了大量金融资源，企业与政府的政治关联可能会影响银行对企业的信贷资源分配。罗党论和甄丽明（2008）③ 指出，有政治关联的企业相比无政治关联的企业会受到更少融资约束。沈建光（2011）④ 指出，政策不完善是制约中小民营企业获得融资贷款的重要因素，在现有监管制度中较为缺乏关于中小企业不良信贷的容忍政策，一旦发生中小民营企业不良贷款风险，相关惩罚措施会影响工作人员授信放贷积极性。于蔚等（2012）⑤ 发现，信息效应和资源效应是政治关联缓解融资约束的重要路径。段胜（2019）⑥ 指出，造成中小民营企业融资困境的根本因素在于政府财政与金融功能的交叉错位以及融资结构的不均衡。陆岷峰和陈捷（2020）⑦ 认为，现行金融供给侧结构现状、客观政策导向与趋势及中小民营企业的金融属性特征间存在的相互错位难题，是导致中小民营企业融资困境的核心要素。范亚琴和池晓辉（2021）⑧ 则识别了地方政府债务对企业投资的挤出效应，发现该效应会增大企业融资约束，尤其是对于盈利性高、位于低金融发展程度地区的中小民营企业，这可能是由于地方政

---

① 吕劲松．关于中小企业融资难、融资贵问题的思考［J］．金融研究，2015（11）：115 - 123.

② 舒长江，胡援成．信贷错配和商业银行脆弱性特征下的金融加速器效应［J］．系统工程理论与实践，2019，39（10）：2512 - 2522.

③ 罗党论，甄丽明．民营控制、政治关系与企业融资约束——基于中国民营上市公司的经验证据［J］．金融研究，2008（12）：164 - 178.

④ 沈建光．解困中小企业切忌“头痛医头”［J］．金融发展评论，2011（12）：71 - 74.

⑤ 于蔚，汪淼军，金祥荣．政治关联和融资约束：信息效应与资源效应［J］．经济研究，2012，47（9）：125 - 139.

⑥ 段胜．关于民营企业融资难融资贵问题的思考——基于四川省民营企业的调查分析［J］．西南金融，2019（3）：3 - 11.

⑦ 陆岷峰，陈捷．民营企业融资困境：供给结构、导向错位与校正重点［J］．福建论坛（人文社会科学版），2020（7）：68 - 77.

⑧ 范亚琴，池晓辉．地方政府债务的挤出效应及其对企业融资约束的影响［J］．上海金融，2021，489（4）：2 - 12.

府债务挤占了有限的正规信贷资源。

综上所述，现有研究认为，企业自身、银行与市场以及宏观环境与制度等均是影响企业融资的重要因素。本书后续也会基于这三个层面展开深入与扩展研究。

二、中小民营企业融资约束的经济后果

企业的融资约束程度是其综合融资能力的重要体现，并会影响后续投资、绩效等。现有文献主要基于以下几种后果展开研究。

（一）企业融资约束与投资

在市场竞争的条件下，难以从外部及时获得融资的企业，可能会错失投资机会，而及时获得外部融资的企业则可以及时进行项目投资，取得竞争优势。连玉君和苏治（2009）[①] 在测算企业投资效率基础上研究发现，我国企业普遍会受到融资约束，导致企业的投资支出低于最优水平。王碧珺等（2015）[②] 研究发现，融资约束不利于民营企业对外投资规模的扩张，同时会降低其对外投资的可能性。吕劲松（2015）[③] 发现，融资约束会对企业投资行为产生重要影响，企业所面临的约束越强，其投资效率约束就越高。张先锋等（2017）[④] 研究发现，融资约束不利于中国工业企业的对外投资行为。Naeem 和 Li（2019）[⑤] 基于35个经济合作与发展组织（以下简称经合组织）成员企业数据发现，企业的融资约束与投资效率间呈明显负相关关系。

（二）企业融资约束与创新

企业的融资约束往往会使其缺乏更多研发资金，因此，融资约束对企业创新的影响也受到了较多学者关注。

---

① 连玉君，苏治．融资约束、不确定性与上市公司投资效率［J］．管理评论，2009，21（1）：19－26.

② 王碧珺，谭语嫣，余淼杰，等．融资约束是否抑制了中国民营企业对外直接投资［J］．世界经济，2015，38（12）：54－78.

③ 吕劲松．关于中小企业融资难、融资贵问题的思考［J］．金融研究，2015（11）：115－123.

④ 张先锋，杨栋旭，张杰．对外直接投资能缓解企业融资约束吗——基于中国工业企业的经验证据［J］．国际贸易问题，2017（8）：131－141.

⑤ Naeem, K., Li, M. C. Corporate Investment Efficiency: The Role of Financial Development in Firms with Financing Constraints and Agency Issues in OECD Non－financial Firms［J］. International Review of Financial Analysis, 2019（62）: 53－68.

鞠晓生等（2013）① 以1998—2008年中国非上市公司工业企业数据为研究样本，发现企业融资约束越严重，营运资本对创新的平滑作用越突出，即企业所面临的融资约束会抑制企业的创新行为。刘胜强等（2015）② 发现，企业融资约束与企业研发（R&D）投入负相关。Hall等（2016）③ 研究了欧洲地区的企业融资约束与企业创新的相关性，指出企业融资约束会抑制企业的研发投入以及创新表现。严若森和姜潇（2019）④ 则验证了融资约束程度与企业研发投入间的负相关性，即融资约束程度越高，企业研发投入越低。此外，余明桂等（2019）⑤ 研究发现，企业所有制不同也会影响融资约束对创新活动的作用。与国有企业相比，融资约束是抑制民营企业创新的重要因素。张璇等（2019）⑥ 证明了银行间竞争会通过缓解企业融资约束路径提升企业创新能力的结论。张嘉望等（2019）⑦ 研究发现，公司融资约束问题显著抑制了企业研发投入，融资约束在政府干预与企业研发投入的关系中起弱化的调节作用。路春城和吕慧（2019）⑧ 利用2009—2016年我国制造业上市公司数据实证检验，研究发现融资约束对制造业企业研发投入表现为倒“U”形关系。李波和朱太辉（2020）⑨ 研究发现，竞争会降低贷款价格、提高贷款可得性，并进一步缓解企业整体的融资约束，促进企业创新。

---

① 鞠晓生，卢荻，虞义华．融资约束、营运资本管理与企业创新可持续性［J］．经济研究，2013，48（1）：4－16.

② 刘胜强，林志军，孙芳城，等．融资约束、代理成本对企业R&D投资的影响——基于我国上市公司的经验证据［J］．会计研究，2015（11）：62－68，97.

③ Hall，B. H.，Moncada－Paternò－Castello，P.，Montresor，S.，et al. Financing Constraints，R&D Investments and Innovative Performances：new Empirical Evidence at the Firm Level for Europe［J］. Economics of Innovation and New Technology，2016，25（3）：183－196.

④ 严若森，姜潇．关于制度环境、政治关联、融资约束与企业研发投入的多重关系模型与实证研究［J］．管理学报，2019，16（1）：72－84.

⑤ 余明桂，钟慧洁，范蕊．民营化、融资约束与企业创新——来自中国工业企业的证据［J］．金融研究，2019（4）：75－91.

⑥ 张璇，李子健，李春涛．银行业竞争、融资约束与企业创新——中国工业企业的经验证据［J］．金融研究，2019（10）：98－116.

⑦ 张嘉望，彭晖，李博阳．地方政府行为、融资约束与企业研发投入［J］．财贸经济，2019，40（7）：20－35.

⑧ 路春城，吕慧．政府补贴、融资约束与制造业研发投入［J］．经济与管理评论，2019，35（4）：17－27.

⑨ 李波，朱太辉．银行价格竞争、融资约束与企业研发投资——基于“中介效应”模型的实证研究［J］．金融研究，2020（7）：134－152.

（三）企业融资约束与业绩

企业融资和投资的最终目的都是提升企业业绩，促进企业成长与发展，因此有必要探讨企业融资约束与企业业绩间的关系。李科和徐龙炳（2011）[①]利用短期融资券推出作为准自然实验，证明了融资约束的缓解能够大幅提升公司业绩。马红和王元月（2015）[②]发现融资约束对公司成长性有负向影响。何丹（2015）[③]基于A股上市的制造业企业2009—2013年的微观数据探讨了融资约束对研发投入经济后果的调节作用。研究表明，融资约束会显著影响研发绩效，并在经营绩效中承担起一个“扩大增幅器”的作用，表现出对研发的长期绩效有显著正向影响。许敏等（2017）[④]选取2010—2015年深圳证券交易所331家中小板上市公司为研究样本，实证表明我国中小企业研发投入普遍存在融资约束问题；研发资金投入与融资约束负相关，高融资约束会抑制研发投入对企业绩效的促进作用。魏文君和吴蒙（2019）[⑤]以2014—2016年我国沪深A股上市公司为样本，研究结果显示，融资约束与公司绩效之间存在显著负相关关系，而后进一步研究发现，在内部控制质量较高的公司，融资约束对公司绩效的抑制作用会有所减弱。

（四）企业融资约束与管理决策

融资约束同样会对企业决策产生重要影响，并重点影响企业发展决策、现金持有、避税行为等。韩忠雪和周婷婷（2011）[⑥]将我国2001—2007年共2401个制造业上市公司的数据作为样本，研究结果表明，当企业的融资约束严重时，其内部现金的持有量会保持在更高的水平，同时管理者会降低现金支出来应对突发状况。连玉君等（2010）[⑦]从静态和动态两个角度研究了融资约

① 李科，徐龙炳．融资约束、债务能力与公司业绩［J］．经济研究，2011，46（5）：61－73.

② 马红，王元月．融资约束、政府补贴和公司成长性——基于我国战略性新兴产业的实证研究［J］．中国管理科学，2015，23（S1）：630－636.

③ 何丹．融资约束、R&D投入与企业绩效的相关性研究——基于中国制造业上市公司2009—2013年的经验证据［J］．科技与管理，2015，17（5）：76－82.

④ 许敏，朱伶俐，方祯．融资约束、R&D投入与中小企业绩效［J］．财会月刊，2017（30）：37－43.

⑤ 魏文君，吴蒙．内部控制、融资约束与公司绩效［J］．会计之友，2019（21）：53－58.

⑥ 韩忠雪，周婷婷．产品市场竞争、融资约束与公司现金持有：基于中国制造业上市公司的实证分析［J］．南开管理评论，2011，14（4）：149－160.

⑦ 连玉君，彭方平，苏治．融资约束与流动性管理行为［J］．金融研究，2010（10）：158－171.

束对上市公司流动性管理行为的影响，理论分析结果表明面临融资约束的企业偏好通过增加自身现金持有量来减少企业融资不确定性。江伟等（2015）[①] 发现融资约束高的企业成本黏性更低。卢太平和张东旭（2014）[②] 则指出，融资约束越高，企业盈余管理水平越低。翁旻和耿成轩（2019）[③] 选取了1354家A股制造业上市公司10年数据，并运用广义矩估计方法研究了企业面临的融资约束程度与现金持有的动态变化之间的关系，发现融资约束对企业现金持有量具有正向促进作用。

（五）企业融资约束与税务行为

Law和Mills（2015）[④]、Edwards等（2016）[⑤] 研究发现，融资约束高的企业会倾向于进行更多避税，以增加企业的现金持有量。王亮亮（2016）[⑥] 检验发现，与融资不受约束公司相比，面临融资约束的公司在金融危机期间避税程度的提高更为明显。张琛和刘银国（2016）[⑦] 选取2010—2014年沪深两市A股上市公司为研究样本，研究结果表明，民营企业潜在的融资约束会促使它们从事积极的税务自利行为以节省相关税费支出，并为公司的未来投资储备更多现金流。陈作华和方红星（2018）[⑧] 基于2008—2014年中国上市公司的财务数据检验融资约束能否诱发企业激进的避税。研究结果表明，融资约束与企业避税程度显著正相关，激进的避税是陷入融资困境企业改善资金短缺状况的替代选择。李辰颖等（2019）[⑨] 实证分析了融资约束对企业避税的影响，并发现

---

① 江伟，胡玉明，曾业勤．融资约束与企业成本粘性——基于我国工业企业的经验证据［J］．金融研究，2015（10）：133－147.

② 卢太平，张东旭．融资需求、融资约束与盈余管理［J］．会计研究，2014（1）：35－41，94.

③ 翁旻，耿成轩．融资约束、资产有形性和现金持有——以制造业上市公司为例［J］．工业技术经济，2019，38（5）：104－111.

④ Law, K. K., Mills, L. F. Taxes and Financial Constraints: Evidence from Linguistic Cues［J］. Journal of Accounting Research, 2015, 53（4）: 777－819.

⑤ Edwards, A., Schwab, C., Shevlin, T. Financial Constraints and Cash Tax Savings［J］. The Accounting Review, 2016, 91（3）: 859－881.

⑥ 王亮亮．金融危机冲击、融资约束与公司避税［J］．南开管理评论，2016，19（1）：155－168.

⑦ 张琛，刘银国．融资约束与民营企业税务自利行为研究［J］．经济管理，2016，38（3）：113－123.

⑧ 陈作华，方红星．融资约束、内部控制与企业避税［J］．管理科学，2018，31（3）：125－139.

⑨ 李辰颖，吕智和，陈盈．融资约束、CFO背景与企业避税［J］．会计之友，2019（24）：18－22.

企业避税会随融资约束的增加而增多。同时，女性 CFO 在面临融资约束时更反对采取避税行为。

三、中小民营企业融资约束的衡量与测度

当前，主流的融资约束度量方法有两类，第一类是采用融资约束系数来衡量，包括投资—现金流敏感性模型、现金—现金流敏感性模型等。第二类是构建融资约束指数，包括 WW 指数、SA 指数等。

最早，Fazzari 等（1988）① 开创性地讨论了企业融资约束和投资之间的关系，并建立起投资—现金流敏感性模型。该模型在考虑信息不对称和委托代理问题基础上得出了投资和企业现金流敏感度越高，融资约束越强的结论。而后，Denis 和 Sibilkov（2010）②、Cull 等（2015）③ 等学者也根据本国企业数据进行重复实验，并证明该方法的合理性和稳健性。但投资—现金流敏感性模型也有其弱点，其局限性在于模型敏感性不是单调递增的，且融资约束估计系数容易受到企业规模、行业特征等影响，使准确性受损。对此，Almeida 等（2004）④ 改进并提出了现金—现金流敏感性模型，指出可以用企业持有现金与经营性现金流间的敏感性系数来反映企业融资约束程度。该模型目前得到了广泛运用，如罗党论和甄丽明（2008）⑤、连玉君等（2010）⑥ 和张莉芳（2013）⑦ 均运用此模型分析了企业融资约束现状。

---

① Fazzari, S., Hubbard, R. G., Petersen, B. C. Financing Constraints and Corporate Investment [J]. Brookings Papers on Economic Activity, 1988 (1): 141 - 195.

② Denis, D. J., Sibilkov, V. Financial Constraints, Investment, and the Value of Cash Holdings [J]. The Review of Financial Studies, 2010, 23 (1): 247 - 269.

③ Cull, R., Li, W., Sun, B., Xu, L. C. Government Connections and Financial Constraints: Evidence from a Large Representative Sample of Chinese Firms [J]. Journal of Corporate Finance, 2015 (32): 271 - 294.

④ Almeida, H., Campello, M., Weisbach, M. S. The Cash Flow Sensitivity of Cash [J]. Journal of finance, 2004, 59 (4): 1777 - 1804.

⑤ 罗党论，甄丽明．民营控制、政治关系与企业融资约束——基于中国民营上市公司的经验证据［J］．金融研究，2008（12）：164 - 178.

⑥ 连玉君，彭方平，苏治．融资约束与流动性管理行为［J］．金融研究，2010（10）：158 - 171.

⑦ 张莉芳．融资约束、高额现金持有和投资效率［J］．山西财经大学学报，2013，35（4）：114 - 124.

在第二类衡量方法中，具有代表性的有 Whited 和 Wu（2006）[①] 基于动态结构估计方法构造的WW 指数以及 Hadlock 和 Pierce（2010）[②] 构造的SA 指数等。其中，SA 指数是 Hadlock 和 Pierce 基于企业规模和年龄两个外生性较强的变量构建的，能有效避免其他指数可能存在的测度偏差。因此，该方法在相关研究中得到了广泛运用，如鞠晓生等（2013）[③]、万佳彧等（2020）[④]、钱雪松和方胜（2021）[⑤] 均运用了该指数衡量企业融资约束程度。

综上所述，投资—现金流敏感性模型有着应用更为方便的优点，但也有准确性不足的缺点；而 SA 指数等指数则能直接测度融资约束数值，可以有效测度偏差，因此其准确性更高，可适用范围更广。

四、缓解中小民营企业融资约束的路径

尽管中小民营企业面临严重的融资约束，但较多研究都发现，中小民营企业仍有多种替代机制以克服信贷配给带来的不利影响（Cull 等，2015）[⑥]。本书将从银行业、政府制度与融资环境以及供应链金融发展三个不同视角出发，总结归纳现有文献对缓解中小民营企业融资约束路径的研究。

（一）从银行业的角度缓解中小民营企业融资约束

Berger 和 Udell（2002、2006）[⑦⑧] 认为，企业获得银行贷款的依据分为财务报表、抵押担保、信用评分以及关系型贷款四种。其中，关系型贷款可以为银企信息不对称的中小企业提供更好融资。中小企业可以通过与银行保持长期

---

① Whited, T. M., Wu, G. Financial Constraints Risk [J]. The Review of Financial Studies, 2006, 19 (2): 531 - 559.

② Hadlock, C. J., Pierce, J. R. New Evidence on Measuring Financial Constraints: Moving Beyond the KZ Index [J]. The Review of Financial Studies, 2010, 23 (5): 1909 - 1940.

③ 鞠晓生，卢荻，虞义华．融资约束、营运资本管理与企业创新可持续性 [J]．经济研究，2013，48（1）：4 - 16.

④ 万佳彧，周勤，肖义．数字金融、融资约束与企业创新 [J]．经济评论，2020（1）：71 - 83.

⑤ 钱雪松，方胜．《物权法》出台、融资约束与民营企业投资效率——基于双重差分法的经验分析 [J]．经济学（季刊），2021，21（2）：713 - 732.

⑥ Cull R, Li W, Sun B, et al. Government Connections and Financial Constraints: Evidence from a Large Representative Sample of Chinese Firms [J]. Journal of Corporate Finance, 2015, 32: 271 - 294.

⑦ Berger, A. N., Udell, G. F. A More Complete Conceptual Framework for SME Finance [J]. Journal of Banking & Finance, 2006, 30 (11): 2945 - 2966.

⑧ Berger, A. N., Udell, G. F. Small Business Credit Availability and Relationship Lending: The Importance of Bank Organisational Structure [J]. The Economic Journal, 2002, 112 (477): F32 - F53.

密切联系，让银行获得与中小企业有关系的“软信息”，如上下游供应商信息、邻居企业评价信息、社区信息等。张晓玫和潘玲（2013）① 也认为关系型贷款是中小企业获得银行贷款的主要方式。Lu 等（2012）②、刘星和蒋水全（2015）③ 等发现，银行股权关联是影响中小民营企业融资约束的重要传导路径，参股银行的民营比例越高，中小民营企业融资约束的缓解效果越强。Cowan 等（2015）④ 指出，信用担保能够增加中小企业获得的贷款总额，但由于逆向选择的存在，其贷款违约概率可能会更高。此外，刘畅等（2017）⑤ 也指出，相比国有大型银行，农商行等地方金融机构能获取更多当地中小企业的非常规信息，在支持中小企业融资方面更有优势。

（二）从政府制度和融资环境角度缓解中小企业融资约束

Mckinnon（1973）⑥ 和 Shaw（1973）⑦ 发现，当政府放开利率管制时，管制型信贷配给问题能够得到有效解决，从而能进一步缓解中小民营企业融资约束困境。Wattanapruttipaisan（2003）⑧ 认为，应该从政府角度完善征信体系，规范风险评估的方案。Beck（2007）⑨ 发现，金融机构间信息共享的加强可以增加中小企业的积极信息和负面信息在金融机构之间的流通，使声誉良好的企

---

① 张晓玫，潘玲．我国银行业市场结构与中小企业关系型贷款［J］．金融研究，2013（6）：133－145.

② Lu Z, Zhu J, Zhang W. Bank Discrimination, Holding Bank Ownership, and Economic Consequences: Evidence from China［J］. Journal of Banking & Finance, 2012, 36（2）: 341－354.

③ 刘星，蒋水全．银行股权关联、银行业竞争与民营企业融资约束［J］．中国管理科学，2015，23（12）：1－10.

④ Cowan, K., Drexler, A., Yañez, Á. The Effect of Credit Guarantees on Credit Availability and Delinquency Rates［J］. Journal of Banking & Finance, 2015（59）: 98－110.

⑤ 刘畅，刘冲，马光荣．中小金融机构与中小企业贷款［J］．经济研究，2017，52（8）：65－77.

⑥ Mckinnon R. I. Money and Capital in Economic Development［M］. Washington D. C.: Brookings Institution, 1973.

⑦ Shaw E S. Financial Deepening in Economic Development［M］. New York: Oxford University Press, 1973.

⑧ Wattanapruttipaisan, T. Four Proposals for Improved Financing of SME Development in ASEAN［J］. Asian Development Review, 2003, 20（2）: 66－104.

⑨ Beck, T. Financing constraints of SMEs in Developing Countries: Evidence, Determinants and Solutions［A］. In KDI 36th Anniversary International Conference［C］. 2007, 4: 26－27.

业能利用信誉抵押代替传统抵押物。Osano 和 Languitone (2016)[①] 研究发现，政府在支持中小企业融资过程中可以发挥重要作用。赵平 (2014)[②] 研究发现，从国家制度层面进一步加快我国利率自由化进程，推动放松我国银行存贷款利率管制，能够有效减弱我国信贷市场信息非对称性。凌江怀和匡亚文 (2016)[③] 分析发现，信用环境对中小企业融资约束有显著的门槛影响。只有当信用环境提高到一定程度，中小企业融资约束才会得到显著缓解。车嘉丽和薛瑞 (2017)[④] 研究指出，产业政策激励能够有效缓解企业融资约束，其核心机制在于信息效应和资源效应。此外，相比国有企业，产业政策对民营企业融资约束的缓解程度更加明显。于连超等 (2021)[⑤] 发现，环境管理体系认证能够显著缓解中小企业融资约束，且这种缓解作用随着时间推移而不断提升。他们进一步考虑产权性质发现，与国有企业相比，环境管理体系认证更能显著缓解中小民营企业融资约束。

（三）推动供应链金融发展缓解中小企业融资约束

供应链金融能够整合核心企业上下游的众多中小型企业，使融资服务体系化，为中小企业提供便利化的金融支持。徐晓萍和李猛 (2009)[⑥] 调查发现，供应链融资可以有效缓解中小企业的资金约束。夏泰凤和金雪军 (2011)[⑦] 认为，供应链金融可以使金融机构对企业一对一服务转变为一对多，实现多方共

---

① Osano, H. M., Languitone, H. Factors Influencing Access to Finance by SMEs in Mozambique: Case of SMEs in Maputo Central Business District [J]. Journal of Innovation and Entrepreneurship, 2016, 5 (1): 1-16.

② 赵平．中国贷款利率自由化与中小企业贷款供给约束——基于 S-W 贷款供给曲线的理论分析 [J]．经济理论与经济管理，2014 (8)：78-88.

③ 凌江怀，匡亚文．信用环境对中小企业融资约束的影响——基于世界银行中国企业调查数据的实证研究 [J]．华南师范大学学报（社会科学版），2016 (3)：127-132.

④ 车嘉丽，薛瑞．产业政策激励影响了企业融资约束吗？[J]．南方经济，2017 (6)：92-114.

⑤ 于连超，董晋亭，王雷，等．环境管理体系认证有助于缓解企业融资约束吗？[J]．审计与经济研究，2021，36 (6)：116-126.

⑥ 徐晓萍，李猛．商业信用的提供：来自上海市中小企业的证据 [J]．金融研究，2009 (6)：161-174.

⑦ 夏泰凤，金雪军．供应链金融解困中小企业融资难的优势分析 [J]．商业研究，2011 (6)：128-133.

赢。此外，张伟斌和刘可（2012）[①]、刘可和缪宏伟（2013）[②]、姚王信等（2017）[③] 实证研究发现供应链金融能降低信贷市场的信息不对称，弥补中小企业的信用缺位，一定程度上缓解融资约束。王晓燕等（2020）[④] 从供应链金融视角实证分析了供应商集中度对融资约束的影响，研究发现，中小企业可以通过提高供应商集中度来缓解融资约束，而其中最主要的路径是债务融资。

综上所述，现有研究主要从银行、政府制度和发展供应链视角谈及缓解中小企业融资约束的路径，且已有途径在一定程度上缓解了部分中小企业的融资约束难题，但中小企业融资难、融资贵、融资慢问题依然存在于现实经济社会中，如何利用数字金融生态链解决中小企业融资问题值得进一步探索。

第二节　关于数字金融对中小企业的影响

数字金融是近年来学术界研究热点。学者们主要从数字金融的概念、数字金融与中小企业融资、数字金融对实体经济和企业发展的作用入手探究了数字金融带来的影响。

一、数字金融的发展历程

Wang 等（2016）[⑤] 指出，2004 年支付宝上线标志着数字金融行业在中国开始起步，但直到 2013 年阿里巴巴推出在线货币基金余额宝，数字金融行业才真正迎来了高速发展期。自 2014 年起，"互联网金融"成为每年政府报告的关键词，但官方对其的关注逐渐从金融创新的角度转移到了风险警告。2016 年 8 月，《网络借贷信息中介机构业务活动管理暂行办法》发布，数字金融行

---

① 张伟斌，刘可．供应链金融发展能降低中小企业融资约束吗？——基于中小上市公司的实证分析［J］．经济科学，2012（3）：108 - 118.

② 刘可，缪宏伟．供应链金融发展与中小企业融资——基于制造业中小上市公司的实证分析［J］．金融论坛，2013，18（1）：36 - 44.

③ 姚王信，夏娟，孙婷婷．供应链金融视角下科技型中小企业融资约束及其缓解研究［J］．科技进步与对策，2017，34（4）：105 - 110.

④ 王晓燕，史秀敏，师亚楠．供应商集中度与缓解中小企业融资约束——基于债务融资的中介效应检验［J］．金融与经济，2020（12）：78 - 85.

⑤ Wang，J.，Y. Shen，Y. Huang，Evaluating the Regulatory Scheme for Internet Finance in China：The Case of Peer - to - peer Lending［J］. China Economic Journal，2016，9（3）：272 - 287.

业的野蛮生长迎来第一次打击，数字金融无序化逐步走入监管正轨。黄益平和陶坤玉（2019）① 认为与西方发达国家相比，中国数字金融具有大型科技公司主导、金融普惠特征显著以及几乎没有加密货币和跨境支付业务的特点。中国数字金融行业高速发展主要得益于传统金融服务的供给短缺、监管环境的相对包容以及信息技术特别是智能手机、大数据和云计算等快速发展。郭峰等（2020）② 运用北京大学数字普惠金融指数刻画了中国不同地区普惠金融的发展趋势，指出中国数字普惠金融呈现出较强的地区收敛特性，同时还表现出明显的空间集聚性和空间异质性。粟麟和杨伟明（2021）③ 指出，数字金融未来发展可以分为三个趋势，即金融服务场景化、运营方式数字化、风险管控智能化。何宏庆（2021）④ 从区块链视角探究了我国数字金融高质量发展路径，指出不断完善区块链基础，加快区块链与金融深入融合是促进数字金融高质量发展的重要方法。张龙耀和邢朝辉（2021）⑤ 从县域层面探究了我国数字金融在农村的动态发展过程和分布特征，发现近年来我国数字金融发展水平有显著的上升趋势，其中东中西部之间的差异和鸿沟有明显的缩小趋势，区域间非均衡特征有不同程度的减弱。至此，金融领域已经全面向数字金融方向升级发展，中国金融业进入了数字化时代。

二、数字金融对实体经济发展的影响

作为现代经济的重要部分之一，金融在实体经济的基础上发展形成，也为实体经济提供服务。目前，学术界以数字金融对实体经济发展的影响为主题展开了一系列的讨论。其中，研究集中于两个方面：一是数字金融对经济增长和经济发展质量的影响研究，二是数字金融对产业结构升级的影响研究。

---

① 黄益平，陶坤玉．中国的数字金融革命：发展、影响与监管启示［J］．国际经济评论，2019（6）：24－35，5.

② 郭峰，王靖一，王芳，等．测度中国数字普惠金融发展：指数编制与空间特征［J］．经济学（季刊），2020，19（4）：1401－1418.

③ 粟麟，杨伟明．数字金融：发展现状、未来趋势与监管启示［J］．北方金融，2021（6）：8－12.

④ 何宏庆．区块链驱动数字金融高质量发展：优势、困境与进路［J］．兰州学刊，2021（1）：25－35.

⑤ 张龙耀，邢朝辉．中国农村数字普惠金融发展的分布动态、地区差异与收敛性研究［J］．数量经济技术经济研究，2021，38（3）：23－42.

（一）促进经济增长与提高经济发展质量

郝云平和雷汉云（2018）[①] 利用空间自回归模型研究发现，数字普惠金融能显著促进经济增长，且主要呈现三次曲线的促进作用。钱海章等（2020）[②] 基于我国省级面板数据，也支持了正向影响的结论。此外，Goldstein 等（2019）[③]、Beck 等（2018）[④]、王永仓和温涛（2020）[⑤] 也认为数字金融对实体经济发展有促进作用。滕磊和马德功（2020）[⑥] 研究认为数字金融能够促进我国经济高质量发展。成学真和龚沁宜（2020）[⑦] 利用系统 GMM 估计方法构建了我国省域层面动态面板模型，实证研究发现数字金融对实体经济的发展具有积极影响，数字经济的发展会促进实体经济的增长，传统金融发展、消费水平和科技创新在其中起到传导作用。汪亚楠等（2020）[⑧] 认为，数字金融对我国东部地区实体经济的激励效应远远超过对中西部地区的激励效应。吕江林（2021）[⑨] 运用 Dagum 基尼系数、核密度估计和标准差椭圆等分析工具对 2011—2018 年省级面板数据进行实证分析，研究发现数字金融与实体经济的协同发展存在一定的区域异质性，东部地区协同发展水平均值显著高于中西部地区，数字金融和实体经济协同性的提高能显著促进宏观经济增长。徐伟呈和范爱军（2022）[⑩] 认为，区域经济发展水平越高，行业集中度越高，数字金融对实体企业增长的驱动作用越大，对企业金融化的抑制作用也越大。

---

① 郝云平，雷汉云．数字普惠金融推动经济增长了吗？——基于空间面板的实证［J］．当代金融研究，2018（3）：90－101.

② 钱海章，陶云清，曹松威，等．中国数字金融发展与经济增长的理论与实证［J］．数量经济技术经济研究，2020，37（6）：26－46.

③ Goldstein，I.，Jiang，W.，Karolyi，G. A. To FinTech and Beyond［J］．The Review of Financial Studies，2019，32（5）：1647－1661.

④ Beck，T.，Pamuk，H.，Ramrattan，R.，et al. Payment Instruments，Finance and Development［J］．Journal of Development Economics，2018，133：162－186.

⑤ 王永仓，温涛．数字金融的经济增长效应及异质性研究［J］．现代经济探讨，2020（11）：56－69.

⑥ 滕磊，马德功．数字金融能够促进高质量发展吗？［J］．统计研究，2020，37（11）：80－92.

⑦ 成学真，龚沁宜．数字普惠金融如何影响实体经济的发展——基于系统 GMM 模型和中介效应检验的分析［J］．湖南大学学报（社会科学版），2020，34（3）：59－67.

⑧ 汪亚楠，叶欣，许林．数字金融能提振实体经济吗［J］．财经科学，2020（3）：1－13.

⑨ 吕江林，叶金生，张斓弘．数字普惠金融与实体经济协同发展的地区差异及效应研究［J］．当代财经，2021（9）：53－65.

⑩ 徐伟呈，范爱军．数字金融、内驱机制与实体经济增长——基于实体企业金融化的研究视角［J］．山西财经大学学报，2022，44（1）：28－42.

（二）产业结构升级与区域技术创新

唐文进等（2019）[①] 研究发现，数字普惠金融与产业结构升级间存在门槛效应。适度发展数字金融会促进产业结构升级，过度发展则会对产业结构升级产生负向影响。杜金岷等（2020）[②] 研究发现，数字普惠金融能显著优化我国产业结构，对产业结构合理化、高级化和产业内部演化趋势贡献明显。梁榜和张建华（2019）[③] 利用城市级专利数据进行实证检验，证明数字普惠金融能显著促进城市的技术创新。聂秀华等（2021）[④] 研究表明，数字金融通过缓解融资约束、优化产业结构等渠道，显著提高了区域技术创新水平。潘爽等（2021）[⑤] 认为，数字金融通过科技赋能传统金融重塑金融体系，为包容性增长提供了可能，并显著提升了城市创新水平。

三、数字金融对中小企业发展的影响

关于数字金融对企业的影响，现有研究主要从企业融资、企业创新等方面展开，同时也有关于企业投资效率和生产率的少量研究。

（一）数字金融对企业融资的影响

Lin 等（2013）[⑥] 基于美国 Prosper 借贷平台数据进行研究，发现利用数字技术平台可以挖掘到更丰富、全面的企业信息，并以此降低借贷双方的信息不对称性。Fuster 等（2019）[⑦] 研究发现，应用了金融科技的贷款机构在美国市场中的占比越来越大，从 2010 年的 2% 提升到 2016 年的 8%。科技型贷款机

---

① 唐文进，李爽，陶云清．数字普惠金融发展与产业结构升级——来自 283 个城市的经验证据［J］．广东财经大学学报，2019，34（6）：35－49.

② 杜金岷，韦施威，吴文洋．数字普惠金融促进了产业结构优化吗？［J］．经济社会体制比较，2020（6）：38－49.

③ 梁榜，张建华．数字普惠金融发展能激励创新吗？——来自中国城市和中小企业的证据［J］．当代经济科学，2019，41（5）：74－86.

④ 聂秀华，江萍，郑晓佳，等．数字金融与区域技术创新水平研究［J］．金融研究，2021（3）：132－150.

⑤ 潘爽，叶德珠，叶显．数字金融普惠了吗——来自城市创新的经验证据［J］．经济学家，2021（3）：101－111.

⑥ Lin，M.，Prabhala，N. R.，Viswanathan，S. Judging Borrowers by the Company They Keep：Friendship Networks and Information Asymmetry in Online Peer－to－peer Lending［J］．Management Science，2013，59（1）：17－35.

⑦ Fuster，A.，Plosser，M.，Schnabl，P. et al. The Role of Technology in Mortgage Lending［J］．The Review of Financial Studies，2019，32（5）：1854－1899.

构提高了贷款审批速度，并且也并未使贷款的违约风险变高。王馨（2015）[①] 用长尾理论分析了数字金融缓解中小企业融资约束的可行性，并发现数字金融能够帮助甄别“长尾”中小企业的需求和风险，促进其获得融资。梁榜和张建华（2018）[②] 基于中小企业板上市公司数据，实证分析发现数字普惠金融能够显著缓解普遍存在于中小企业的融资约束。万佳彧等（2020）[③]、袁鲲和曾德涛（2020）[④] 也通过实证得到类似研究结果。喻平和豆俊霞（2020）[⑤] 研究发现，数字金融对中小企业的融资缓解效果在制度环境优异的地区更为显著，并且在非国有企业和高新技术企业中缓解作用也更为明显。黄锐等（2020[⑥]，2021[⑦]）研究认为，数字金融不仅可以通过改善融资结构和市场化水平等宏观路径缓释企业融资约束，也能借助降低企业融资费用和杠杆水平等微观路径缓解企业融资约束。吴庆田和王倩（2020）[⑧] 从金融可获得性、使用情况、服务质量和数字普惠四个维度构建了普惠金融发展质量指数，研究表明普惠数字金融的发展对中小企业融资效率的影响存在异质性，相比东部地区，中西部地区中小企业融资效率受数字普惠金融的影响更大，数字普惠金融发展通过融资结构影响中小企业融资效率。李宾等（2022）[⑨] 根据北京大学数字金融研究中心编制的数字普惠金融指数与2012—2019年深圳证券交易所中小企业板和创业板上市公司年报数据构建固定效应模型，实证结果发现数字普惠金融能够促进

① 王馨．互联网金融助解“长尾”小微企业融资难问题研究［J］．金融研究，2015（9）：128－139.

② 梁榜，张建华．中国普惠金融创新能否缓解中小企业的融资约束［J］．中国科技论坛，2018（11）：94－105.

③ 万佳彧，周勤，肖义．数字金融、融资约束与企业创新［J］．经济评论，2020（1）：71－83.

④ 袁鲲，曾德涛．区际差异、数字金融发展与企业融资约束——基于文本分析法的实证检验［J］．山西财经大学学报，2020，42（12）：40－52.

⑤ 喻平，豆俊霞．数字普惠金融发展缓解了中小企业融资约束吗［J］．财会月刊，2020（3）：140－146.

⑥ 黄锐，赖晓冰，唐松．金融科技如何影响企业融资约束？——动态效应、异质性特征与宏微观机制检验［J］．国际金融研究，2020（6）：25－33.

⑦ 黄锐，赖晓冰，赵丹妮，等．数字金融能否缓解企业融资困境——效用识别、特征机制与监管评估［J］．中国经济问题，2021（1）：52－66.

⑧ 吴庆田，王倩．普惠金融发展质量与中小企业融资效率［J］．金融与经济，2020（9）：37－43，67.

⑨ 李宾，龚爽，曾雅婷．数字普惠金融、融资约束与中小企业财务可持续［J］．改革，2022（5）：126－142.

中小企业的财务可持续，并且地区数字普惠金融发展水平起到了正向调节作用，融资约束水平起到了中介作用。

（二）数字金融对企业创新的影响

谢绚丽等（2018）[①] 发现，数字金融的发展对创业有显著正向影响，并且对于城镇化率较低的省份、注册资本少的微型企业有更强的鼓励创业作用。梁榜和张建华（2019）[②] 利用企业专利数据进行实证检验，发现数字普惠金融对企业技术创新具有显著激励作用。喻平和豆俊霞（2020）[③]、万佳彧等（2020）[④]、谢雪燕和朱晓阳（2021）[⑤] 等学者也得到了类似的结果。汪亚楠等（2020）[⑥] 认为，在数字金融影响实体经济的过程中，研发创新起到了中介作用，数字金融能够通过创新机制来促进实体经济发展。聂秀华（2020）[⑦] 基于2014—2018年中国中小企业板及创业板上市公司数据的分析发现，传统金融模式中融资约束制约了中小企业创新，数字金融能够通过缓解中小企业融资约束促进创新，这种效用在制度环境好、经济发展水平高的地区更为显著。唐松等（2020）[⑧] 认为，数字金融对企业创新活动有促进作用，能够通过改善传统金融的“属性错配”、“领域错配”和“阶段错配”问题，填补传统金融的空白区域，缓解企业融资难、融资贵的问题，并赋能企业技术创新活动。郎香香等（2021）[⑨] 基于全国地市级数字普惠金融指数与新三板中小企业专利申请量的匹配数据发现，数字金融通过其覆盖广度和使用深度以及促进中小企业融资

---

① 谢绚丽，沈艳，张皓星，等．数字金融能促进创业吗？——来自中国的证据［J］．经济学（季刊），2018，17（4）：1557－1580.

② 梁榜，张建华．数字普惠金融发展能激励创新吗？——来自中国城市和中小企业的证据［J］．当代经济科学，2019，41（5）：74－86.

③ 喻平，豆俊霞．数字普惠金融、企业异质性与中小微企业创新［J］．当代经济管理，2020，42（12）：79－87.

④ 万佳彧，周勤，肖义．数字金融、融资约束与企业创新［J］．经济评论，2020（1）：71－83.

⑤ 谢雪燕，朱晓阳．数字金融与中小企业技术创新——来自新三板企业的证据［J］．国际金融研究，2021（1）：87－96.

⑥ 汪亚楠，叶欣，许林．数字金融能提振实体经济吗［J］．财经科学，2020（3）：1－13.

⑦ 聂秀华．数字金融促进中小企业技术创新的路径与异质性研究［J］．西部论坛，2020，30（4）：37－49.

⑧ 唐松，伍旭川，祝佳．数字金融与企业技术创新——结构特征、机制识别与金融监管下的效应差异［J］．管理世界，2020，36（5）：52－66，9.

⑨ 郎香香，张朦朦，王佳宁．数字普惠金融、融资约束与中小企业创新——基于新三板企业数据的研究［J］．南方金融，2021（11）：13－25.

约束缓解驱动创新，并且数字金融对中小企业创新的驱动效应存在异质性。聂秀华和吴青（2021）[①] 研究指出，高科技中小企业受数字金融的创新激励更大。赖雪玲（2022）[②] 以我国2012—2018年创业板上市中小企业为研究对象，实证分析得出数字金融能够推动中小企业创新的结论，并进一步指出资本配置效率和人力资源配置效率改善起到了中介作用，而且这种促进效用在中西部地区和非国有中小企业中更为显著。

（三）数字金融对企业投资效率和全要素生产率的影响

王娟和朱卫未（2020）[③] 研究发现，数字金融的发展能够有效降低企业自身的非效率投资行为和非效率投资水平。宋敏等（2021）[④] 证明数字金融能够通过缓解企业融资约束和提高信贷资源配置效率的路径显著提高企业全要素生产率。江红莉和蒋鹏程（2021）[⑤] 利用北京大学数字普惠金融数据也得出类似结论。盛明泉和项春艳（2022）[⑥] 认为，数字金融能够通过降低企业财务费用率，促进企业实体化投资的发展，抑制企业金融化，有利于引导实体企业"脱虚向实"。段永琴等（2021）[⑦] 根据我国30个省份的面板数据实证发现，数字金融对技术密集型制造业的发展有显著促进作用，数字金融主要通过资金供给、综合金融服务来提振技术密集型企业发展，并且存在空间外溢，不仅促进本地技术密集型制造业发展，也对毗邻地区技术密集型制造业有驱动作用。白万平等（2021）[⑧] 根据我国中小企业板面板数据研究发现，数字金融对中小企业全要素生产率提高具有显著作用，融资约束、技术创新和人力资本在其中

---

① 聂秀华，吴青．数字金融对中小企业技术创新的驱动效应研究［J］．华东经济管理，2021，35（3）：42－53．

② 赖雪玲．数字普惠金融发展与中小企业创新——基于中国创业板企业的证据［J］．当代金融研究，2022，5（3）：54－65．

③ 王娟，朱卫未．数字金融发展能否校正企业非效率投资［J］．财经科学，2020（3）：14－25．

④ 宋敏，周鹏，司海涛．金融科技与企业全要素生产率——"赋能"和信贷配给的视角［J］．中国工业经济，2021（4）：138－155．

⑤ 江红莉，蒋鹏程．数字金融能提升企业全要素生产率吗？——来自中国上市公司的经验证据［J］．上海财经大学学报，2021，23（3）：3－18．

⑥ 盛明泉，项春艳，谢睿．数字普惠金融能否抑制实体企业"脱实向虚"［J］．首都经济贸易大学学报，2022，24（1）：96－112．

⑦ 段永琴，何伦志，克甝．数字金融、技术密集型制造业与绿色发展［J］．上海经济研究，2021（5）：89－105．

⑧ 白万平，孙溶镁，白鸽．数字金融能否提高中小企业全要素生产率？——基于中小板上市公司的分析［J］．新金融，2021（11）：53－62．

起到传导作用，数字金融的边际影响呈现先下降后上升的“非对称U形”结构。徐伟呈和范爱军（2022）[①] 认为，实现技术创新、资本积累和劳动力分工演进是数字金融推动企业“脱虚向实”的内源动力，数字金融能遏制企业投机性和储蓄性动机，抑制企业金融化倾向，助力实体经济增长，且对于不同企业，数字金融抑制其金融化的动机成因和内驱机制也存在异质性。

第三节　金融生态环境与中小企业发展

从理论上来看，良好的金融生态环境意味着金融市场参与主体置身于金融市场较为发达、法律体系比较完善、诚信制度体系相对健全、政府干预较少、金融资源配置较高效的金融环境中。因此，毋庸置疑的是，金融生态环境的发展水平无论是对宏观经济运行，实体经济壮大，抑或是对微观企业发展都有着重要的影响。现有关于金融生态的文献主要集中于四个方面：首先是重点研究金融生态环境的概念界定及其组成部分；其次是关注金融生态环境指标体系的构建与评价；再次是聚焦于金融生态环境与宏观经济发展的动态关联；最后是关注金融生态对微观企业等带来的经济效应，如外部生态环境如何影响微观企业行为、相关作用机制等。

一、金融生态环境的概念及其演进

（一）金融生态环境的概念

周小川（2004）[②] 在“经济学50人论坛”中将金融生态概念引进我国的金融研究领域，并指出，金融生态是金融体系赖以生存和发展的外部经济社会环境。徐诺金（2005）[③] 指出，金融生态是对金融的一种拟生化概念，主要运用生态学的方法和成果来分析金融体系。相比生态学，金融生态更具备鲜明突出的制度结构特征。金融生态，顾名思义是以生态学的概念对金融外部环境进

---

① 徐伟呈，范爱军．数字金融、内驱机制与实体经济增长——基于实体企业金融化的研究视角［J］．山西财经大学学报，2022，44（1）：28－42.

② 周小川．完善法律制度，改进金融生态．金融时报［N］．2004－12－07.

③ 徐诺金．论我国金融生态环境问题［J］．金融研究，2005（11）：31－38.

行描述和刻画，通常指金融系统运行过程中的外部基本条件等。沈军等(2008)[①] 认为，金融生态系统可以划分为金融生态主体与金融生态环境，金融生态中参与主体均能成为金融主体，而金融生态环境则应界定为金融主体生成运行和发展的体制和制度环境。主体和环境的建设目标均是形成平衡的生态系统。阙方平和陶雄华（2014)[②] 认为，金融生态与生态学有着异曲同工的运作逻辑，即微观主体在生态环境中并不能单独存在和运行，其任何行为都可能改变周遭的生态环境，同时也会受到生态环境的影响。

（二）金融生态环境的演化进程

生态系统理论最早由英国生态学家Tansley（1935)[③] 提出，该理论将生物和其生长的环境视为一个整体系统，并主要研究系统起到的作用与其结构特征。而后，学者们在研究人类活动与自然环境相互作用的过程中，将生态学和经济学进行融合，主要关注经济运行中市场参与者之间、市场参与者与经济环境之间的动态关联作用，并由此形成“生态经济学”。Marshall（1938)[④] 在此基础上首次提出金融生态这一概念，并将其视为金融风险生成和金融危机发生的重要因素。随后，又有多位学者重点研究了金融生态与系统性金融风险间关系，指出金融生态是保持金融系统健康稳定发展的前提所在（Cheng 等，2017；Mester，2017)[⑤⑥]。在我国，虽然金融生态环境是近年来才兴起的反映宏观层面金融环境优劣的重要概念，但金融生态环境理论与现有国际主流生态经济学理论仍有较明显差异。金融生态环境理论主要是由我国学者依据我国金融实际背景提出，具有鲜明的中国特色和实践特征的理论和概念[⑦]，将金融生

---

① 沈军，赵晶晶，张迪．金融生态与金融效率——一个二元视角下的理论分析［J］．金融发展研究，2008（1）：12－15.

② 阙方平，陶雄华．中国金融生态制度变迁研究——金融运行中的矛盾与调和［M］．北京：中国金融出版社，2014：14－15.

③ Tansley A G. The Use and Abuse of Vegetational Concepts and Terms［J］. Ecology，1935，16（3）：284－307.

④ Marshall A. Principles of Economics［M］. London：The Macmillan Company，1938.

⑤ Cheng X，Wu J，Liao S S. A Study of Contagion in the Financial System from the Perspective of Network Analytics［J］. Neurocomputing，2017，264（6）：42－49.

⑥ Mester L J. The nexus of macroprudential supervision，monetary policy，and financial stability［J］. Journal of Financial Stability，2017，30（7）：177－180.

⑦ 张玉喜，张倩．区域科技金融生态系统的动态综合评价［J］．科学学研究，2018，36（11）：1963－1974.

态环境作为全新的研究课题，并结合我国金融系统运行实际情况对其进行分析和研判。

（三）我国金融生态环境存在的问题与发展路径

杨钰（2010）[①] 认为，我国农村金融生态环境仍存在经济基础差、金融生态空间狭窄、法制建设比较滞后以及诚信环境较为缺失等问题。张启文和张叶（2020）[②] 认为，我国农村经济基础薄弱、金融服务供给不足和社会保障不健全是当前金融生态核心问题。石艳蕊（2010）[③] 研究认为，政府是可以依据生态学原理对金融生态主体、环境和调节机制等环节进行人为引导的。谢军等（2013）[④] 指出，宽松的宏观经济政策能够显著改善企业生存的金融生态，并由此缓解企业融资约束。曹志鹏和刘刚（2015）[⑤] 指出，我国普惠金融生态仍存在较多问题，可以从向科技金融转化、完善金融保险和担保机制、优化司法政策环境等角度完善我国金融生态环境。陈麟和谭杨靖（2016）[⑥] 侧重于关注互联网金融生态系统发展趋势，并提出应尽早完善互联网金融监管、法制体系建设。黄浩（2018）[⑦] 认为，数字金融正逐步改造和塑造原有金融生态系统。耿宇宁等（2020）[⑧] 重点探究了数字科技时代对我国金融生态环境造成的影响，指出数字经济能够通过降低金融运行成本、提高运行效率、缓解信息不对称等路径优化我国金融生态环境，但同时也会导致金融风险上升，增加金融风

---

① 杨珏．农村金融生态环境建设存在的问题及对策［J］．山西财经大学学报，2010，32（S1）：75.

② 张启文，张叶．基于农村经济视角下的农村金融生态优化路径研究［J］．农业经济，2020（3）：115－116.

③ 石艳蕊．农村金融生态平衡及机制保障研究——以河北省为例［J］．农业经济问题，2010，31（7）：42－48.

④ 谢军，黄志忠，何翠茹．宏观货币政策和企业金融生态环境优化——基于企业融资约束的实证分析［J］．经济评论，2013（4）：116－123.

⑤ 曹志鹏，刘刚．普惠金融时代我国金融生态环境演进及优化［J］．西南金融，2015（5）：21－24.

⑥ 陈麟，谭杨靖．互联网金融生态系统发展趋势及监管对策［J］．财经科学，2016（3）：49－57.

⑦ 黄浩．数字金融生态系统的形成与挑战——来自中国的经验［J］．经济学家，2018（4）：80－85.

⑧ 耿宇宁，燕志鹏，史敏．数字科技进步对中国金融生态环境的机遇与挑战［J］．中北大学学报（社会科学版），2020，36（6）：63－70.

险防控难度。李霞（2021）[①] 指出，发展地区优势产业、加快社会信用体系建设、尽快健全地区规章体制建设是现今完善金融生态建设的关键突破口。

二、金融生态环境相关维度及其测度

（一）金融生态环境的相关维度

从法制层面来看，法治环境是金融生态环境的重要组成部分，完善可靠的法律规章制度能有效保护市场主体权益，遏制金融欺诈、债务逃废等行为，并使一切金融相关交易都能在法律法规之下合法合规进行。国外关于法律制度环境对金融影响的研究主要建立在法经济学基础上，而后又进一步扩展成为法金融理论。在此基础上，有较多学者针对法律与金融发展的动态联系进行了多角度研究。La Porta 等（2000）[②] 对 49 个国家法律与金融关联进行了实证分析，研究发现国家法制水平是金融市场发展的关键要素，法制越健全的国家，其金融有效配置水平越高，金融发展创新速度越快。Beek 等（2005）[③] 综合运用多种指标衡量了一国金融发展状态，研究发现法律制度越健全的国家，其投资者产权保护措施越完善，市场参与热情越高涨，并最终达到促进金融市场快速发展的效果。Herger（2008）[④] 指出，相较于文化等要素，一国的法律制度环境更能影响其金融市场发展。国内学者中，周小川（2005）[⑤] 认为，现有法律问题已经直接抑制了我国金融生态环境发展，因此应尽快完善金融相关法律。匡国健（2005）[⑥] 则从制度层面提出，法律是金融生态系统运行的基础，只有在合理规范范围内约束个体行为，才能提高我国金融运行效率。易宪容和卢婷（2006）[⑦] 指出，制度是金融生态根本性的基础和核心，能对经济增长起到决

---

① 李霞．宁夏农村金融生态环境：问题挑战与优化路径［J］．宁夏社会科学，2021（6）：130－135.

② La Porta R, Lopez－de－Silanes F, Shleifer A, et al. Investor Protection and Corporate Governance［J］. Journal of Financial Economics, 2000, 58（1－2）：3－27.

③ Beck T, Demirguc－Kunt A, Levine R. SMEs, Growth, and Poverty: Cross－Country Evidence［J］. Journal of Economic Growth, 2005, 10（3）：199－229.

④ Herger N, Hodler R, Lobsiger M. What Determines Financial Development? Culture, Institutions or Trade［J］. Review of World Economics, 2008, 144（3）：558－587.

⑤ 周小川．法治金融生态［J］．中国经济周刊，2005（3）：11.

⑥ 匡国建．完善金融生态法律制度的思考［J］．金融研究，2005（8）：37－43.

⑦ 易宪容，卢婷．基础性制度是金融生态的核心［J］．经济社会体制比较，2006（2）：47－54.

定性促进作用。皮天雷（2006）① 基于新制度经济学理论，提出完善法律规章制度是改善金融生态环境的核心所在这一观点。周昌发（2013）② 认为，法治环境是金融生态环境的重要一环，应从立法理念、具体法律规章等方面入手完善。张红凤和张细松（2016）③ 认为，基础性法律制度的不完善直接导致了我国金融生态环境的失衡，并由此不能正常发挥市场的内在运行机制。

从信用层面来看，信用环境是金融生态环境的重要环节。诚信程度越高的金融环境，经济金融交易中的信息成本越低，同时信息的真实程度越高，市场参与者间交易活动越和谐，失信行为也可以受到有效约束，从而会使金融系统更加健康平稳运行，金融体系运行效率也会得到大幅提升。Allen 等（2005）④ 关注到我国金融发展，指出我国社会环境中较为独特的非正式政策措施等可以有效促进经济发展。当企业具有良好的社会信用时，其融资障碍也相对较低。黄明和王修华（2009）⑤ 从信用层面考量了我国农村金融生态环境问题，认为征信系统的不健全、失信惩戒制度的缺失是当前金融生态存在的主要问题，因此应尽快优化征信体系，完善信用制度。彭建刚等（2016）⑥ 指出，信用环境建设是金融生态治理中的重要环节，信用环境建设能有效降低金融机构不良贷款水平。李晓安（2015）⑦ 指出，信用评级能对维护金融生态环境和生态系统稳定性起到重要作用。

从经济层面来看，稳定的经济环境是良好金融环境的前提和根本。实体经济是金融业的基础，经济环境也是金融生态环境的重要组成部分。当国家宏观经济处于震荡状态时，国家的经济增长、通货膨胀、货币发行等指标容易出现

---

① 皮天雷．金融生态的法律制度研究：基于新制度经济学的分析［J］．金融理论与实践，2006（2）：7-11.

② 周昌发．中国农村金融生态法治环境建设研究［J］．云南社会科学，2013（2）：144-148.

③ 张红凤，张细松．论“新常态”下金融生态失衡的政府治理［J］．教学与研究，2016（12）：15-22.

④ Allen F，Qian J，Qian M. Law，Finance，and Economic Growth in China［J］．Journal of Financial Economics，2005，77（1）：57-116.

⑤ 黄明，王修华．基于征信视角的农村金融生态环境优化研究［J］．农村经济，2009（11）：76-79.

⑥ 彭建刚，滑亚群，邹克．县域不良贷款率与金融生态关系的实证分析［J］．广州大学学报（社会科学版），2016，15（7）：41-48.

⑦ 李晓安．论金融生态系统中的信用评级机构责任承担［J］．法学杂志，2015，36（8）：50-59.

动荡起伏，资产泡沫、通货膨胀或紧缩事件也会随之频频发生，因此也会影响到金融市场稳定运行，如出现银行不良贷款规模上升，股市、债市等金融市场震荡加剧，金融市场效率下降等现象。Greenwood 和 Jovanvic（1990）[①] 认为，金融中介体系事实上是经济组织之间的沟通交流网络，金融可以促进市场参与者之间的信息交流，有利于改进资源分配，促进经济增长。Levine（2005）[②] 研究发现，经济发展与金融市场间存在相互促进、相互影响的作用，且异质性经济水平和政策环境对金融市场带来的影响也不尽相同。

从市场环境层面来看，高效的市场运行环境有助于市场参与者获得更多有效市场信息，并可以优化其资源配置、降低其交易成本。良好循环的金融生态要求厘清政府与市场的边界，市场的边界就在于市场失灵和市场固有的局限性。在市场效率不是最优的区域应充分发挥政府的作用。Stulz 和 Williamson（2003）[③] 比较分析了全球多个国家的金融发展水平，研究发现，文化能够通过影响国家主流世界观、价值观，并主导制度形成，最终发挥促进金融发展的作用。Kanatas 和 Stefanadis（2005）[④] 通过实证发现，文化不仅是经济繁荣和增长的重要引擎，同时也是金融市场发展的关键因素。更文明和谐的社会能够带来更快的创新速度和更发达的金融体系。Swamy（2010）[⑤] 研究发现，政府干预能有效促进市场融资，增加优先贷款，对金融市场包容性增长产生积极影响。王怀明和王珏（2018）[⑥] 指出，市场环境是影响企业融资的重要因素，当市场环境较差时，企业外部资产配置效率低，由此无法在外部市场中获得资金或只能以较高成本获得资金。Feng 等（2019）[⑦] 对中国政府干预形式进行了区

---

① Greenwood J, Jovanovic B. Financial Development, Growth, and the Distribution of Income [J]. Journal of Political Economy, 1990, 98 (5, Part 1): 1076 - 1107.

② Levine R. Finance and Growth: Theory and Evidence [J]. Handbook of Economic Growth, 2005 (1): 865 - 934.

③ Stulz R M, Williamson R. Culture, Openness, and Finance [J]. Journal of Financial Economics, 2003, 70 (3): 313 - 349.

④ Kanatas G, Stefanadis C. Culture, Financial Development, and Economic Growth [J]. Ssrn Electronic Journal, 2005, 42.

⑤ Swamy V. Financial Development and Inclusive Growth: Impact of Government Intervention in Prioritised Credit [J]. Zagreb International Review of Economics & Business, 2010, 13 (2): 55 - 72.

⑥ 王怀明，王钰．金融生态环境、内部资本市场与融资约束 [J]．南京审计大学学报，2018，15 (3): 11 - 20.

⑦ Feng L, Fu T, Apergis N, et al. The Role of Government Intervention in Financial Development: Micro - Evidence from China [J]. Accounting & Finance, 2019, 59 (5): 2855 - 2878.

分，发现政府干预行为会显著影响我国小微金融发展。

（二）金融生态环境中的评价指标

苏宁（2005）① 提出，金融生态环境的含义已经不仅仅是单一金融发展维度。徐诺金（2005）② 认为，当把金融生态环境视为一套界定金融生态主体的选择空间时，金融生态环境可分为硬环境和软环境，其中硬环境主要指由政治制度、经济制度、法律制度构成的具有成文性、强制性的正式规定，而软环境则由社会习俗、文化传统、道德规范等不成文的潜在规则构成。刘朝林等（2008）③ 以金融生态系统整体为研究对象，类比生态系统的基础特点，总结出金融生态系统的开放性、循环性、根植性和持续性四个基本特征。向明和刘利红（2008）④ 认为，经济环境、社会信用、金融服务质量和市场环境是金融生态环境的决定性构建要素。韩廷春和雷颖絜（2008）⑤ 选择经济基础、制度变迁、金融监管、人民生活水平、人口受教育程度五个维度作为衡量金融生态环境的核心指标。韩廷春和赵志赞（2009）⑥ 选择制度环境、信用环境和法治环境三个主要维度来衡量中国金融生态环境。向玲和李季刚（2010）⑦ 主要将农村金融生态指标分为环境条件、主体生态和环境关系互动三个维度。张萍和沈晓婷（2015）⑧ 提出，驱动力、压力、状态、影响和响应是评价金融生态系统的重要维度，五个维度间存在着明确的因果链。张华（2016）⑨ 主要从内部治理结构、市场、制度环境等方面评估了我国科技金融生态系统。于明霞和高

---

① 苏宁．优化金融环境　改善金融生态［N］金融时报，2005-07-13.

② 徐诺金．论我国的金融生态问题［J］．金融研究，2005（2）：35-45.

③ 刘朝明，廖林，涂瑞．区域金融生态系统基本性状模型研究［J］．金融研究，2008（5）：194-202.

④ 向琳，刘利红．欠发达地区农村金融生态评估与分析：以贵州为例［J］．贵州财经学院学报，2008（5）：99-103.

⑤ 韩廷春，雷颖絜．金融生态环境对金融主体发展的影响［J］．世界经济，2008（3）：71-79.

⑥ 韩廷春，赵志赞．金融生态影响经济增长的机制分析［J］．公共管理评论，2009，8（00）：98-111.

⑦ 向琳，李季刚．中国农村金融生态环境优化的区域效率比较［J］．工业技术经济，2010，29（7）：146-149.

⑧ 张萍，沈晓婷．农村金融生态体系的构建与评价——以浙江省为例［J］．农业经济问题，2015，36（12）：58-64，111.

⑨ 张华．科技金融创新生态系统的规划框架与协同创新机制［J］．科学管理研究，2016，34（5）：89-93.

艺格（2017）[①] 认为，从地区经济总量、金融发展、制度完善程度、政府干预程度等方面选择相应的指标能较全面地评价区域金融生态环境质量，同时也适用于区域与区域间的横向、纵向比较和分析。张玉喜和张倩（2018）[②] 认为，科技金融生态系统可以分为群落、环境两种子系统模式。白玉娟和于丽英（2019）[③] 将科技金融生态主要分为生产者、分解者、消费者、无机环境四个核心要素。

（三）金融生态环境的评价方法

徐小林（2005）[④] 指出，经济资本回报率应作为度量金融生态环境的核心指标，用来反映本土金融生态建设程度。黄国平和刘煜辉（2007）[⑤] 主要从偿还能力和偿还意愿视角探究金融生态环境体系建设，并运用因子分析法筛选出 29 个三级指标。胡滨（2009）[⑥] 选择运用多元统计因子分析法评估金融生态水平。邓淇中等（2012）[⑦] 综合选取了多种维度指标构建出我国区域金融生态质量指标体系，并对所有指标进行了信度和效度检验，而后对全国 29 个省市竞争力进行了测度和对比分析。姚爽等（2015）[⑧] 则建立了基于修正变异系数的金融生态环境测度模型，并在此基础上架构出多层次评价指标体系。徐丹丹等（2016）[⑨] 依据突变理论并辅助运用相关分析方法和主成分分析法构建了我国东部、中部、西部以及东北四大区域农村金融生态评价体系，并创新地引入非农化程度、交通发达水平等指标。张运和许涤龙（2017）[⑩] 主要运用了信度和

---

① 于明霞，高艺格．金融生态环境评价研究——以吉林省为例［J］．工业技术经济，2017，36（9）：153－160.

② 张玉喜，张倩．区域科技金融生态系统的动态综合评价［J］．科学学研究，2018，36（11）：1963－1974.

③ 白玉娟，于丽英．我国科技金融生态系统评价及空间演化趋势分析［J］．科技管理研究，2019，39（23）：67－74.

④ 徐小林．区域金融生态环境评价方法［J］．金融研究，2005（11）：39－45.

⑤ 黄国平，刘煜辉．中国金融生态环境评价体系设计与分析［J］．系统工程理论与实践，2007（6）：7－14.

⑥ 胡滨．区域金融生态环境评价方法与实证研究［J］．经济管理，2009，31（6）：16－22.

⑦ 邓淇中，李鑫，陈瑞．区域金融生态环境指标体系构建及竞争力评价研究［J］．湖南科技大学学报（社会科学版），2012，15（6）：75－80.

⑧ 姚爽，黄玮强，张展，等．区域金融生态环境评价——基于修正变异系数法［J］．技术经济，2015，34（10）：61－67.

⑨ 徐丹丹，刘凯元，曾章备，等．我国区域农村金融生态环境评价研究——基于突变级数法的分析［J］．农业经济问题，2016，37（4）：70－80.

⑩ 张运，许涤龙．长株潭城市群金融生态环境评价实证［J］．经济地理，2017，37（12）：89－95.

效度检验法来选取灵敏度最高、代表性最强的指标，并在此基础上使用综合评价法测度了区域金融生态环境。张辛雨和马野驰（2020）[①] 运用因子分析法提取出经济发展指标和社会人文指标作为影响金融生态环境的重要元素。

三、金融生态对实体经济发展的影响

金融是经济发展的重要助推器，金融生态环境也会为国家经济发展提供必需的环境和条件。然而，当前我国金融运行已呈现受金融生态环境制约的新特点。在未来结构调整和经济发展环节，应将金融生态环境中的制度变迁放在更重要和靠前的位置，这样才能更好地推进我国金融生态改善，提高金融运行效率（萧安富和徐彦斐，2005）[②]。因此，本书在此部分总结了现有金融生态环境与经济增长相关的理论与文献。

刘煜辉（2007）[③] 认为，我国现行经济体制中资源配置行政化趋势不断加强是目前金融生态环境的核心特征。万良勇和魏明海（2009）[④] 指出，失衡的金融生态环境会扭曲我国信贷资源配置的自由市场机制。因此，改善金融生态是提高信贷资源配置效率的重要途径。李延凯和韩廷春（2011）[⑤] 则构建了分析模型，从资本配置角度研究金融生态对经济增长的促进作用，研究发现，金融发展对经济增长的促进作用会受到外部金融生态环境的影响，法治环境的改善能有效减轻政府干预对资金配置的扭曲。逯进和朱顺杰（2015）[⑥] 运用耦合机理实证解析了我国不同地区金融生态与经济增长的动态关联，并检验发现，各省份金融生态与经济增长间具有显著的协调演进趋势。吕雷等（2017）[⑦] 利

---

① 张辛雨，马野驰．东北三省区域金融生态环境评价［J］．工业技术经济，2020，39（8）：107－115.

② 萧安富，徐彦斐．金融生态与资金配置效率的一个微观解释：自贡案例研究［J］．金融研究，2005（6）：154－163.

③ 刘煜辉．中国地区金融生态环境评价［M］．北京：中国金融出版社，2007.

④ 万良勇，魏明海．金融生态、利益输送与信贷资源配置效率——基于河北担保圈的案例研究［J］．管理世界，2009（5）：6－16，46，187.

⑤ 李延凯，韩廷春．金融生态演进作用于实体经济增长的机制分析——透过资本配置效率的视角［J］．中国工业经济，2011（2）：26－35.

⑥ 逯进，朱顺杰．金融生态、经济增长与区域发展差异——基于中国省域数据的耦合实证分析［J］．管理评论，2015，27（11）：44－56.

⑦ 吕雷，汪天凯，俞岳．腐败、金融生态环境与地区经济增长［J］．广东财经大学学报，2017，32（1）：63－73.

用省域面板数据主要考察了我国省域金融生态质量与地区经济发展的动态关联，经过实证分析发现，地区金融生态环境与经济间存在相互促进的正向联系，生态环境质量的提高能够有效促进地区经济增长。

四、金融生态对中小企业发展的影响

（一）对企业融资成本、融资压力的影响

周小川（2009）[①] 强调，我国地区金融生态环境呈现较明显的地区差异，这种地区差异会导致各个地区在金融条件上的差异，甚至还会直接影响地方融资的获得性和融资成本。谢德仁和陈运森（2009）[②] 对 2001—2004 年上市公司债务重组数据进行分析后发现，金融生态环境作为市场运行的基础设施，有助于融资性负债发挥治理效应。邓建平和曾勇（2011）[③] 研究发现，金融生态环境是影响企业债务融资的核心要素。魏志华等（2012）[④] 则以 2006—2009 年 1555 家中国 A 股上市公司为样本，实证研究了金融生态环境对上市公司债务融资成本的影响，研究发现，金融生态环境有助于实现债务融资的市场化定价，提高信贷资源的配置效率，降低上市公司债务融资成本。魏志华等（2014）[⑤] 以上市公司为例研究了我国金融生态环境与企业融资约束间的关联性，并指出，金融生态环境较好的地方，企业融资约束能得到更好的缓解，其中金融生态环境维度中的政府治理、经济基础、金融发展和制度文化等均对缓解融资约束起到了有效促进作用。同时，金融生态环境的优化更能有效提高中小民营企业的融资能力，缓解其融资约束。张红凤和汲昌霖（2015）[⑥] 实证分析了金融生态环境与企业融资间的关系，发现金融生态环境能有效缓解企业融

① 周小川．区域金融生态环境建设与地方融资的关系［J］．中国金融，2009（16）：8－9.

② 谢德仁，陈运森．金融生态环境、产权性质与负债的治理效应［J］．经济研究，2009，44（5）：118－129.

③ 邓建平，曾勇．金融生态环境、银行关联与债务融资——基于我国民营企业的实证研究［J］．会计研究，2011（12）：33－40，96－97.

④ 魏志华，王贞洁，吴育辉，等．金融生态环境、审计意见与债务融资成本［J］．审计研究，2012（3）：98－105.

⑤ 魏志华，曾爱民，李博．金融生态环境与企业融资约束——基于中国上市公司的实证研究［J］．会计研究，2014（5）：73－80，95.

⑥ 张红凤，汲昌霖．政治关联、金融生态环境与企业融资——基于山东省上市公司数据的实证分析［J］．经济理论与经济管理，2015（11）：77－86.

资压力，降低企业融资成本。罗韵轩（2016）[①] 重点探究了金融生态环境对上市公司债务重组的影响，并指出地区金融生态环境的差异会显著影响企业经营性负债水平、债务重组等内部治理机制。王琼和耿成轩（2017）[②] 分别研究了金融生态环境不同维度与产业融资效率的关系，实证分析发现，金融生态维度中的政府干预、金融发展水平和信用状况均会对产业融资效率产生重要影响，但影响机制和路径有较明显区别。王晓亮（2019）[③] 指出，金融生态环境是平台企业的外部融资的决定性因素，会显著影响企业融资成本与投资效率。张勇（2020）[④] 研究发现，金融生态水平与企业银行信用借贷正相关，金融生态环境质量越好的地区，企业融资可得性越高。

（二）对企业资产结构、配置及效率等因素的影响

翟胜宝等（2015）[⑤] 指出，金融生态环境质量与中国企业创新能力间有较为明显的动态联系，金融生态环境好的地区，企业创新能力也能得到较快提升。吴昊旻和靳亭亭（2017）[⑥] 实证研究了金融生态不同维度与企业创新效率间的动态联系，研究发现，金融生态的四个维度均会大幅促进企业创新效率的提高，且相比国有企业，中小民营企业明显受到更显著的影响。钱爱民和付东（2017）[⑦] 探讨了金融生态与企业产能间的动态关系，指出金融生态环境质量越高，企业产能利用率越高。雷新途和徐青原（2018）[⑧] 则实证研究了 30 个省份的制造业上市公司资产结构，研究发现，金融生态水平高的地区，企业现金资产余额相对更充足，无形资产和非金融性资产规模也会随之扩张。宋淑琴

---

① 罗韵轩．金融生态环境、异质性债务治理效应与债务重组——基于中国上市公司的实证研究［J］．会计研究，2016（3）：43－49，95.

② 王琼，耿成轩．金融生态环境、产权性质与战略性新兴产业融资效率［J］．经济经纬，2017，34（3）：87－92.

③ 王晓亮，田昆儒，蒋勇．金融生态环境与政府投融资平台企业投资效率研究［J］．会计研究，2019（6）：13－19.

④ 张勇．企业纳税与银行信贷资源配置：诚信纳税能为企业带来“真金白银”吗？［J］．现代财经（天津财经大学学报），2020，40（7）：54－70.

⑤ 翟胜宝，王菡，陆正飞．金融生态环境和企业创新能力——基于中国制造业的经验数据［J］．经济与管理研究，2015，36（7）：53－59.

⑥ 吴昊旻，靳亭亭．金融生态环境与企业创新效率［J］．金融论坛，2017，22（12）：57－67.

⑦ 钱爱民，付东．金融生态环境、金融资源配置与产能过剩［J］．经济与管理研究，2017，38（5）：54－65.

⑧ 雷新途，徐青原．区域金融生态环境对企业资产结构的影响——来自制造业的证据［J］．经济地理，2018，38（6）：102－108.

和孙志超（2019）[①] 运用PSM匹配法检验得出金融生态环境能显著改善企业非效率投资的结论。李媛媛等（2019）[②] 研究发现，金融生态环境与企业创新效率是正向水平上相互促进、相互作用的关系。胡冰和王晓芳（2019）[③] 从理论和实证角度论证了我国企业对外投资选择，研究发现，金融生态环境较好的东道国能显著提升我国OFDI效率，两者之间呈现明显的正向相互促进作用。

第四节　研究评述

通过系统梳理国内外研究文献发现，各国政府、国际权威机构以及国内外学者都对中小企业融资约束问题、数字金融的发展及其影响问题以及金融生态环境与企业发展的相关问题进行了大量研究。总体而言，现有文献对以上问题的探索均取得了重要研究成果，并成为本书研究的重要基石与参考。然而，已有研究中也存在一些不足之处与尚未达成一致的问题，亟待进一步研究和探索。因此，本书将对现有研究的贡献和不足之处进行总结和研判，并据此提出研究思路和研究内容。

一、现有研究的贡献

（一）关于中小企业融资约束的成果已较为丰富和成熟

通过总结现有中小企业融资约束相关文献发现，在关于融资约束的文献中，学者们不仅重点探究了企业融资约束的前置因素，还关注到企业融资约束解除与否后的不同经济后果，由此可见，成果已相对丰富和成熟。本书主要从四个角度总结分析了目前企业融资约束的前置因素，即理论层面因素、公司特征因素、宏观环境因素，还有企业领导层（高管）因素等。其中，学者们从理论层面分析时主要指出，信息不对称是企业融资困难的核心要素，金融机构等贷款提供方与企业间有着较严重的信息不对称，使企业难以从外部获取融

① 宋淑琴，孙志超．金融生态环境、债务重组与非效率投资［J］．财经问题研究，2019（8）：62－69.

② 李媛媛，崔宸琛，刘思羽．金融生态环境、企业风险承担与创新效率——基于制造业面板VAR的实证分析［J］．工业技术经济，2019，38（7）：76－87.

③ 胡冰，王晓芳．对“一带一路”国家对外投资支点选择：基于金融生态环境视角［J］．世界经济研究，2019（7）：61－77，135.

资。而公司特征层面的影响则主要来源于资产规模、企业生存年限、抵押品质量数量以及财务信息、社会责任披露质量等，这些要素均会影响企业融资难易程度、融资规模等。还有较多研究认为宏观环境中的金融市场化、金融市场结构以及政治关联等因素均会对企业融资产生重要作用。另外，还有部分文献从企业管理层角度探究了企业高管个人特征对企业融资的影响，指出高管性别、年龄、文化背景、政治背景等因素均会在不同程度上改变企业融资结果。由此可见，企业融资约束前置因素的相关研究已较为丰富，值得本书在研究中借鉴与参考。因此，在后续研究数字金融对中小企业融资约束的直接或间接影响效应时，本书将从现状深入探究我国中小民营企业的融资困境，并进一步从企业禀赋层面探讨中小民营企业深层问题，而后在实证中，会将上述影响因素以控制变量形式或在其他进一步分析环节纳入研究框架，从而使本书能够在排除其他融资约束信息干扰的前提下，专注于考察数字金融对我国中小企业融资及融资生态链产生的异质性影响。

（二）关于金融生态环境的讨论为后续研究奠定了较好的基础

金融生态作为一个仿生概念，主要参考了生态系统的定义。这一概念虽是近年在我国兴起的，具有鲜明的中国特色和实践特征的理论和概念，但通过梳理金融发展理论、生态经济学理论，以及总结国内外学者相关文献发现：一方面，现有关于金融生态环境的文献大部分集中于21世纪后，研究仍较为前沿和新颖，能为本书金融生态环境的概念、维度和测量环节的思路及研究框架提供启迪和帮助；另一方面，由于金融生态环境与我国实体经济发展、企业发展间有着紧密联系，因此，学者们重点针对金融生态环境对实体经济、中小企业发展的影响作了较为详细和完整的研究，这也为后续本书探究我国金融生态环境问题提供了较多可供借鉴的思路和研究方法。总体而言，本书主要从四个角度对金融生态环境相关研究展开探讨，即金融生态环境的相关研究、金融生态环境的维度与测度研究、金融生态环境对实体经济的影响研究以及金融生态环境对中小企业的影响研究等。首先，在关注金融生态环境的相关研究时，学者们主要从金融生态环境的演化历程、概念以及我国金融生态存在的问题及发展路径等方面展开了研究。其次，本书总结发现，学者们主要认为法治环境、信用环境、经济环境及市场环境是我国金融生态环境重要组成部分，并分别探究了不同维度在我国金融生态环境中起到的作用，而在针对金融生态指数的测度研究中，大量文献从指标和测度方法两个角度给出了我国金融生态环境的客观评价结果。再次，还有较多文献实证探究我国金融生态环境与经济增长、资源配置、进出口贸易以及投资等多个实体经济指标间的动态联系。最后，还有大量研究着重从企业融资成本、融资压力以及企业资产结构、配置、效率等视角探究了金融生态环境对中小企业发展带来的影响。由此可见，金融生态环境的相关研究已较为丰富和前沿，值得本书在后续研究中借鉴与参考。因此，在后续研究中，一方面，本书拟借鉴现有文献中金融生态环境理论与维度划分，并分别从理论视角分析和探究金融生态环境中的经济环境、信用环境、法治环境、市场环境对我国中小企业融资及融资约束的影响。另一方面，本书拟以我国区域生态环境为研究对象，并借鉴已有文献中较为全面的指标选取及前沿的测度方法，选择将经济环境、市场环境、法治环境、信用环境四个维度作为基础指标池，最终构建出我国的综合金融生态综合指数（FECI）和省级金融生态环境指数（PFECI）。

二、现有研究的不足

（一）缺乏系统性的数字金融缓解中小企业融资约束路径研究

在总结数字金融相关文献时，我们发现有关数字金融的研究大多集中于近年，这与近年来数字金融高速发展以及在实际社会生活中应用更加广泛有着密切关系。尽管已有大量文献证明数字金融能有效缓解中小企业融资约束，但在关于数字金融影响企业融资的内涵逻辑、作用路径等研究方面却仍不够深入，且部分观点间有矛盾和争议。如部分学者指出，数字金融能够通过解决传统借贷市场信息不对称问题缓解中小企业融资约束，然而也有部分观点指出数字金融并没有解决信息不对称问题，甚至还会因为监管缺失使中小企业、经济社会面临更高风险。还有少量文献从改善融资结构、降低融资费用等角度探究了相应作用渠道。由此可见，现有文献对数字金融缓解中小企业融资约束影响路径的研究并不够充分和足够，以至于对影响路径的研究结果并不清晰且较为单一。因此，本书认为，进一步从多个视角深入探究数字金融缓解中小企业融资的影响路径有助于明确数字金融发挥作用的渠道，并能在实际运用中对其进行针对性金融支持和技术支持。

（二）少有研究深入讨论金融生态中的融资生态链

在归纳讨论金融生态与中小企业发展相关文献过程中，我们发现，尽管有关金融生态的相关论文较多，但多集中于从宏观视角探讨金融生态环境本身与实体经济、中小企业发展间的联系，而忽略了微观层面中融资生态链与实体经济、中小企业发展间的重要关联。然而，事实上，运用金融生态途径解决实体经济、中小企业发展问题时，不仅可以通过金融生态环境中法治、经济、信用和市场环境维度解决中小企业生产发展过程中遭遇的宏观环境难题，还能从微观层面构建出属于中小企业融资的金融生态微观机制，形成基于融资关系的链条式生态共同体来为我国中小企业获取资金提供新的融资方式。由此可见，运用融资生态链能从微观层面深入解决中小企业融资问题。我们认为，宏观层面的金融生态环境和微观层面的融资生态链均会对我国中小民营企业融资产生重要影响，因此，应将宏观、微观金融生态与中小民营企业融资纳入统一研究框架，为相关研究提供更加完整和独特的视角。

（三）忽视了数字金融、金融生态与中小企业融资约束的动态关联

在关于中小企业融资约束、数字金融、金融生态环境的相关研究中，尽管有大量文献集中探讨了数字金融如何从微观层面缓解中小企业融资约束难题、金融生态对中小企业融资的动态影响等，但几乎没有文献将三者纳入统一的研究框架。然而，事实上，数字金融不仅能够通过缓解信息不对称、解决企业缺乏抵押品问题等途径缓解中小企业融资难题，还能通过促进经济、信用、法治和市场环境等途径优化中小企业面临的金融生态，从而在宏观层面缓解中小企业的融资困境。由此可见，数字金融、金融生态环境与中小企业融资约束间有着重要关联性，且金融生态环境是数字金融影响中小企业融资的关键中介因素。我们认为，将中小企业融资约束、数字金融、金融生态环境三者纳入统一研究框架能更好地探究数字金融对市场融资的作用路径，并能进一步探究金融生态环境在不同数字金融条件下对中小企业融资的差异化影响。这样不仅有微观层面对中小企业融资的研究，也有宏观层面对金融生态环境的考量，跳出了以往只站在微观视角探究数字金融对中小企业融资约束影响的研究框架，为相关研究提供了更加完整和独特的视角。基于此，本书拟分别从理论和实证视角探究数字金融直接影响中小企业融资的作用路径以及数字金融通过金融生态环境改善中小企业融资约束的作用机制，力求使研究框架更加完善、研究结论更加全面。

第三章　数字金融支持中小民营企业融资生态链的理论基础

本章对本书研究中的基本概念以及相关理论基础进行阐述。第一节是在文献综述的基础上对数字金融、中小民营企业以及企业融资进行概念界定，并对融资生态链的内涵进行详细论述。本章第二、第三、第四节在第一节概念界定的基础上进行梳理和归纳，进而系统地论述本书的理论基础。理论基础分为企业融资理论基础、数字金融理论基础以及融资生态链理论基础三个部分，通过对现有理论进行详细梳理，指明这些理论在本书研究中的适用性，为后续研究提供理论支撑。

第一节　基本概念界定

本书的基本概念主要包括数字金融、中小民营企业、企业融资和融资生态链。

一、数字金融

（一）数字金融的概念辨析

“数字金融”这一概念是在“电子金融”“互联网金融”“金融科技”等概念的基础上逐渐演化而成，但依然存在不同的解读和界定。

电子金融是指金融的电子化，产生于计算机及通信技术引入金融领域的早期阶段。Banks[①] 在 2001 年对电子金融作出了被普遍接受的定义：电子金融是指在互联网或其他公共电子媒介上被提供的金融服务，包括货币、银行、支

① Banks E. e－Finance：the Electronic Revolution in Financial Services ［M］. John Wiley&Sons，Inc.，2001.

付、交易、经纪、保险等①。

互联网金融起源于21世纪初，主要表现形式为手机银行和P2P（Peer-to-Peer）融资。谢平和邹传伟（2012）②是较早提出“互联网金融”概念的学者，认为互联网金融应视作集移动支付、信息处理和资源配置于一体的新型金融模式。而后，人民银行等十部门将互联网金融定义为“互联网金融是传统金融机构与互联网企业利用互联网技术和信息通信技术实现资金融通、支付、投资和信息中介服务的新型金融业务模式”③。

随着科技在金融业的大面积运用，金融科技的概念开始逐步兴起。金融科技（FinTech）的概念源自英文Financial Technology。金融稳定理事会将“金融科技”定义为通过技术手段推动金融创新，形成对金融市场、机构及金融服务产生重大影响的商业模式、技术应用、业务流程和创新产品④。这也是金融科技首次在国际层面被定义与界定。与互联网金融相比，金融科技更突出技术手段在金融行业的应用，强调技术带来的金融创新。

由此可见，电子金融突出了电子化，适用于金融业使用计算机通信技术的早期场景；互联网金融则强调了互联网这一金融交易的载体，特点在于金融机构利用互联网提供各种金融服务。无论是电子金融还是互联网金融，它们的金融属性并未发生改变，都是利用技术手段，降低金融的交易成本，提升金融服务的可得性，提高资源跨期配置的效率。金融科技是信息技术不断发展及其应用不断迭代的产物，强调的是在金融行业应用的“科技”，因而其本质并不是“金融”。与“电子金融”、“互联网金融”和“金融科技”相比，唯有“数字金融”既能体现对“数字技术”的包容与涵盖性，还具备金融的本质属性。因此，本书抽象出“数字金融”这个概念来描述和刻画上述具有统一特征和本质属性的事件或行为。

---

① 董昀，李鑫．互联网金融的发展：基于文献的探究［J］．金融评论，2014，6（5）：16-40，123.

② 谢平，邹传伟．互联网金融模式研究［J］．金融研究，2012（12）：11-22.

③ 人民银行　工业和信息化部　公安部　财政部　工商总局　法制办　银监会　证监会　保监会　国家互联网信息办公室《关于促进互联网金融健康发展的指导意见》（银发〔2015〕221号）。

④ Financial Stability Board. FinTech：Describing the Landscape and a Framework for Analysis［R］. FSB Research Report，2016，3.

关于数字金融的定义，Manyika 等（2016）[①] 将数字金融定义为“通过手机、互联网或信用卡提供的金融服务”，即认为数字金融是一种金融服务，这种服务是通过科技手段实现的。数字金融研究所（2015）[②] 认为，“数字金融是一个新兴的金融领域，它涵盖了金融技术、数字支付系统以及数字衍生品、数字证券、数字碳信用额度等数字金融产品等领域，以及各种数字形式的传统金融产品”，将数字金融描述为广泛的金融领域，涵盖了金融科技和金融产品。黄益平和黄卓（2018）[③] 将数字金融定义为“传统金融机构与互联网企业运用数字技术实现投融资、支付、借贷等新型金融业务模式”，认为数字金融是一种业务模式，这种模式运行的主体是金融机构或互联网企业。郭峰等（2020）[④] 等从技术和金融服务两方面来描述数字金融，指出我国普惠金融的实践与创新型数字金融具有很强的关联性，认为数字金融是一种“数字技术与金融服务的跨界融合”。

综合考察上述关于数字金融概念的描述，本书认为这些定义具有其合理性，但未能揭示出数字金融的本质属性。数字金融不仅仅是一种产品或服务，也不只是业务模式，对数字金融的界定应当透过表象深入资源跨期配置的本质，不仅要涵盖技术手段，更要回归数字金融的本质属性。

本书认为数字化是现实物理空间的信息与虚拟数字空间的信息相互转化和处置的过程[⑤]。这一过程是通过人工智能、大数据、云计算、区块链、5G 以及物联网等数字技术的有效使用实现的。而金融是资源跨期配置的过程，其配置的有效性指将有限的实体资源配置在最佳的空间（地区、行业、企业、家庭、个体等）以及最佳的时点，使其所产生的效率最大化，进而带来社会福祉的最大化。

基于对数字化的认识以及金融的基本含义，本书将数字金融定义为数字化

---

① Manyika, J. , Lund, S. , Singer, M. , et al. Digital Finance for All: Powering Inclusive Growth in Emerging Economies［R］. McKinsey Global Institute, 2016, 9: 1 – 15.

② Digital Finance Institute. Digital Finance Innovation［EB/OL］（2021 – 10 – 30）. http: //digifin. org/digital – finance – innovation/.

③ 黄益平，黄卓．中国的数字金融发展：现在与未来［J］．经济学（季刊），2018（4）：1489 – 1502.

④ 郭峰，王靖一，王芳，等．测度中国数字普惠金融发展：指数编制与空间特征［J］．经济学（季刊），2020，19（4）：1401 – 1418.

⑤ 本书认为数字空间是以二进制数字“0”“1”编码的信息空间，是现实物理空间的映射。

的资源跨期配置过程，即在不确定环境下通过对数字技术的有效使用实现资源在时空维度的最优配置。

因此，数字金融可以理解为数字化的金融，是“数字化的资源跨期配置”，即通过大数据、云计算、人工智能、区块链、物联网、5G等数字技术实现的金融行为。这种资源配置过程的数字化涵盖了金融交易主体、金融交易客体、金融交易载体、规则设计等。金融交易主体是进行资源配置的主体，包括金融机构、政府、企业以及家庭，涵盖了实体资源的供给方和需求方，任何金融交易主体都可以利用数字技术实现资源的跨期配置；金融交易客体是资源配置的对象，是供给方为需求方提供的数字化的产品或服务，包含金融产品设计与开发、产品定价、金融服务等；金融交易载体主要指金融市场，它是资源配置的场所，也是数字技术发挥作用的媒介，任何实体资源的跨期配置都需要通过这一媒介进行，而金融交易载体的数字化是将数字技术内化于金融市场中，提升市场的有效性及资源的配置效率；规则设计是资源配置的制度规范，资源配置需要在一定的规则下进行，并依靠数字技术实现交易的信息化和智能化。

总体来说，数字金融概念强调了金融这种行为的数字化，是金融机构、业务、产品、数据要素的数字化情境。

（二）数字金融的概念界定

本书从数字金融的本质、属性、特征及外延四个方面来对其概念进行界定。

1. 数字金融的本质

数字金融是数字化的金融，它并没有脱离金融的本质。数字金融是在不确定的环境中对不同主体、不同地域之间的资源进行跨期配置，并实现跨期资源配置过程的数字化，提升对资源的配置效率。

2. 数字金融的属性

数字金融具有双重属性。一方面，它将数字技术与传统金融业态深度融合，数字技术是数字金融配置资源的方式和手段，没有数字技术作为数字金融的技术支撑，数字金融的概念也不复存在，这是数字金融的技术属性；另一方面，数字金融没有脱离资源的跨期配置，它的本质依然是金融，这是数字金融的金融属性。由此可见，数字金融具有技术与金融的双重属性，是技术属性和金融属性的有机融合。

3. 数字金融的特征

（1）数字金融能利用数字技术，实现数字化的资源配置；（2）数字金融是人工智能大数据与金融产品的深度融合，能够创新金融产品，优化金融业务流程，推动金融的智能化；（3）数字金融具有网络效应，涵盖了数字金融产品与服务，这种数字金融产品与服务的效用会随着其用户的增多而提高；（4）数字金融具有长尾效应，能够扩大金融覆盖范围，触达传统金融无法触及的广大农村和偏远地区，覆盖中小微企业、个体工商户等弱势群体；（5）数字金融产品遵循梅特卡夫定律，数字产品的价值与用户数量的平方成正比。

4. 数字金融的外延

本书借鉴 Gomber 等（2017）① 的研究，以数字金融立方体的形式来阐述数字金融外延。如图 3－1 所示，它表明了数字金融的三个维度，分别包括以 X 轴代表的数字金融技术，以 Y 轴代表的数字金融机构和组织，以 Z 轴代表的数字金融功能和业务。

具体来说，数字技术是伴随计算机互联网发展的信息技术，它借助一定的设备（如计算机等）将需要传递的声音、图像、文字等信息转化为二进制数字实现对信息的转换、加工、存储和传递功能，主要包括区块链、社交网络、大数据、人工智能、云计算等。数字金融功能和业务维度包括数字化投融资、数字货币、数字支付和智能投顾等。数字金融机构和组织维度主要包括金融科技公司以及以商业银行为代表的传统金融机构。

数字金融三个维度在空间中相互正交，共同构成数字金融三维立方体。由于立方体每个维度都能够细分为更多元素，因此立方体内部由无数具有这三种元素的更小的立方体组成，每个小立方体代表了特定的数字金融业务、数字技术和数字金融机构组成的组合。由于并不是这三种元素构成的所有区域在现实中都具有对应的实现方式，因此立方体内部存在一定的空白，需要在未来的学术研究或生产实践中逐渐补足。如果金融业务模式创新催生出新的金融服务或商业模式，数字技术创新形成了更为先进的技术手段，或出现新的金融方案解决商，就可以在立方体三个维度中添加新的元素，数字金融立方体也会随之改变。

① Gomber, P., Koch, J. A., Siering, M. Digital Finance and FinTech: Current Research and Future Research Directions [J]. Journal of Business Economics, 2017, 87 (5): 537－580.

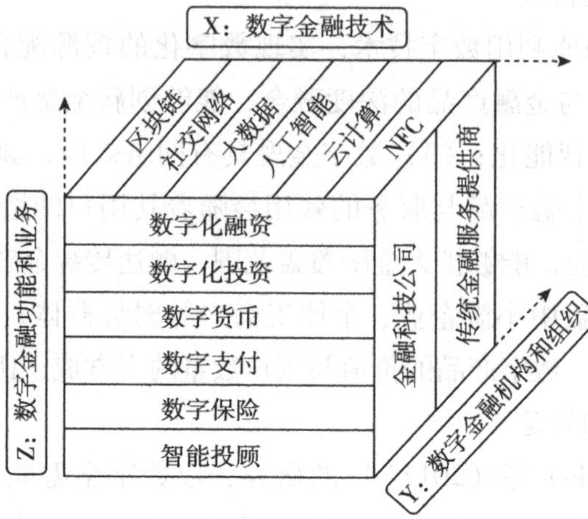

图 3－1　数字金融概念三维立方体

综上所述，数字金融的维度涵盖了技术维度、组织维度和功能维度，其中数字金融的功能和业务是数字金融最重要的维度，它证明了数字金融不是独立存在的，而是应当服务于实体经济才能发挥其配置资源的作用。数字金融机构是提供数字金融服务的主体，数字技术是数字金融的重要技术支撑。数字金融就是建立在数字技术维度之上，由数字金融相关机构为居民和企业提供数字金融服务。以上对数字金融立方体的论述也表明了数字金融的外延。

二、中小民营企业

（一）中小企业

中小企业是依据企业的生产经营规模划分出的概念，和大型规模的企业具有显著区别。国家统计局于 2017 年发布了《统计上大中小微型企业划分办法》[①]，将所有企业分为大型、中型、小型和微型。通常将小型企业和微型企业合并称为“小微企业”，而中型企业、小型企业和微型企业合并称为“中小微企业”或“中小企业”。本书的研究对象为“中小企业”，包括我国的中型企业、小型企业和微型企业。

虽然工信部中小企业局在 2021 年 4 月 23 日下发了新一版的《中小企业划

① 国家统计局．统计上大中小微型企业划分办法（2017）［EB/OL］．［2018－01－03］．http：//www.stats.gov.cn/tjsj/tjbz/201801/t20180103_1569357.html.

型标准规定（修订征求意见稿）》①，对部分行业门类进行了归并调整，将行业分类由原先的16类减少为9类，但在本书实证部分作为研究对象的中小企业均是2020年以前成立的企业，所用数据也是2020年前已发生的历史数据，因此本书采用了旧版本的中小企业划型标准规定。

《统计上大中小微型企业划分办法》详细划分了各行业对于中小企业的界定标准，根据不同行业属性，选择了不同的区间指标对中小企业进行划分。可以看出，农林牧渔业仅从营业收入规模进行了划分，而工业、批发业和零售业等需要根据从业人员数量以及营业收入规模两种指标进行划分，还有一些行业需要根据从业人员数量以及资产总额规模两种指标进行划分，如房地产开发经营、租赁和商务服务业等。各行业的详细划分标准见表3-1。

表3-1 《统计上大中小微型企业划分办法》的企业划分标准

行业名称	指标名称	单位	大型	中型	小型	微型
农林牧渔业	营业收入（Y）	万元	Y≥20000	500≤Y<20000	50≤Y<500	Y<50
工业*	从业人员（X）	人	X≥1000	300≤X<1000	20≤X<300	X<20
	营业收入（Y）	万元	Y≥40000	2000≤Y<40000	300≤Y<2000	Y<300
建筑业	营业收入（Y）	万元	Y≥80000	6000≤Y<80000	300≤Y<6000	Y<300
	资产总额（Z）	万元	Z≥80000	5000≤Z<80000	300≤Z<5000	Z<300
批发业	从业人员（X）	人	X≥200	20≤X<200	5≤X<20	X<5
	营业收入（Y）	万元	Y≥40000	5000≤Y<40000	1000≤Y<5000	Y<1000
零售业	从业人员（X）	人	X≥300	50≤X<300	10≤X<50	X<10
	营业收入（Y）	万元	Y≥20000	500≤Y<20000	100≤Y<500	Y<100
交通运输业*	从业人员（X）	人	X≥1000	300≤X<1000	20≤X<300	X<20
	营业收入（Y）	万元	Y≥30000	3000≤Y<30000	200≤Y<3000	Y<200
仓储业*	从业人员（X）	人	X≥200	100≤X<200	20≤X<100	X<20
	营业收入（Y）	万元	Y≥30000	1000≤Y<30000	100≤Y<1000	Y<100
邮政业	从业人员（X）	人	X≥1000	300≤X<1000	20≤X<300	X<20
	营业收入（Y）	万元	Y≥30000	2000≤Y<30000	100≤Y<2000	Y<100

① 工业和信息化部．关于公开征求《中小企业划型标准规定（修订征求意见稿）》意见的通知[EB/OL]．[2021-04-23]．https://www.miit.gov.cn/jgsj/qyj/gzdt/art/2021/art_9087ea816daf4f7192ac845d1380cfd7.html.

续表

行业名称	指标名称	单位	大型	中型	小型	微型
住宿业	从业人员（X）	人	X≥300	100≤X<300	10≤X<100	X<10
	营业收入（Y）	万元	Y≥10000	2000≤Y<10000	100≤Y<2000	Y<100
餐饮业	从业人员（X）	人	X≥300	100≤X<300	10≤X<100	X<10
	营业收入（Y）	万元	Y≥10000	2000≤Y<10000	100≤Y<2000	Y<100
信息传输业*	从业人员（X）	人	X≥2000	100≤X<2000	10≤X<100	X<10
	营业收入（Y）	万元	Y≥100000	1000≤Y<100000	100≤Y<1000	Y<100
软件和信息技术服务业	从业人员（X）	人	X≥300	100≤X<300	10≤X<100	X<10
	营业收入（Y）	万元	Y≥10000	1000≤Y<10000	50≤Y<1000	Y<50
房地产开发经营	营业收入（Y）	万元	Y≥200000	1000≤Y<200000	100≤Y<1000	Y<100
	资产总额（Z）	万元	Z≥10000	5000≤Z<10000	2000≤Z<5000	Z<2000
物业管理	从业人员（X）	人	X≥1000	300≤X<1000	100≤X<300	X<100
	营业收入（Y）	万元	Y≥5000	1000≤Y<5000	500≤Y<1000	Y<500
租赁和商务服务业	从业人员（X）	人	X≥300	100≤X<300	10≤X<100	X<10
	资产总额（Z）	万元	Z≥120000	8000≤Z<120000	100≤Z<8000	Z<100
其他未列明行业*	从业人员（X）	人	X≥300	100≤X<300	10≤X<100	X<10

注：资料来源于国家统计局官方网站，表中标注“*”的行业表示多种行业组合。

（二）民营企业

民营企业是指非公有制企业，即不具备国有资本如“国有独资”“国有控股”的企业。民营企业的概念是在我国改革开放之后出现的，党的十二届三中全会通过的《中共中央关于经济体制改革的决定》提出，“根据马克思主义的理论和社会主义的实践，所有权同经营权是可以适当分开的”①。之后在全国范围内逐渐出现了国有企业租赁、承包、委托、代理等形式。1993 年 6 月，国家科委、国家体改委联合发布《关于大力发展民营科技型企业若干问题的决定》文件中首次出现了“民营”的概念②，民营企业概念开始成形。

从广义上来看，民营企业不同于国有独资或控股企业，只要不是国有独资

① 中国政府网．中共中央关于经济体制改革的决定［EB/OL］．［1984 - 10 - 20］．http：//www.gov.cn/test/2008 - 06/26/content _ 1028140.htm.

② 黄速建，王钦，贺俊．制度约束、需求驱动和适应性选择——中国民营企业治理演进的分析［J］．中国工业经济，2008（6）：5 - 16.

或国有控股企业均应当属于民营企业的范畴。从狭义上来看，民营企业应当只包括私营企业，或以私有资本为主体的企业。国有企业是指由国家或政府直接投资控股并进行经营管理的企业，因此国有企业是根据一定的规章制度建立运营的，受到国家规定以及其他因素的约束，企业内部控制管理和运营体系较为完整。而民营企业容易受到诸多因素的影响，在企业生产经营中往往存在制度不健全、易受外部冲击的问题。

一般来说，民营企业根据生产运营资金来源划分为个体工商户，个体独资企业，合伙制企业，由社会资本形成的有限责任公司或股份有限公司，由个人、家庭、家族所有的企业改制形成的股份制企业以及国有资产重组形成的政府不具备经营权或控制权的企业等。结合我国民营企业的发展历程，可以看出其具有以下几个方面特征：（1）民营企业的资本来源并不是政府等相关机构，而是社会机构或个人；（2）民营企业的生产经营制度相对于国有企业并不完备，大多数民营企业内部生产管理规章制度不规范；（3）我国民营企业以中小企业居多，成立时间较短，融资较为困难；（4）我国民营企业主要集中于第二产业和第三产业，在新兴产业中较为突出；（5）在经营方式上，民营企业相较于国有企业更接近市场化运营。

“私营企业”这个概念是在特定的历史背景下产生的，具有一定的历史色彩，而在当前的学术研究和现实情境下，大多数人都习惯于使用较为中性的“民营企业”称谓，本书也是如此。

三、企业融资

融资（Financing）是指个体通过某种方式在金融市场筹集资金的行为和过程。即企业融资是企业以自身的资产、预期收益和权益为基础，根据自身的生产经营需要、企业资质能力、资金融通现状和未来发展需求，通过科学合理的决策和融资方式，向投资机构或个人筹集资金，从而维持企业生产经营和管理活动需要的过程。

融资方式是指企业开展融资活动获取资金的具体方式。一般来说，企业既可以通过商业信用或银行信用进行融资，也可以通过在证券市场发行股票或债券，或者通过贴现、租赁等其他方式进行融资。一家企业可选择的融资方式越多，这家企业的融资机会就越多，越容易获取经营所需的资金。

按照企业资金来源进行划分，企业的融资方式一般包括内源融资和外源融资两种。内源融资的资金来源于企业的生产经营活动，它是企业的自有资金，主要包括企业留存收益以及资产折旧。外源融资的资金来源于企业外其他经济主体，包括直接融资和间接融资两种融资方式。直接融资是企业自身在证券市场上发行证券获取资金，如发行股票或企业债券；而间接融资是指企业资金来源于商业银行等金融机构。在实际的企业融资过程中，企业融资方式的选择关键在于融资成本以及自身的融资偏好等。

从融资性质角度来看，企业外源融资通常包括以下两种途径：权益性融资和债务性融资。权益性融资是指通过扩大企业的所有者权益的方式进行融资，如新投资者的加入、发行新股或者增资扩股等，通过这种方式获得的资金不需要偿还以及支付相应的利息，但这种方式会分散原有投资人或投资机构对该企业的控制权。债务性融资是通过扩大企业负债进行融资的方式，如向银行机构贷款、发行企业债券、向其他机构借款等，体现出资金供需双方是一种债权债务关系，资金到期必须偿还，同时支付相应的利息。

一般来说，如果企业经营状况良好，对未来具备较高的预期收益，那么企业能够承担较高的融资规模和融资成本。对于中小民营企业来说，企业规模较小，盈利能力不足，自身经营留存资金不足以满足企业扩大再生产需要，那么就需要通过外源融资来满足需求。而外源融资通常需要一定的抵押和担保，或者具有较高的融资门槛，中小民营企业不足以提供这些融资的前置条件，因而也难以通过外源融资满足自身需求，这便是中小民营企业出现融资困境的根本原因。

四、融资生态链

（一）金融生态

生态又称生态系统（Ecosystem），是指“在一定时间或空间范围内，生物与非生物环境通过能量流动和物质循环所形成的一个彼此关联、相互作用并且有自动调节机制的统一整体”①。生态概念最早是由英国植物生态学家

① 王孟本，毋国莲．英汉生态学词典［M］．北京：科学出版社，2004：138－139.

A. G. Tansley[①] 在 1935 年提出的，用于描述自然界生物之间以及生物与环境之间的相互作用，包含生态系统结构和功能、生态系统调控机制、生态系统演化和生态系统可持续发展等。

自生态系统概念提出以来，相关学者进行了大量研究，生态系统已经成为现代生态学主要研究对象之一，研究内容涵盖生态系统结构和功能、生态系统调控机制、生态系统演化和生态系统可持续发展等。而“生态”一词的含义也被扩充，被应用于其他研究领域，金融生态概念也由此而来。

金融生态借用生态学理论体系来解释金融运行体系及其与社会环境相互依存的动态关系。在我国，一般认为金融生态概念是周小川（2004）[②] 正式提出的，用于描述分析我国金融体系中深层次的体制机制问题。周小川表示，金融体制改革是一项宏大且系统的工程，主要包括四个方面的内容，分别为金融机构自身改善、金融生态环境改进、金融监管体制改革和宏观金融政策环境的改善。白钦先和崔晓峰（2001）[③] 在对金融可持续发展的论述中，认为特定的金融生态环境能够通过其环境容量和环境净化能力影响经济活动，这对金融行业发展产生了约束作用。陈哲等（2012）[④] 将金融生态系统界定为其是由金融主体、金融客体及其赖以存在和发展的金融生态环境构成，金融主体和客体与金融生态环境彼此依存、相互影响、共同发展的动态平衡系统。徐诺金（2005）[⑤] 认为，金融生态是一种动态平衡的系统，这种具备一定结构特征的动态系统是通过金融各个主体之间的分工与合作，以及金融主体与环境之间的长期相互影响形成的。从该定义中可以看出，完整的金融生态应当包括金融生态主体、金融生态环境和金融生态调节，而一个良好的金融生态运作也是通过以上三个方面相互影响来维持的。

笔者认为，金融生态主体及金融生态调节反映出生态主体以及主体之间的相互作用关系和作用机制，对于融资生态链的研究具有重要的参考意义，因此

---

① A G Tansley. The Use and Abuse of Vegetational Concepts and Terms [J]. Ecology, 1935, 16 (3): 284 - 307.

② 周小川. 完善法律制度 改进金融生态 [N]. 金融时报，2004 - 12 - 07 (1).

③ 白钦先，崔晓峰. 加入 WTO 对我国金融资源配置和金融可持续发展的影响——兼论政策性金融应发挥的作用 [J]. 南方金融，2001 (1): 28 - 30.

④ 陈哲，余吉安，张榕. 金融生态视角下的金融监管 [J]. 北京交通大学学报（社会科学版），2012，11 (1): 52 - 58.

⑤ 徐诺金. 论我国的金融生态问题 [J]. 金融研究，2005 (2): 35 - 45.

本书将金融生态主体和金融生态调节纳入同一分析框架。

首先是金融生态主体及其相互作用。作为金融生态的核心，金融生态主体不仅包括金融体系中各种金融组织和机构，还包括家庭、企业以及政府，甚至行业协会、监管机构等。在当前我国以银行为主导的金融体系中，商业银行更是金融生态中被广泛研究的主体。而金融生态主体间的相互作用，不仅反映出金融生态主体相互影响，也能够对金融生态的运行起到调节作用，使金融生态能够像自然生态系统一样进行自我修复及完善，保障金融生态的平稳运行。这种金融生态调节包括内部调节和外部调节两个方面。内部调节主要指金融市场的内部作用，通过市场作用进行调节，如市场价格机制、市场竞争机制、市场退出机制等；而外部调节主要依靠市场外部力量，如政府或者金融监管部门的权力，对金融生态进行适当干预，推动金融生态平稳运行。

其次是金融生态环境。对于金融生态环境概念，目前国内的相关研究并没有达成一致的定义，但可以从广义和狭义两方面来理解。从微观层面来说，根据周小川（2004）对金融生态环境的表述，金融生态环境是金融体系运行的外部环境，具体表现为法律制度规范、信用体系、会计与审计准则、中介服务体系和银企关系等微观层面的外部环境。而在更为广义的宏观层面，众多研究学者认为金融生态环境还应包括政治制度、社会环境、文化传统、意识形态等一系列影响金融系统运行的社会因素和自然因素等。但总体来说，当前学者们对于狭义的金融生态环境的研究较多，而对政治、文化等宏观因素研究较少。

（二）融资生态链

融资生态链作为本书所提出的概念，笔者尚未找到现有文献对其进行的研究。

生态链是在生态系统中食物链概念应用于社会产业中的名称，产生于互联网时代，是指核心企业将资金投资于产业链上下游企业或相近产业的企业，并将这些企业的供应商、制造商、销售商和用户等纳入自身的发展规划中，通过采购、运输、资金和商业合作等相互联系形成网络状的利益共同体，进而为核心用户群体提供具有需求以及潜在需求的所有产品。对利益共同体中的每一个企业来说，与该企业相互作用、相互影响的其他企业和经济运行体系共同组成该企业的外部环境，企业通过生产经营和商业交易与外部环境进行物质、资金和信息交换，从而形成相互联系的有机整体。

本书将融资生态链定义为以中小民营企业等具有融资需求的主体为服务对象，以各类与企业融资相关的机构为服务提供方，在一定的运行规则和机制下培育出的使各方都能够获利的生态利益群体。具体来说，融资生态链中的各个利益主体包括商业银行、企业和其他实体，融资生态链就是这些主体依靠彼此之间的资金融通作用形成的相互制约、相互依存的链式关系。

对于存在融资需求的中小民营企业而言，融资生态链能够优化资源调配，将资金更好地调配到需要的企业中，解决融资约束问题，促进企业更好地生存和发展，因此中小民营企业应该主动地加入生态链。对于为企业提供融资服务的金融机构而言，融资生态链能够实现资金合理的流转与分配，提升金融机构的收益规模，拓宽金融机构的收益渠道，因此金融机构可以更为积极地为中小民营企业提供融资服务。正是由于融资生态链各个主体之间存在密切的关系，融资生态链配置资金的效率才能够有效提升，进而实现融资生态链各个利益主体的共赢。

因此，融资生态链的良好运行依赖于主动加入生态链的企业规模与数量，为企业提供资金的金融机构的服务意愿，以及监管机制的科学设计及执行。本书将在第七章对融资生态链内涵及运作机制等方面进行更为详细的阐述。

第二节 企业融资理论基础

中小民营企业融资是金融资源支持企业生存与发展的问题。中小民营企业面临融资难、融资贵的困境，实质就是企业面临融资约束的问题。本节首先对中小企业融资约束理论进行阐述，分析中小民营企业面临融资约束问题的原因，讨论中小民营企业进行融资时融资方式选择的顺序问题。由于企业在自身发展的不同阶段对于资金的需求是不同的，因此本节也对企业生命周期理论进行了论述，将中小民营企业带入企业生命周期理论中进行分析，以期从中小民营企业自身寻找企业面临融资约束问题的原因。

一、融资约束理论

融资约束（Financing Constraints）是企业层面的概念，是由于企业出现信息不对称或委托代理问题等使外部融资成本高于内部融资成本而产生的。早在

20世纪30年代，英国金融产业委员会通过调查认为当时英国国内存在金融机构针对中小企业的金融排斥问题，导致中小企业的发展面临资金困难，这被普遍认为是融资约束问题研究的起点。1931年，英国麦克米兰爵士针对中小企业的融资情况，提出著名的“融资缺口”（Equity Gap）问题①。他认为中小企业的发展需要资金，而中小企业又很难得到投资者的资金支持，但麦克米兰并没有持续对该问题进行深入探究。

根据Fazzari等（1988）② 对企业融资约束和投资之间关系的论述，企业融资约束严重时，外部融资成本过高，企业的投资无法达到最优水平，使企业投资决策受到外部融资溢价的严重制约。本书认为，企业的融资约束指代了企业从外部获得融资的难易程度，这体现出企业内部融资的机会成本与外部融资成本之间的差距。当两者融资成本差距过大时，企业所受到的融资约束较为严重。

对中小民营企业融资的相关研究可以追溯到Modigliani和Miller③ 对有效市场假说的研究，他们认为企业内部融资成本和外部融资成本几乎相同，此外，企业所进行的投资决策与资本结构等其他因素无关，因而融资约束问题在现实生活中并不存在。但有效市场假说条件在现实生活中并不成立，信息不对称等问题的存在会导致外部融资成本显著高于内部融资成本④，出现可用融资规模下降的现象，代理成本也是形成这一现象的重要原因⑤。另外，一些研究还认为企业成长周期、信贷配给、金融抑制以及信息不对称等问题都会导致中小企业面临融资困境。

在现实生活中，金融市场也并不总是有效的，外部投资者不会像企业管理者那样拥有充足的关于企业生产经营的真实信息，投资者为了规避风险而提高资金利率，导致企业很难获取相应的资金，此时企业便会面临融资约束问题。不过随着时代的发展和金融市场的变化，中小民营企业面临融资困境的原因也

---

① 张宗新．融资缺口：小企业融资功能缺陷的一种解释［J］．社会科学，2000（8）：6-10.

② Fazzari, S., Hubbard, R. G., Petersen, B. C. Financing Constraints and Corporate Investment［J］. Brookings Papers on Economic Activity, 1988（1）: 141-195.

③ Modigliani F, Miller M H. The Cost of Capital, Corporation Finance and the Theory of Investment［J］. American Economic Review, 1958, 48（3）: 261-297.

④ Myers S C. The Capital Structure Puzzle［J］. The Journal of Finance, 1984, 39（3）: 574-592.

⑤ Bernanke, Gertler. Agency Costs, Net Worth, and Business Fluctuations［J］. American Economic Review, 1989, 79（1）: 14-31.

出现了新的变化。一般来说，企业缺乏相应的信用记录，是金融机构和资本市场难以有效识别风险的主要原因。但在当前信息流、资金流、实物流等经营记录都可看作企业信用信息的大数据背景之下，仍然出现中小民营企业融资困难的问题，其背后的原因值得进一步挖掘。

二、优序融资理论

优序融资理论又被称为啄食顺序理论，是美国学者 Myers 与智利学者 Majluf[①] 在 1984 年提出的。优序融资理论认为，企业在进行融资时，通常有内源融资和外源融资两种融资方式，而企业会首先通过内源融资，即使用企业自身留存的现金盈余来满足融资需求，当自有的现金盈余不足以满足需求时，企业才会选择通过外源融资来获取资金。在外源融资中，企业会优先考虑通过债权融资获取资金，其次才会选择股权融资。即企业融资时首先会通过内源融资获取资金，其次通过外源融资中的债权融资获取资金，最后通过外源融资中的股权融资获取资金。

企业融资时之所以会按照这种顺序，是因为企业在融资过程中存在信息不对称和交易成本的问题，导致不同的融资方式具有不同的融资成本。内源融资主要来源是企业自身经营所留存的资金，由于不需要向外进行借贷，也不需要向企业外部支付各种费用，因而是企业优先选择的融资方式。而企业在进行外部股权融资时，由于存在信息不对称的问题，外部投资者对企业生产经营和财务状况了解不足，对企业未来的发展预期缺乏信心，投资者会调低对该企业现有股票和新发行股票的估价，这会导致企业股票价格下降，市场价值降低。因此企业在进行外源融资时，会优先考虑债权融资，并且首选低风险债券，其次是高风险债券，最后才会进行股权融资。这也是优序融资理论中融资顺序产生的原因。

中小民营企业自身生产经营规模较小，资本存量水平较低，企业自身的现金流储备有限，经营留存的现金盈余很难满足融资需求，无法通过内源融资方式满足资金缺口，那么大多通过外源融资的方式。中小民营企业的自身特性一开始就决定了中小民营企业很难通过股权融资的方式获取资金，大多通过债权

---

① Myers S C, Majluf N S. Corporate Financing and Investment Decisions when Firms Have Information that Investors Do Not Have [J]. Journal of Financial Economics, 1984, 13 (2): 187-221.

融资获取资金，且主要是通过银行信用和民间借贷的渠道进行融资。

三、企业生命周期理论

企业是一个社会组织，是各种生产要素、资源、信息以及能力在组织架构上的合理安排，能够在开放的环境中通过投入和产出不断地和外界进行物质、信息和能量交换，进而实现预期目标。企业的发展也类似于生命有机体，被称为企业的生命周期，它是指企业在生存和发展过程中会经历萌芽、成长、成熟和衰退等几个阶段，每个阶段相互联系，具有递进关系。企业在每个阶段中会表现出与该阶段相适应的特征，这些特征具有一定的共性，也具有每个阶段独有的问题。

Mason Haire[①] 在 1959 年首次将生命周期的概念融入企业研究过程，认为企业的发展也会经历类似于生命体成长、衰退、死亡的过程，并指出这些问题的出现是由于企业在管理中存在不足。美国学者 Greiner[②] 在 1972 年发表的《组织成长的演变与变革》中对企业生命周期进行了较为深入的研究，将企业的成长过程划分为创立、指导、分权、协调和合作五个阶段。Ichak K. Adizes[③] 在《企业生命周期》一书中将企业的生命周期过程划分为孕育期、婴儿期、学步期、青春期、盛年前期、盛年后期、贵族期、官僚初期、官僚期、死亡期十个阶段。不过现实中企业并非都是按照固定的成长模式发展，每个阶段所对应的融资需求也存在差异。综合各种研究对企业生命周期的划分，本书选取较为常用的企业生命周期划分形式，将企业生命周期分为初创期、成长期、成熟期和衰退期四个阶段（见图 3－2）。

（一）初创期

企业在成立之初处于起步阶段，各种业务尚不成熟，市场份额较低，抗风险能力不强，内部规范和治理体系不够成熟，自身生产经营存在较多的问题和困难。这个阶段也是企业最为困难的阶段，生产经营缺乏充足的流动性资金，面临较大的资金缺口，企业存在较高的融资需求，需要大量的资金投入，此时

---

① Haire M. Biological Models and Empirical Histories of the Growth of Organizations［J］. Modern Organization Theory, 1959, 10: 272－306.

② Greiner L E. Evolution and Revolution as Organizations Grow［J］. Harvard Business Review, 1972, 50 (4): 39－46.

③ Adizes I. K. Managing Corporate Lifecycles［M］. The Adizes Institute Publishing, 2004: 10.

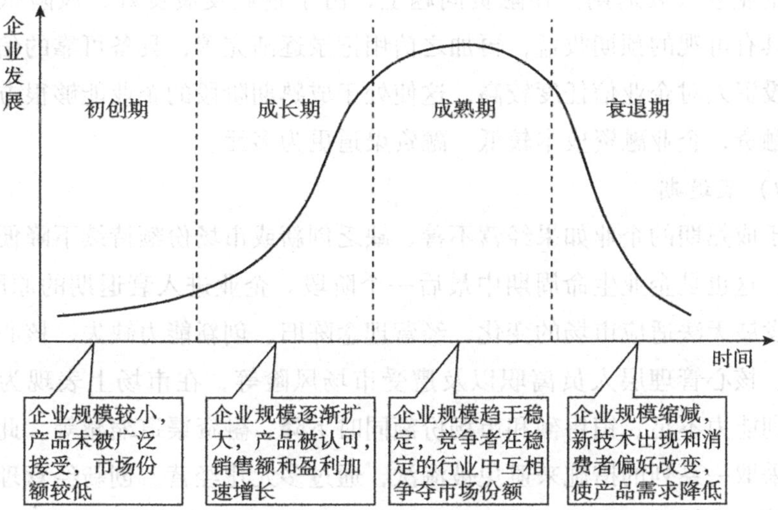

图3－2　企业生命周期

商业银行贷款和风险投资都是极为重要的资金来源。这个阶段的企业需要向外争取较多的资源投入，吸引大量外部投资者的投入，并充分利用外部资源。

（二）成长期

企业在这个时期已得到了一定的发展，度过了盈利能力不足、市场份额较低、生产经营困难的时期。成长期的企业经营规模逐渐扩大，业务种类增加，市场份额也在扩张，管理水平提升，规章制度更为规范，具备了一定的规模效应和市场竞争力。此时企业对于技术和人员的需求较高，需要大量人员来维持企业正常运作，因而人力资源成本和企业运营成本也在提升。对于企业融资问题，企业此时需要投入资金到新产品研发以及新市场开拓中，存在一定的融资需求，不过此时企业经过成长期的经营已经积累了一些可供抵押的资产，这使银行能够成为企业主要的资金来源。

（三）成熟期

企业在经历初创期和成长期两个周期阶段后，才会进入成熟期的阶段。并不是所有的企业都可以进入成熟期，很多企业在初创期和成长期就会被淘汰，退出市场，只有经营规模较大、持续盈利、管理经验先进的企业才能够进入成熟期。此时企业规模庞大、流动资金充足、管理理念先进、技术水平完善，处于自身发展历史的最好时期，生产经营重点在于如何建立企业的核心竞争力，并防止企业进入衰退期。在融资问题上，由于企业发展良好，风险抵御能力强，也具有可观的预期收益，再加之信用记录逐渐完善，具备可靠的信息披露制度，投资人对企业信任度较高，这使处于成熟期阶段的企业能够很方便地获取外部融资，企业融资成本较低，融资渠道更为多元。

（四）衰退期

处于成熟期的企业如果经营不善、缺乏创新或市场份额持续下降便会进入衰退期，这也是企业生命周期中最后一个阶段。企业进入衰退期的原因较多，如企业发展无法适应市场的变化、经营理念陈旧、创新能力缺失、核心竞争能力不足、核心管理层人员离职以及遭受市场风险等，在市场上表现为业绩下滑、盈利能力不足、销售额和市场份额同时下降、融资渠道缩减等。此时，企业需要采取一系列的措施来避免被淘汰，通过多元化经营、创新经营理念和技术迭代等方式推动企业跨越衰退期阶段，开始新一轮的发展周期。在融资方面，衰退期的企业需要自我革新从而避免被淘汰，此时，企业具有较高的融资需求，然而该阶段企业往往形象受损，存在较高的经营风险，因而在金融市场上融资难度很大。

中小民营企业往往处于初创期或成长期，企业经营规模较小，市场份额较低，抗风险能力弱，财务信息不透明，内部管理体系不够成熟，生产经营存在较多问题。企业生产经营缺乏充足的流动性资金，面临较大的资金缺口，企业存在较高的融资需求，需要大量的资金投入，此时银行贷款和风险投资都是重要的资金来源。中小民营企业需要向外争取较多的资源投入，但该时期中小民营企业稳定性较差，缺乏信用记录和抵押，很难从市场中获得融资，因而面临较为严重的融资约束问题。

第三节　数字金融理论基础

数字金融是资源配置过程的数字化，是以数字技术为支撑的金融行为，是对现有金融产品的创新。本节第一部分首先解释了数字金融运行的内在逻辑，即数字金融是金融的数字化，将数字技术对数字金融的支撑作用进行详细梳理。其次，长尾理论和网络效应理论作为数字金融影响经济社会发展的底层逻辑，本节在第二部分和第三部分对其进行了详细梳理和阐述。最后，数字金融的直接作用是调节交易成本，减少企业融资过程中的信息不对称，本节在第四部分和第五部分对其进行了详尽的分析和论证。

一、数字金融内在逻辑

作为新型金融模式，数字金融对传统金融体系的调整和转型产生了深刻影响。随着科技变革的不断推进和数字信息技术的发展，以大数据、云计算、人工智能和区块链等数字技术为支撑的数字金融也在发生变革。金融是现代经济的核心，数字金融是在传统金融基础上依托数字技术产生的新业态，其实质是金融数字化的总称，包括金融部门所有产品和服务的数字化过程。数字化是运用数字技术实现的物理空间的信息与虚拟的数字空间的数据相互转化和处置的过程。虽然数字技术并没有改变金融的本质属性，但更好地弥补了传统金融服务模式的不足。金融是在一定规则下的交易，其实质是合约的建立和履行，因而也可以说金融是一种制度，是在特定规则和机制下的一种产品或服务。而数字金融则是在金融产品和服务运行中结合了数字技术，是制度和技术的有机结合。

在《中共中央　国务院关于构建更加完善的要素市场化配置体制机制的意见》[①] 中，数据首次被作为与土地、劳动力、资本、技术等传统要素并列的生产要素，也显示出数据在当前经济金融中的重要作用。而数字金融的发展就是将金融数据作为生产要素，为金融运行提供生产要素和价值增值，数字金融相关技术则是对金融数据的处理和应用。

数字技术尤其是以大数据、区块链、云计算、人工智能等为代表的智能化信息技术，是数字金融产品业态和服务模式运行的重要支撑。数字技术起源于信息与通信技术的发展，信息技术是对信息进行采集、传输、存储、加工、表达等相关技术的总称。而随着信息技术尤其是半导体集成电路的快速发展，信息技术范畴中对“0”“1”比特形式信息处理的技术逐渐演化为数字技术，即对数码信息（数据）进行转换、采集、传输、存储、运算、加工、还原的相

---

① 中国政府网．中共中央　国务院关于构建更加完善的要素市场化配置体制机制的意见［EB/OL］．［2020－03－30］．http：//www.gov.cn/zhengce/2020－04/09/content_5500622.htm.

关技术，被称为数字技术或数码技术①。

数字技术主要包括人工智能、区块链、云计算、大数据技术等，而随着技术的进步和应用的不断落地，物联网、5G、边缘计算、P2P、近场通信（NFC）等信息技术也被纳入数字技术的范畴。这些数字技术可以运用到数字金融产品或服务的方方面面。大数据技术可以对数据进行转换，将海量复杂的金融数据编码为统一格式、可供识别的编码数据，通过物联网技术对数据进行采集，经过5G、NFC技术将数据传输到存储设备中。区块链技术可以保证信息在传输过程中不会失真或被更改，同时分布式存储也保证了信息存储的安全性。大数据和云计算技术可以将获得的金融数据进行筛选、运算、处理、加工和分析，将大量零散的、孤立的原始数据进行分类排序和计算研究，从中提取出更具有使用价值的信息，这也是数字技术服务的核心环节。最后，通过大数据技术进行译码和还原，对分析结果进行呈现，帮助人们进行决策和解读。这就形成了数字金融运行的一整套逻辑闭环，数字技术的不断更新和发展也推动了金融服务、金融产品、金融数据的数字化。数字金融业务与数字技术之间也存在规律性的联系，如数字货币尤为依赖区块链技术，智能投顾与人工智能应用关系密切，数字支付与移动互联网、NFC技术的互动等。这并不意味着所有的数字技术都适用于金融服务，因为金融服务往往是与特定的数字技术和应用场景相辅相成的。

二、长尾理论

长尾理论是2004年由美国《连线》杂志主编Chris Anderson提出的，最初用于分析说明亚马逊和Netflix等互联网企业的商业模式。Chris认为，如果产品的流通渠道畅通且存储方便，那么数量众多的冷门产品所占有的市场份额很可能会超过那些需求量大、种类较少的热门产品②。

根据统计学相关原理，长尾理论实质上是幂律分布以及帕累托分布的一种相对口语化的表述方式，是为了突出分布中尾部的重要性。如在正态分布曲线

① 蔡跃洲，牛新星．中国数字经济增加值规模测算及结构分析［J］．中国社会科学，2021（11）：4－30，204.

② Anderson C. The Long Tail：Why The Future of Business Is Selling Less of More［M］. New York：Hyperion，2006：7－10.

中，中间突起的部分被称为“头”，两侧相对平缓的部分被称为“尾”。人们往往会更加关注相对重要的头部事件，而对尾部事件的重视程度相对较低。在当今信息技术飞速发展的时代，尾部个体所产生的效益有可能高于头部个体的效益。假设在市场中同时有热门产品和冷门产品，尽管热门产品市场份额较大，占据了曲线的头部，但有更多的消费者分布在曲线的腰部和尾部。只要尾部足够长，其产生的总体收益甚至会超过头部，这也就体现出长尾的重要性。长尾分布曲线存在两个典型的特征：一是尾部较细，即尾部是不被重视的份额相对较小的市场；二是尾部较长，即虽然单个市场较小但数量多，将所有的尾部市场累加起来甚至可能超过头部市场。

在安德森所著《长尾理论》① 中，主体属于规模经济，长尾属于范围经济。在图 3－3 中，规模经济中品种量较少，但数量较大，规模经济偏向于单一品种的大规模生产，能够降低成本。而范围经济则相反，范围经济品种量多，每个品种的数量较少，偏向于多品种小批量的生产方式。可以看出，长尾理论实际上是描述从规模经济转向范围经济，即产品多样化的问题，为客户提供更为多样化的选择，满足消费者的个性化需求。因此，便得出了长尾理论的三个主要结论：（1）产品品种的长尾远比想象中的要长；（2）这种长尾是可以被开发利用的；（3）所有的长尾产品集合起来，能够形成一个庞大的市场。

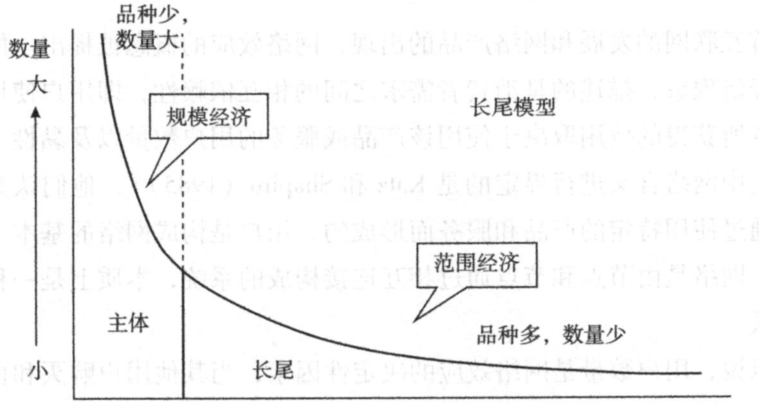

图 3－3　长尾理论模型

① 克里斯·安德森．长尾理论［M］．乔江涛，译．北京：中信出版社，2006：208－214.

在资源有限的前提下，传统的经济模式是以供给侧为主体的规模经济，是需求曲线中的头部区域，消费者的行为并不完全表示自身的真实需求，头部产品的市场份额大并不代表真实需求也大，可能是头部热门产品占据了大部分份额，限制了人们的选择。而随着社会发展和经济水平提高，人们对商品的需求能够继续细分，在产品具备某种共性之外，消费者也逐渐寻求个性化的产品。另外，随着信息技术飞速发展，互联网等不仅能够集中这些较为分散的用户，同时也降低了信息不对称，消费者能获得更多的交易信息。在这种资源共享的前提下，企业可以采取差异化的经营战略，开发出全新的差异化产品从而满足用户的个性化需求，当这些个性化需求得以满足时，企业就能够从这些消费者中获得长尾部分的收益。

数字金融能够利用数字技术触达传统金融服务之外的区域或群体，包括偏远地区、中小微企业、个体工商户等服务对象。这些企业存在大量的融资需求，但普遍存在经营不规范、自身规模较小、技术水平不高、偿债能力不足等问题，传统金融服务对这类企业重视程度不高，也很难准确评估这些企业的真实情况。而数字金融能够为这些难题提供新的解决途径和方式，利用数字技术为中小企业解决融资问题，能够更好地为长尾客户提供优质的金融服务。

三、网络效应理论

随着互联网的发展和网络产品的出现，网络效应的概念被提出。网络效应是一种经济现象，描述的是消费者需求之间的相互依赖性，即用户使用某种产品或服务所获得的效用取决于使用该产品或服务的用户数量以及黏性。首次对网络效应中网络含义进行界定的是 Katz 和 Shapiro（1985）①，他们认为网络就是用户通过使用特定的产品和服务而形成的，用户是构成网络的基本元素。可以看出，网络是由节点和节点通过相互连接构成的系统，本质上是一种抽象的模型范式。

可以说，用户数量是网络效应的决定性因素，当其他用户购买和使用这项产品或服务时，就会获得额外的价值，这种因消费而形成的价值溢出称为需求方规模经济。一般意义上的物质或财产会随着使用者的增长而减少，使用者获

① Katz M L, Shapiro C. Network Externalities, Competition, and Compatibility [J]. The American Economic Review, 1985, 75 (3): 424-440.

得的边际效用也会降低。而网络的价值则与之相反，梅特卡夫定律①表明，网络价值与用户数量的平方成正比，网络的使用者越多，网络的价值就越大，用公式表示为

$$V = KN^2 \tag{3-1}$$

式中，V 表示网络的价值，K 表示价值系数，N 表示用户数量。

因此，用户规模对网络价值起到决定性作用。梅特卡夫定律揭示了网络的价值随着用户数量的增长呈现出二次方增长的规律，因而网络价值的增长极为迅速，具有规模递增效应。用户数量的增加带动网络价值的提高，而网络价值的提高则会吸引更多用户的使用，逐步形成良性循环。例如，通信网络体现了典型的网络效应，当没有人利用通信网络时，它是没有价值的，而随着通信工具的普及，使用通信网络获得的效用会越来越高，通信网络自身的价值也会迅速增大。这种现象在互联网、金融、交通运输、软件传媒等行业普遍存在。这也体现出了网络的外部性，用户使用这一具体的产品所获得的效用随着用户规模提高而增加。

数字金融能够利用互联网等数字技术，发挥金融的网络效应，有效打破地域限制，推动金融服务信息化、数字化、智能化，使金融服务不再仅仅依赖于网点柜台，提高了企业融资便利性，有利于加速企业资金周转，提升金融资源配置的有效性。此外，金融网络效应也可以提高金融机构和中小民营企业之间的信息传递效率，降低金融机构经营风险。对于数字金融融资生态链来说，企业加入生态链所获得的效用直接依赖于加入融资生态链企业的数量。加入生态链的企业越多，则企业和金融机构间的信息流动越便利，企业的融资难度越小，融资成本将进一步降低。

四、数字金融调节交易成本理论

交易成本问题由科斯在1937年发表的“企业的性质”一文中提出。科斯在文中提到：“如果生产是通过价格机制进行调节，生产就可以在没有任何组

① 梅特卡夫定律适用于论述网络价值和网络技术的发展，是以美国3Com公司创始人罗伯特·梅特卡夫的姓氏命名的。梅特卡夫定律显示出网络具有外部性，网络节点越多，网络价值就越大，具有规模递增效应。梅特卡夫定律表述了网络外部性的乘数效应，为规模庞大且极具潜力的全球化网络市场奠定了理论基础。

织的情况下进行，那么我们就会问，为什么会存在组织?”① 科斯对这一问题的表述被 Arrow② 定义为交易成本。新古典经济学以完全竞争的自由市场经济作为研究基础，价格机制可以自动地将经济资源配置到帕累托最优的状态，这就表明价格机制的运行没有市场摩擦，也意味着对于交易者来说不存在获取信息的成本，即零交易成本假设。而科斯对此提出了疑问，如果价格机制能够运行完美，那么企业内部交易为何存在？在科斯看来，价格机制的运行也是需要消耗成本的。既然市场价格机制的运行需要消耗成本，那么企业替代市场就是期望通过内部交易降低一部分的市场交易成本，而企业之所以不能完全替代市场，是由于企业的内部交易依然存在成本。正是这样的思考和发现，对后来新制度经济学的形成起到了决定性作用，也为经济活动分析提供了一种新的思考方式。

在交易成本中，“交易”代表资源的转移，不仅包括所有权的转移，也包括相应的责任、权利与义务的转移。因此，交易成本可以理解为：在市场经济环境下人们为了克服市场摩擦而需要支付更多的成本，即人们为了实现某一交易而需要付出的成本。

在新制度经济学中，交易一般分为市场型交易、管理型交易和政治型交易，用来区分不同类型的交易成本③。一个国家（或地区）的总交易成本等于所有市场型交易成本、管理型交易成本和政治型交易成本的总和，用公式表示为

$$transcost = cost_{market} + cost_{management} + cost_{politics} \tag{3-2}$$

式中，$transcost$ 表示一个国家（或地区）的总交易成本，$cost_{market}$ 表示市场型交易成本，$cost_{management}$ 表示管理型交易成本，$cost_{politics}$ 表示政治型交易成本。市场型交易成本的产生是由于信息具有成本，当个体之间进行产权交易便会产生市场型交易成本。市场型交易成本一般包括搜寻与查找信息的成本、讨价还价和决策成本以及执行合约和监督合约履行的成本。管理型交易成本是指组织内部交易的成本，这些交易成本主要包括两个方面：一是建立、改变组织架构设计

---

① Coase R H. The Nature of the Firm [J]. Economica, 1937, 4 (16): 386-405.

② Arrow K J. The Organization of Economic Activity: Issues [J]. The Analysis and Evaluation of Public Expenditures: the PPB System, 1969 (1): 47.

③ 袁庆明. 新制度经济学（第二版）[M]. 上海：复旦大学出版社，2019：37-39.

的成本，二是维持组织正常运转的成本。政治型交易成本是指国家或政府提供公共品所产生的成本，与管理型交易成本类似，包括设立和改变体制结构的成本以及政体运行的成本。

在企业融资过程中，影响融资活动的关键因素是获取信息以及违约成本。获取与交易相关的供求信息是达成交易的前提条件，而获取信息所需要的成本也决定了交易过程的难易程度。信息获取成本越高，那么企业需要承担的交易成本也越高。事实上，金融机构都是趋利的，更愿意向成长性好、抵押品充足的企业提供贷款，因此不确定性相对较高的中小企业融资成本也必然较高。而随着数字金融的飞速发展，数字技术的应用在很大程度上降低了信息获取成本，为供需双方精准匹配提供便利。

数字金融对交易成本的影响主要分为两个方面：数字金融一方面可以降低制度设立的成本，另一方面可以降低市场中的交易成本。首先，数字金融通过数字技术构建线上融资平台，打破了地域限制，降低了交易市场建立的成本。其次，数字金融通过大数据技术对市场数据进行采集，云计算对数据进行加工处理，人工智能帮助决策，在降低信息处理加工成本的同时提升效率，进而降低交易成本。此外，区块链技术可以保证整个交易合约安全性，保证合约不被篡改，从技术层面推动金融合约的履行。

从金融机构的角度来说，数字金融凭借人工智能、区块链等数字技术，可以有效地对客户的信用等级进行评价，从而降低时间成本，提高审批效率，提供批量化服务。同时，相关金融产品的产生，降低了维护线下网点的成本以及人力资源成本，使金融机构可以更加专注于金融产品和服务的质量创新。从中小民营企业的角度来说，数字化的线上金融服务能够降低融资过程中的时间成本和资金成本，打破传统服务在时间和空间上的约束，还可以促进企业自身数字化转型，提高企业数字化能力，降低商业银行融资门槛。

五、数字金融缓解信息不对称理论

信息不对称（Asymmetric Information）理论来源于信息经济学。信息经济学认为信息是存在经济价值的，如果一个人相比其他人能够获得更多的信息，那么这个人在金融市场获利的可能性也比其他人更高。1961 年 Stigler[①] 对信息的不完全性、制度设计与安排的研究，使信息不对称理论逐渐受到重视。1970 年 Eugene F. Fama[②] 提出了“有效市场假说”，即在一个有效市场中，有用的信息能够充分、准确、迅速地在股价中反映出来，因而股价总是可以通过供求关系调节至均衡状态，这时市场的所有参与者都可以获取公开的财务信息。然而，在真实的市场中并不存在一个无摩擦的、完备的竞争市场，各个参与者在获取信息的时间上存在偏差，对信息的接受程度存在差别，以及对信息的加工能力并不相同，使这种假说只存在于理想状态。

诺贝尔经济学奖获得者、美国经济学家 George A. Akerlof[③] 首次提出信息不对称的概念。信息不对称是指在不完全的市场中，交易信息在买卖双方中分布不对称，不同的交易主体在市场交易环节中所拥有的信息存在差异化的现象。信息不对称的存在使交易双方存在信息差异，处在信息优势的一方可以利用信息差，在收益分配、资源配置、风险规避等方面作出对自身有利的决策，转移交易风险以获取更多的利润，而处于信息劣势的一方则需要承担较多的交易成本和风险，不利于整个交易的进行。

对于中小企业融资问题，从信息经济学的角度来看，企业相比银行等金融机构拥有更多关于自身的经营、财务、信用和风险方面的信息，因而中小民营企业融资存在较为典型的信息不对称问题。在企业向商业银行提出贷款之前，商业银行等机构很难获悉关于企业资质信用的全部信息，因而会根据所有中小民营企业的平均信用水平来划定资金成本。对于信用水平较低的中小民营企业，这种平均化的资金成本低于自身预期支付的价格，而对于信用水平较高的企业，这种资金成本高于实际应支付的价格，这就导致信用水平较低的企业倾向于扩大融资规模。在进行融资之后，部分企业可能并不会将融到的资金用于生产经营，而会将资金投入具有高风险的投机活动，并刻意隐瞒资金去向，导致商业银行等金融机构利益受损，出现道德风险。这些都是由信息不对称引发

---

① Stigler G J. The Economics of Information [J]. Journal of Political Economy, 1961, 69 (3): 213 - 225.

② Fama E F. Efficient Capital Markets: A Review of Theory and Empirical Work [J]. The Journal of Finance, 1970, 25 (2): 383 - 417.

③ George A. A. The Market for lemons: Quality Uncertainty and The Market Mechanism [J]. The Quarterly Journal of Economics, 1970, 84 (3): 488 - 500.

的后果。

数字金融则能通过数字技术解决这一问题。传统金融的金融服务模式无法清楚地了解企业的所有信息，很难精准地为企业或个体提供较为合理的价格，并进行有效的风险控制，而以云计算、区块链等数字技术为支撑的数字金融则提供了有效的解决方案。一方面，数字金融利用技术优势，能够全面具体地对中小民营企业的经营数据进行处理和分析，更加准确地评估中小民营企业的价值和风险，也可以帮助企业自身识别投融资项目的质量；另一方面，在数字金融的模式下，商业银行和其他金融机构可以更清晰地了解企业经营状况与财务信息，增加投资者对企业的信任程度，提高企业内部和外部的信息透明度，缓解信息不对称对企业融资造成的障碍。

第四节 融资生态链理论基础

本节的内容主要是对融资生态链的理论基础进行讨论。融资生态链作为金融生态的一部分，是对金融生态功能的完善，本节首先对生态系统理论进行论述。而金融生态是由大量的金融机构、产品和服务以及环境构成的，本身也是一个复杂系统，本节第二部分将对复杂网络理论进行讨论。融资生态链构建的基础是中小企业和银行存在相互依赖的共生关系，本节第三部分将讨论资源依赖理论。融资生态链内的交易是中小民营企业和银行等金融机构建立的金融合约，本节将契约理论放在第四部分进行论述。

一、生态系统理论

生态系统理论正式来源于生态学，最初是英国植物生态学家 A. G. Tansley① 在 1935 年提出“生态系统”概念，认为自然界个体无法孤立存在，必须要通过与外界环境相互作用才能生存。此后，美国学者 Bronfenbrenner② 提出了生态系统理论。系统地说，该理论认为个体的发展是存在于一系

① Tansley A G. The Use and Abuse of Vegetational Concepts and Terms [J]. Ecology, 1935, 16 (3): 284 - 307.

② Bronfenbrenner U. The Ecology of Human Development: Experiments by Nature and Design [M]. Cambridge: Harvard University Press, 1979: 22 - 26.

列相互作用的环境之中的，个体与环境是相互作用、共同发展的。因此，生态系统理论主要用于研究个体行为与社会环境的相互作用关系，强调生态环境对于分析和理解个体行为的重要性，注重环境对个体行为的重要影响。

根据生态系统理论的论述，个体所处的环境被分为四个层次（见图3-4）：微观系统（Microsystem）、中介系统（Mesosystem）、外在系统（Exosystem）和宏观系统（Macrosystem）。首先，微观系统是与个体活动进行直接交互作用的环境，是整个生态环境最里面的一层。其次，中介系统是用来描述各种微观系统之间的相互影响以及相互作用关系。Bronfenbrenner 认为，如果微观系统的联系具有积极意义，则系统发展能够实现最优。相反，微观系统之间的消极作用会对整个系统的发展产生消极的影响。再次，外在系统是指个体没有与之直接交互但对个体的发展具有重要作用的系统。最后，宏观系统是指以上三个系统之外的社会环境，它影响个体的行为以及目标。生态系统理论一般应用于社会研究，探究个体发展与环境之间的相互作用，并强调这种相互作用是动态变化的过程。

Bronfenbrenner 在模型中还加入了时间维度，将时间作为参照，从而分析个体成长路径和发展过程，强调个体发展是将时间和环境相结合的动态过程。个体产生之时便处于一定的微观环境中，伴随时间的不断变化，与个体直接相互作用的微观环境也在动态演变。这种动态演变的原因既包括外部因素，也包括个体自身的因素。个体也存在一定的主观能动性，能够影响或改变自身所处的环境，Bronfenbrenner 将这种变化称为生态转变，而每一次转变都是个体发展的阶段。

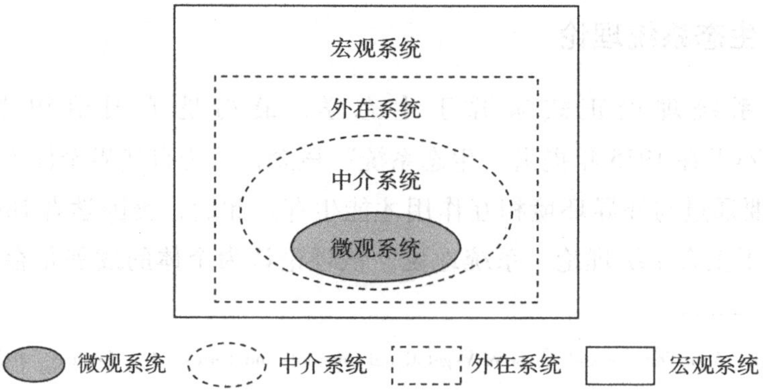

图3-4　生态系统理论

生态系统理论主要用来论述金融主体与环境系统的相互作用关系，分析环境系统对于金融主体决策和行为的重要性。融资生态链作为金融生态的一部分，是在金融生态中构建出适合中小民营企业发展的次级系统，通过一系列制度设计为中小民营企业融资创造良好环境，也是对金融生态的补充和完善。融资生态链良好制度设计和数字技术的应用能够提升金融生态的外部性，随着中小民营企业和金融机构的不断加入，每个企业获得金融服务的效用会逐渐提升，从而有效解决中小民营企业的融资约束问题。

二、复杂网络理论

复杂网络是具有复杂拓扑结构和动力学行为的大规模网络，是将真实系统中的不同实体视为网络节点，节点之间通过边的相互连接而构成的网络系统。复杂网络理论（Complex Networks Theory，CNT）是对实体间的复杂关系进行抽象、模拟和分析的理论，它用节点表示整个网络系统中的不同元素，用边表示不同元素之间的相互作用关系。

复杂网络问题的研究最早可以追溯到 18 世纪数学家欧拉对七桥问题的研究①。此后的 200 多年里，人们对复杂网络的研究逐渐深入。1959 年，匈牙利学者 Erdos 和 Rényi 对随机图的本质进行了大量分析研究，被公认为开创了复杂网络理论的系统性研究②。随机图是指随机过程产生的图，最简单的随机图是 n 个顶点任意两点连边概率为 p 的随机过程所得到的图，具有不确定性的特点。复杂网络可认为是数据的表现形式，也是一种科学的研究方法，它从统计角度考察网络中大规模节点及其连接之间的性质，研究对象是系统中相互关联的个体和相互作用的拓扑结构。

随着信息技术发展以及理论研究推进，科学研究进入大数据时代，复杂网络研究受到不同领域学者的广泛关注。复杂网络的研究也划分了很多具体的分支方向，如网络科学的基本理论、复杂网络算法分析与设计、网络动力学普适性和差异性、网络信息挖掘和预测、网络控制与观测、含有时空信息的网络、

---

① 李金华．网络研究三部曲：图论、社会网络分析与复杂网络理论［J］．华南师范大学学报（社会科学版），2009（2）：136－138.

② 黄斌，吴春旺，郑丰华，等．复杂网络中随机图模型研究［J］．计算机工程与科学，2014，36（7）：1377－1383.

自组织演化问题等①。复杂网络在生活中的具体实例也较为常见，许多具有复杂连接的系统都可以抽象为复杂网络进行分析，如社交网络、病毒传播网络、计算机网络、交通运输网络、电力传输网络等。

复杂网络的规模庞大，但内部结构和个体数量并不是一成不变的，而是随着时间和外界条件不断变化的，这种变化也呈现复杂特征。生态系统中存在大量的个体和机构之间的复杂联系，而所有的联系会随着时间和空间的变化呈现出一种复杂的网络结构。生态系统和复杂网络之间存在一种映射的关系，一个生态系统可以视为一种复杂网络，这个网络的节点是组成系统的实体，边是个体之间的相互作用关系。

复杂网络理论认为，节点之间的相互连通形成了系统的网络结构。从复杂网络视角来看，金融生态是动态、庞大、开放又不断重构的演化网络，大量的金融机构、政府单位、投资者、实体企业组成了相互作用的整体，具有一般复杂系统的基本结构和特征。中小民营企业是在金融生态网络中处于底层而又数量众多的关键节点，复杂而多变的商业交易联系构成了连接所有节点的边，而融资生态链则是在复杂金融生态网络中为解决融资问题由金融机构与实体企业构成的集群。融资生态链之间的中小民营企业和金融机构通过密切的金融活动和复杂的金融交易规则来实现节点之间的有机连通，这种相互联系、相互作用保证了整个系统的有序发展。

三、资源依赖理论

资源依赖是指一个组织无法生产保证组织自身生存发展的所有资源，必须通过与外界环境或者其他组织或个体进行资源交换才能维持生存和发展。资源依赖理论最早起源于20世纪40年代，由于早期的研究并未形成系统的理论，该理论的研究逐渐向新制度经济学中交易成本理论靠拢。但20世纪以来，一方面资源依赖理论自身不断完善，另一方面在经济实践中出现了现有企业理论无法解释的现象，资源依赖理论被重视起来。资源依赖理论最具代表性的是

① 周涛，张子柯，陈关荣，等．复杂网络研究的机遇与挑战［J］．电子科技大学学报，2014，43（1）：1－5.

Pfeffer 和 Salancik①1978 年合著的《组织的外部控制：一种资源依赖的视野》。该书提出了四个重要的假设，也是资源依赖理论的重要基石，包括：（1）一个组织如何保证自身生存是最重要的事情；（2）组织的生存需要消耗资源，但任何组织都无法实现资源自给自足，必须依赖于外界环境；（3）为了获取资源，组织必须与周围环境或组织进行要素互动；（4）控制自身与其他组织间关系的能力是一个组织赖以生存的基础。

对以上四点进行总结，可以认识到每个组织的生存和发展都已经深深嵌入了环境中，组织必须与外界环境进行要素互动来保证自身发展。但是环境的变化是不确定的，组织为了获取持续稳定的资源供应，必须采取积极的措施和行动。此外，组织对外部环境的依赖并不是固定单向的，而是双向、对等且相互影响的，因此可以将依赖分为共生性依赖和竞争性依赖。

德国真菌学家 Anton de Bary 于 1879 年最先提出共生（Symbiosis）的思想②。共生可以理解为不同种类的若干个体之间相互依赖，需要进行物质和能量的交换。在我国，学者袁纯清最早对共生理论开展研究，他认为共生是指“共生单元之间在一定的共生环境中按某种共生模式形成的关系”③，并指出共生的本质是协同与合作。袁纯清认为共生理论具有三个要素，即共生单元（U）、共生模式（M）和共生环境（E），这三个要素之间密切关联，任何共生关系都是共生单元、共生模式和共生环境相互作用的结果，有以下关系式：

$$\vec{S} \equiv (\vec{U},\vec{M},\vec{E}) \tag{3-3}$$

式中，$\vec{S}$代表共生关系，$\vec{S}=(S_1,S_2,\cdots,S_i)$；$\vec{U}$代表共生单元，$\vec{U}=(U_1,U_2,\cdots,U_n)$；$\vec{M}$代表共生模式，$\vec{M}=(M_1,M_2,\cdots,M_m)$；$\vec{E}$代表共生环境；$\vec{E}=(E_1,E_2,\cdots,E_l)$；$i,n,m,l\in N$。在袁纯清的表述中，共生模式是关键，共生单元是基础，共生环境是外部条件。共生三要素的关系如图 3－5 所示。

在图 3－5 中，U_1和 U_2表示两个共生单元，在自然界中可以表示动植物和微生物，在社会网络中可以表示家庭和个体，在金融生态中可以表示金融机构

---

① Pfeffer J, Salancik G R. The External Control of Organizations: A Resource Dependence Perspective [J]. Social Science Electronic Publishing, 1978 (23): 123－133.

② 刘志迎，郎春雷．基于共生的产业经济分析范式探讨［J］．经济学动态，2004（2）：29－31.

③ 袁纯清．共生理论——兼论小型经济［M］．北京：经济科学出版社，1998：7－10.

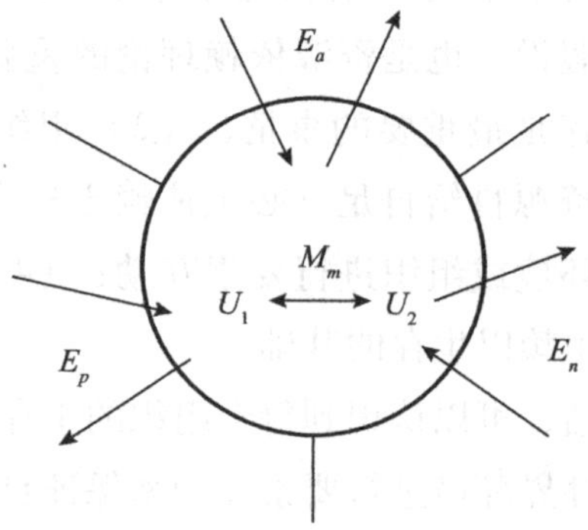

图3－5　共生三要素的关系

和实体机构。M_m表示 U_1和 U_2之间某种共生模式，它是在一定的时间条件和空间条件下由共生单元和共生环境共同决定的，在图3－5中取决于 U_1和 U_2自身的性质以及环境 E_a、E_n、E_p的影响。E_a、E_n、E_p表示三种共生环境，E_a代表正向环境，E_p代表负向环境，E_n代表中性环境，正向环境能够对共生关系起到促进作用，负向环境对共生关系起到抑制作用，中性环境对共生关系无作用。

对于中小民营企业来说，企业无法只依靠自身获取生存发展的全部资源，因而依赖于和外界进行交换。融资生态链便是构建一个微型生态，将资金提供方和需求方共同构成利益相关的整体，是对现有的金融生态的弥补和完善。融资生态链中形成了良好的共生模式，企业和金融机构之间能产生较好的共生效益，能够形成趋于一体化的组织模式和互惠互利的协同模式。在融资生态链中，不同种类的个体如金融机构与中小民营企业之间、核心企业与中小民营企业之间的依赖关系属于共生性依赖，而不同的中小民营企业之间的依赖关系是竞争性依赖。中小民营企业只有不断提升自身的生产经营能力，才会逐渐减少对外部环境的依赖。

四、契约理论

契约是指参与交易的双方或几方共同签订的有关买卖、抵押、租赁等经济活动的关系约定。从法理上看，它是个人为自身权利、义务和社会地位而签订的法律协议，但是经济学研究相比法律实践对契约的理解更为广泛，既可以指代法律效力上的契约，也可以包含默认契约，实质上反映的是市场中的经济交易关系。契约理论就是研究特定交易环境下，不同的契约签订方之间经济行为以及决策的相关理论。虽然数字技术影响了金融交易和组织形式，但并没有改变金融契约的内涵，金融契约的本质就是在不确定的交易情形下，对交易各方未来的权利和义务的一种约定。随着学者对契约理论相关研究的不断深入，契约理论可以划分为完全契约理论和不完全契约理论。

完全契约理论是指激励理论、委托—代理理论，契约签订双方完全清楚合约期内可能出现的各种状态，并且能够在事前合理应对，从而保证契约能够被有效履行。该理论的成立依赖于两个关键假设：第一，处于信息劣势一方的委托人清楚一些隐藏变量的概率分布和代理人偏好，从而能够很好地选择相应的方案；第二，所有委托人都能够受到契约的有效约束，在合约中只有代理人才会作出不可靠的行为。在以上假设下，委托人就需要提出合理的激励方案，使代理人能够作出和委托人利益一致的行为。这就存在一种激励相容问题，即保证拥有信息优势的代理人能够按照契约委托人的意愿行动，推动代理人的利益和委托人的预期目标最大限度融合，在追求个人利益的同时也能够实现集体利益最大化，促使双方实现效用的最大化。

不完全契约理论认为，完全契约在现实中是无法实现的。不完全契约理论是指在签订合约之前不可能完全预知合约期内会产生的各种事件，使契约签订双方无法建立完备的合同，并推动合同的有效履行，因此，契约签订双方只能根据事后出现的状态再协商契约的具体形式。这两种契约理论的根本区别在于是否事先规定了各种可能状态下参与人的收益。契约的不完全性通常由以下几方面的因素造成：首先，契约签订双方都是有限理性的，合约的签订存在交易成本，参与人对未来的各种不确定性预测较为困难；其次，即使契约签订双方能够部分地预见未来不确定性，但将这种状态写入契约的成本非常高；最后，某些契约无法观察，即使能够获得部分契约信息，也无法获得第三方的证实。

金融契约的有效实施依赖于金融生态的改善。融资生态链构建的目的就是解决银企利益不一致的问题，融资生态链通过一定的规则设计对银行等金融机构和中小民营企业的利益进行协调，推动银企之间实现激励相容。此外，融资生态链通过有效的信息沟通制度降低信息不对称，减少由代理问题产生的道德风险和逆向选择，降低未来的不确定性和契约签订成本，有效推动金融合约的履行。

第五节 本章小结

本章的主要内容是对本书的概念和理论进行梳理和论述。

第一部分对本书出现的基本概念进行界定，对数字金融、中小民营企业、融资生态链等概念进行了讨论和明确。首先，明确了数字化的含义，进而对数字金融概念进行明确，即数字金融是资源配置过程的数字化。其次，明确了本书研究中的中小企业标准。虽然工业和信息化部在2021年对企业划分标准进行部分调整，但由于本书实证部分中小企业均是2020年以前成立的企业，因此以2017年发布标准为依据对中小企业进行划分。最后，提出了本书对融资生态链这一概念的界定。融资生态链是以中小民营企业等为服务对象，通过设立一定的运行规则为生态链各方获取生态利益的群体。

第二部分对本书研究相关基础理论进行了梳理和阐述，主要包括企业融资基础理论、数字金融基础理论和融资生态链基础理论，用以阐述企业融资约束产生的根源、数字金融如何解决融资约束问题以及融资生态链解决融资约束问题的优势和原理。

本章通过对基础理论部分的梳理和论述，为后续构建融资生态链对中小民营企业融资约束理论模型、分析数字金融缓解中小民营企业融资约束研究提供理论支撑。

第二部分　问题篇

第二部分为问题篇，包括第四章和第五章。本篇是对学术文献、宏观统计数据和调研案例中反映出的中小民营企业融资问题的归纳和抽象。

第四章首先分析了我国中小民营企业的发展历程，并对中小民营企业融资现状进行了梳理，包括融资渠道、规模和成本等，通过与其他类型企业比较，寻找我国中小民营企业融资面临的一般问题。第五章通过对调研的具体案例进行分析，尝试从中小民营企业、商业银行和金融生态环境等多个方面，发现我国中小企业融资面临的具体问题。

第四章 我国中小民营企业的发展历程和融资现状

中小企业①的融资问题一直是世界各国都未能彻底解决的难题，而中小民营企业的融资问题在我国经济体制改革背景下有其特殊性。随着我国经济进入新常态，宏观经济运行受到国内外不确定性因素的制约，中小民营企业的生存环境进一步恶化。在这种背景之下，中小民营企业的融资问题关乎企业生死存亡，也直接决定着我国经济高质量发展水平。

本章首先梳理了改革开放以来我国中小民营企业的演进历程、对我国经济发展的贡献以及新冠疫情以来的生存情况。其次，从多个维度对中小民营企业的融资现状进行了全面刻画。再次，对比分析了中小民营企业与其他类型企业的融资状况。最后，对我国中小民营企业融资问题进行了总结。

第一节 我国中小民营企业的演进历程

中小民营企业的健康发展对我国经济的长期稳定发展起到了重要的作用，本节将分别从改革开放以来我国中小民营企业的发展历程、中小民营企业对我国经济发展的贡献和新冠疫情以来我国中小民营企业的生存情况展开。

一、改革开放以来我国中小民营企业的发展历程

改革开放以前，我国工业基础主要是单一的公有制经济，1978 年工业总产值中，国有企业和集体企业分别占比 77.6%、22.4%②，几乎难以见到民营

---

① 根据 2011 年 6 月 18 日工业和信息化部、国家统计局、国家发展改革委、财政部研究制定的《中小企业划型标准规定》，中小企业包括中型、小型、微型三种企业类型。

② 中国政府网．改革开放 30 年工业经济在调整优化中实现了跨越式发展［EB/OL］．［2023 - 03 - 27］．http：//www.gov.cn/test/2008 - 11/12/content _ 1146564.htm.

企业的身影。截至2021年，我国民营企业数量已经达到4457.5万户①，中小民营企业实现了从无到有、从有到强的历史性跨越。

改革开放40余年里，中国共产党深化了对民营经济的认识。自十一届三中全会以来，中国共产党始终秉承发展经济、改善人民生活水平的目标，对民营经济的认识逐渐实现了从“所有制结构多元化”到“国有经济与民营经济协调发展”，再到“推动民营经济高质量发展”② 的转变。我们看到，中国共产党对民营经济重要性的认识是不断深入的，在解放思想的同时，还通过修宪立法提升民营经济的地位。从修改宪法赋予民营经济在社会主义市场经济中的合法地位，到立法保障民营经济的合法权益，再到2020年《民法典》中提出的“保障一切市场主体的平等法律地位和发展权力”，民营经济在社会主义市场经济中的地位是在不断提升的，国家对其合法权益的保障力度同样是与日俱增的。

改革开放40余年来，我国民营经济从萌芽阶段逐渐成长为我国经济不可或缺的一部分。在这段历程中，数以千万计的中小民营企业既经历过高速发展的阶段，也直面了“三座大山”③ 的考验，对我国经济的高质量发展具有重要意义。

二、中小民营企业对我国经济发展的贡献

2018年习近平总书记曾指出，我国民营经济具有“五六七八九”的典型特征④，即贡献了50%以上的税收、60%以上的GDP、70%以上的技术创新、80%以上的城镇劳动就业、90%以上的企业数量。

民营企业主要存在三个显著特征：一是企业灵活度高。民营企业相较于大型国有企业，其市场针对性更强，能够更加敏锐地捕捉到市场需求的变化，并积极吸收、利用先进技术调整自身的生产经营方式。二是企业数量庞大。由于

① 国家市场监督管理总局．从2012年1085.7万户增长到2021年4457.5万户 民营企业数量10年翻两番［EB/OL］．［2022－04－18］．https：//www.samr.gov.cn/xw/mtjj/202203/t20220323_340715.html.

② 刘凝霜，程霖．中国共产党民营经济政策演变及其理论创新：1921—2021［J］．改革，2021（1）：36－49.

③ 民营经济的“三座大山”一般指“市场的冰山、融资的高山、转型的火山”。

④ 习近平．在民营企业座谈会上的讲话［EB/OL］．［2022－06－16］．http：//www.xinhuanet.com/politics/2018－11/01/c_1123649488.htm.

国有企业大多处于关乎国民经济命脉的领域，企业数量相对更少，而民营企业凭借其敏锐的市场嗅觉和灵活性，通过技术创新、模式创新来充分满足人民生产生活方方面面的需求，因而遍布于各行各业，也使民营企业的数量相对更为庞大。三是企业规模普遍较小。企业需要保持较高的灵活度，那么必然无法保持较大的规模，否则会出现“船大难掉头”的情况，所以民营企业绝大多数为中小型企业，也就是本书主要讨论的中小民营企业。

总的来看，改革开放以来，中小民营企业不断发展壮大，对我国的税收、工业产值、技术创新、就业岗位提供等方面都作出了巨大贡献，逐渐成为国民经济中最具有活力、最具有创新能力的组成部分。

三、新冠疫情以来我国中小民营企业的生存情况

2020 年初新冠疫情在全球范围内的蔓延，扰乱了中小民营企业的生产计划，致使其正常的生产经营活动中断，积累的风险通过供应链和资金链扩散到上下游行业，带来企业流动性风险加剧、信用违约风险增大、企业被动裁员、企业破产风险凸显等一系列威胁。

随着疫情的蔓延以及各地为应对疫情而采取的管制措施的施行，企业的正常生产经营活动难以维持。中小民营企业一般处于供应链的下游，当一部分上游企业受疫情影响无法按时生产、交付订单时，生产压力通过供应链传导至下游企业，最终导致整个供应链中的中小民营企业难以履约，面临严重的违约风险。在这种情形之下，疫情所产生的冲击对不同条件的中小民营企业会产生不同的影响效果。根据企业疫情前的经营状况，可将中小民营企业划分为“健康企业”“重症企业”“轻症企业”三类。

“健康企业”能够在面临疫情冲击的情况下及时调整经营模式，如部分企业在疫情初期对生产线进行及时调整，如生产防疫物资，不仅维持了正常的利润，还积极承担社会责任，为企业赢得良好口碑。但这类企业在受到疫情冲击前往往是资信良好的企业，其持续经营能力、融资能力和抗风险能力都显著强于其他类型企业，疫情冲击并不会对其持续经营能力造成较大影响。

“重症企业”属于资质较差的一类，即便没有受到新冠疫情的影响，由于生产技术的落后、内部管理效率的低下和企业管理人员创新意识的欠缺，这类企业也难以在竞争激烈的市场中生存下去。改革开放以后，在宏观经济形势较

好的时期，中小民营企业具有较强的增长动力，但自 2011 年起，我国的经济增速就呈现放缓的趋势。在经济下行压力加大的时期，“重症企业”存在的各类问题逐渐暴露出来，而新冠疫情成为压垮这类企业的“最后一根稻草”。

“轻症企业”是介于“健康企业”和“重症企业”之间的一类企业，虽然没有如“健康企业”般的抗风险能力，但也不像“重症企业”般岌岌可危。因此，在面临疫情的冲击时，如果“轻症企业”能够谨慎评估外部冲击的影响，并及时对自身生产经营方式进行调整，那么这类企业也能够如“健康企业”一样有效抵御疫情冲击，其破产倒闭的风险不会明显上升。

总体上看，在宏观经济承担下行压力的背景之下，我国中小民营企业的生存状况在未来的一段时间内不容乐观。

第二节　我国中小民营企业的融资状况

为了揭示我国中小民营企业融资中存在的问题，本节从总体上对我国中小民营企业的融资状况进行阐述，分别从我国中小民营企业的融资需求满足情况、融资渠道构成、融资供给规模以及融资成本分布四个方面展开。

一、中小民营企业的融资需求满足情况

近年来我国中小型企业融资需求指数[①]如图 4 - 1 所示。从总体上来看，2016 年以来企业的融资需求是逐年递增的。横向对比来看，小型企业的融资需求相对中型企业更强。从总体趋势上来看，中型企业的融资需求在 2020 年初新冠疫情以前处于较为平稳的区间范围内，而小型企业的融资需求呈现逐年上升的趋势。2020 年第一季度新冠疫情暴发以后，中小型企业的融资需求均有了不同程度的提升，融资需求指数之间的差距也在逐步扩大。

小微企业融资的需求能否得到满足，很大程度上与其风险状况是密切相关

---

① 数据来源：中国人民银行统计调查司。该指数的计算方法是在全部接受调查的各类银行机构（含外资商业银行机构）的总部负责人，及其一级分支机构、二级分支机构的行长或主管信贷业务的副行长中，先分别计算认为本行本季度大型、中型、小型企业贷款需求“增长”和“基本不变”的占比，再分别赋予权重 1 和 0.5 后求和得到。

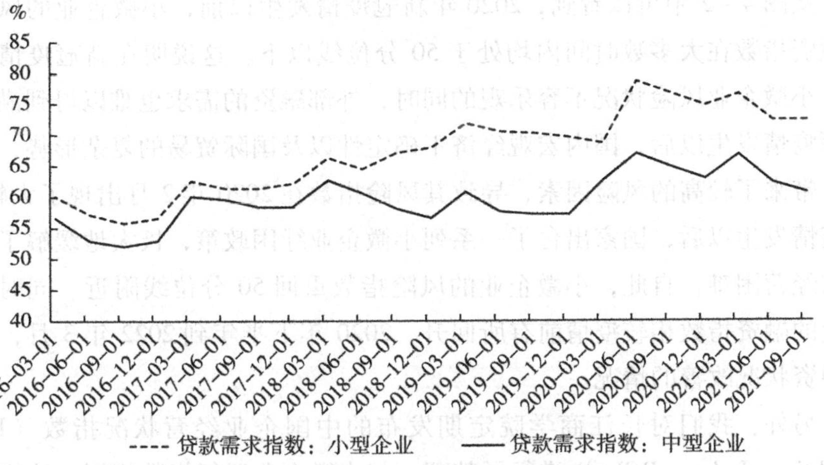

图 4－1 中小型企业融资需求指数

的。2018 年以来我国小微企业的融资指数和风险指数如图 4－2 所示[①]。其中，融资指数能够反映企业是否满足获取外部资金条件，而风险指数能够反映企业生产经营过程中存在的潜在风险大小。

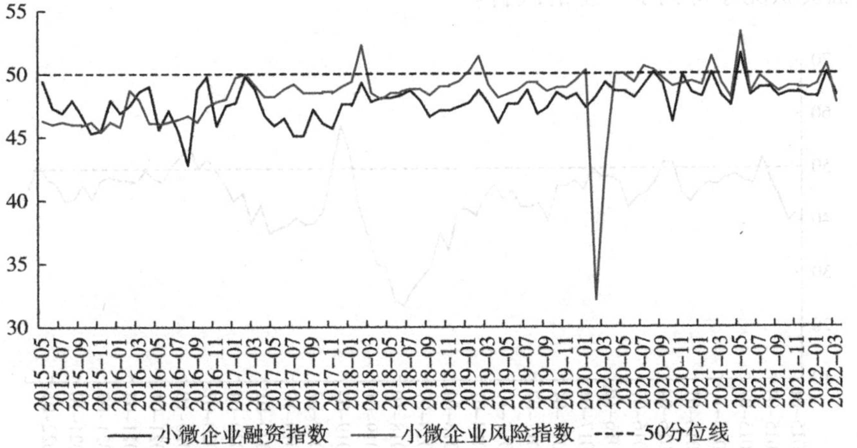

图 4－2 小微企业融资指数与风险指数

① 数据来源：中国邮政储蓄银行、《经济日报》。小微企业运行指数全称为“经济日报—中国邮政储蓄银行小微企业运行指数”（PSI），是由经济日报社和中国邮政储蓄银行按月采集、联合发布，反映我国小型、微型企业及个体工商户月度综合运行态势与发展状况的指数。该指数是扩散指数，以 50 为分界点，50 以上代表改善或上升，50 以下代表恶化或下降。

从图 4－2 中可以看到，2020 年新冠疫情发生以前，小微企业的风险指数和融资指数在大多数时间内均处于 50 分位线以下。这说明在新冠疫情发生以前，小微企业风险状况不容乐观的同时，外部融资的需求也难以得到满足。而新冠疫情发生以后，国内宏观经济不确定性以及国际贸易的复杂形势，给小微企业带来了较高的风险因素，导致其风险指数在 2020 年 2 月出现了大幅恶化。但疫情发生以后，国家出台了一系列小微企业纾困政策，极大地缓解了小微企业的经营困难，自此，小微企业的风险指数重回 50 分位线附近。同时，小微企业的融资指数相较疫情前有所回升，2020 年下半年到 2022 年 3 月，数次出现融资状况改善的情况。

另外，我们对长江商学院定期发布的中国企业经营状况指数（Business Conditions Index，BCI）① 进行了整理。与小微企业运行指数相同，该指数也是扩散指数。其中，2015 年以来企业融资环境指数②如图 4－3 所示。从图 4－3 中可以看到，从 2015 年到 2020 年初新冠疫情暴发以前，中小民营企业的融资环境是在持续恶化的，仅在 2019 年的 3～5 月出现过短期融资环境改善的情况。2020 年新冠疫情暴发后，在国家的一系列纾困政策支持下，中小民营企业的融资状况才得到了一定的改善。

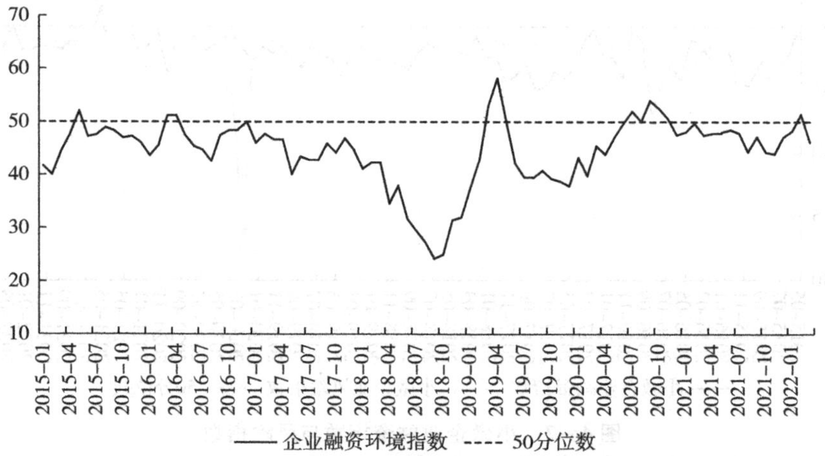

图 4－3　中小民营企业融资环境指数

① 调查对象是长江商学院的校友企业，这些企业主要是中小民营企业，可以作为本书数据来源的重要补充。

② 其中企业融资环境指数表示样本企业对当前企业融资环境与上年同期的对比状况。

二、中小民营企业的融资渠道构成

中国财政科学研究院于2019年10月发布了《2019年“降成本”问卷调查分析报告》（以下简称《调查》）。《调查》涉及12175家企业（按所有制划分），其中民营企业有7716家，占比为63.38%，中型、小型、微型企业分别有5117家、2509家、2869家，合计占比为86.2%，具体信息见表4-1。本书的部分内容将基于《调查》的数据进行分析。

表4-1　《调查》涉及的企业情况

划分依据	企业类型	企业数量（家）	比例（%）
按所有制	国有企业	3331	27.36
	民营企业	7716	63.38
	集体企业	177	1.45
	外资企业	557	4.57
	混合所有制企业	394	3.24
按企业规模①	大型企业	1638	13.50
	中型企业	5117	42.17
	小型企业	2509	20.68
	微型企业	2869	23.65

注：《调查》中按所有制和按企业规模划分的企业总数分别为12175家和12133家。

图4-4为中型企业、小型企业和微型企业的各种融资渠道占外部融资总额的比例。从图4-4中可以看到，中小企业的外部融资主要来自银行贷款。对小微型企业而言，它们大多无法满足股权融资的资质要求，因此小微企业主要的融资渠道是银行贷款和其他融资。尽管少数小型企业能够通过债券融资的渠道获得融资，但从总量上来看依然是杯水车薪。从图4-4中可以看到，企业规模越小，其外部融资渠道越依赖银行贷款，仅有规模相对大一些的中型企业能够获得债券融资和股权融资。而在中型企业中，股权融资占比（0.89%）和债券融资占比（11.82%）相对于银行贷款占比（81.51%）而言，显得无足轻重。

民营企业的各融资渠道占比情况如图4-5所示，民营企业对银行贷款的依赖高达89.75%，而在银行贷款中短期贷款的占比达到72.77%。

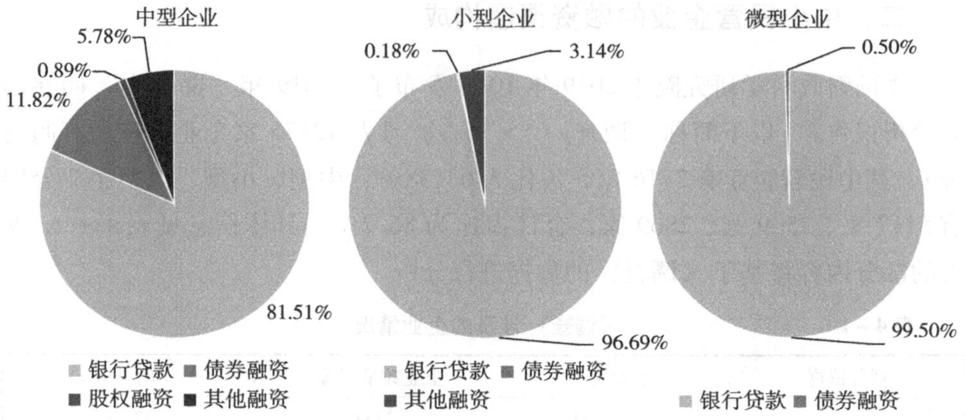

图4－4　中小微企业各融资渠道占比

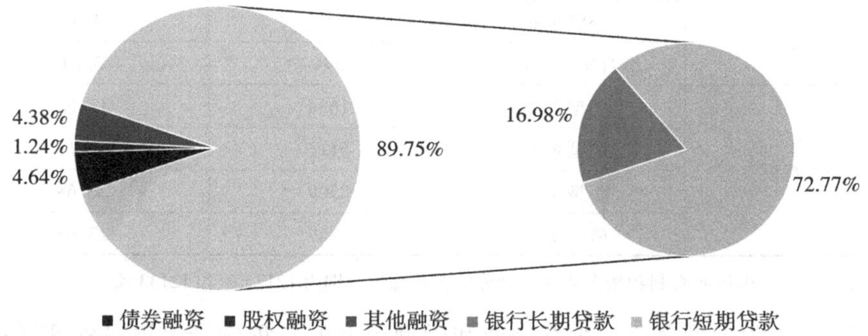

图4－5　民营企业各融资渠道占比

此外，在银行贷款这一渠道中，不同类型的银行对中小企业贷款的支持力度也有所不同。图4－6是不同类型银行机构普惠性小微企业贷款[①]占比的情况。可以看到，在2020年以前，首先，普惠性小微企业贷款占总量最高的是农村金融机构，其次是大型商业银行，再次是股份制商业银行，最后是城市商业银行。而在2020年以后，股份制商业银行、城市商业银行的份额持续保持稳定，大型商业银行的占比不断提升，而农村金融机构占比下降。从某种程度上来说，这是由于大型商业银行积极响应国家的政策，加大了对中小企业的支持力度，分担了农村金融机构的一部分压力。

① 单户授信1000万元以下（含）的普惠型小微企业贷款。

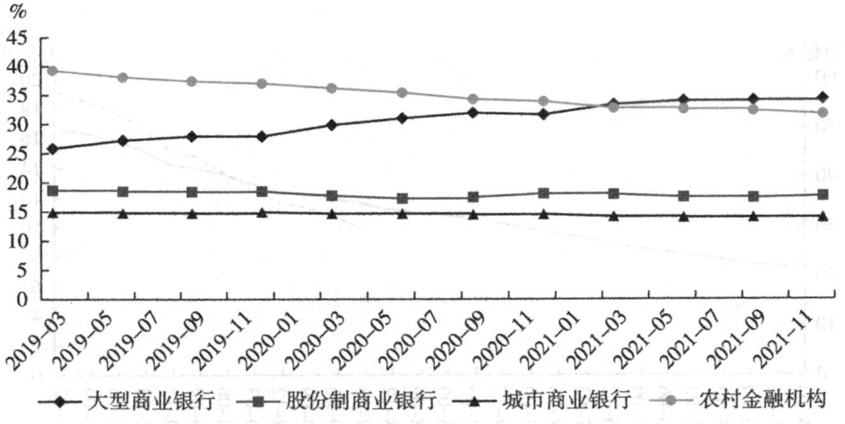

图4-6 不同类型银行机构普惠性小微企业贷款占比

三、中小民营企业的融资供给规模

根据上述对中小民营企业融资渠道的分析，本书发现中小民营企业外部融资的主要来源为银行。因此，本部分将主要考察银行口径的中小民营企业融资供给规模。我国银行业金融机构的小微企业贷款余额（左轴）以及商业银行的普惠型小微企业贷款余额如图4-7右轴所示①。可以看到，2015年以来，随着一系列解决中小企业“融资难、融资贵”的国家政策出台，主要金融机构对小微企业的贷款余额呈现持续增长的趋势。

此外，银保监会数据显示②，2021年前10个月，普惠型小微企业贷款新增3.2万亿元，同比增长24.6%，高于各项贷款平均增速9.7个百分点；普惠型小微企业贷款户数较年初增长27.6%。2021年前10个月，民营企业贷款新增5万亿元，新发放民营企业贷款占新发放企业类贷款的比重为53.5%，较年初上升1.8个百分点；新发放民营企业贷款户数同比增长28.2%。

① 银保监会统计数据。

② 中国政府网．银保监会新闻发言人就信贷投放情况等答问［EB/OL］．［2021-11-20］．http：//www.gov.cn/xinwen/2021-11/20/content_5652112.htm.

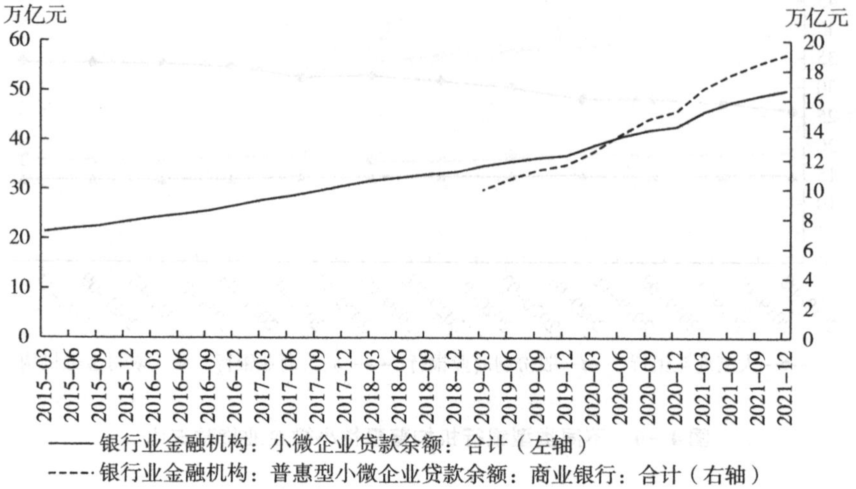

图4-7 银行业金融机构的小微企业融资供给情况

四、中小民营企业的融资成本分布

从融资成本的角度来看，中型企业、小型企业和微型企业的银行贷款成本情况如图4-8所示①。在银行短期贷款中，中型企业凭借自身相对更高的规模和认可度，融资成本处于相对较低的水平，近年来大量的普惠信贷政策支持使微型企业的融资成本处于三者之中最低的位置。在银行长期贷款中，中型企业的贷款利率与小微企业的贷款利率出现倒挂的情况。对中小企业来说，银行长期贷款需要进行担保，但这里的统计数据并未包括融资担保的部分，实际的银行长期贷款成本还需考虑融资担保的成本。而由于中型企业、小型企业和微型企业自身资质的不同，融资担保成本也会有所差异。

民营企业的融资成本如图4-9所示，可以看到民营企业的银行贷款利率（包括短期贷款利率和长期贷款利率）、债券发行利率和民间借贷利率呈现依次递增的规律。同时，银保监会的数据显示，2021年前10个月，普惠型小微

① 中国财政科学研究院．2019年“降成本”问卷调查分析报告［EB/OL］．［2022-06-22］．https：//www. chineseafs. org/ckynewsmgr/newsContent _ queryOneNewsRecord？retVal = cnzkcgxw&zyflag = 1&searchFlag = 2&newsid = 0720223910 _ 43151540.

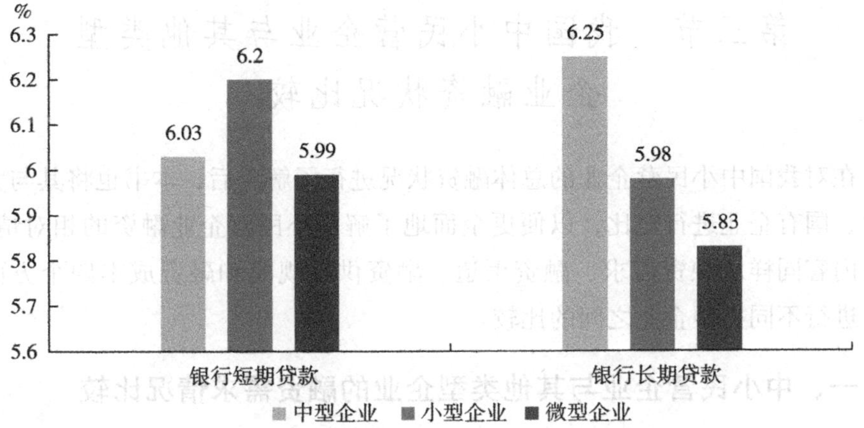

图 4－8　各类规模企业的融资成本

企业贷款年化利率为 5.7%，较年初下降 0.17 个百分点；民营企业贷款年化利率为 5.32%，较年初下降 0.03 个百分点①。

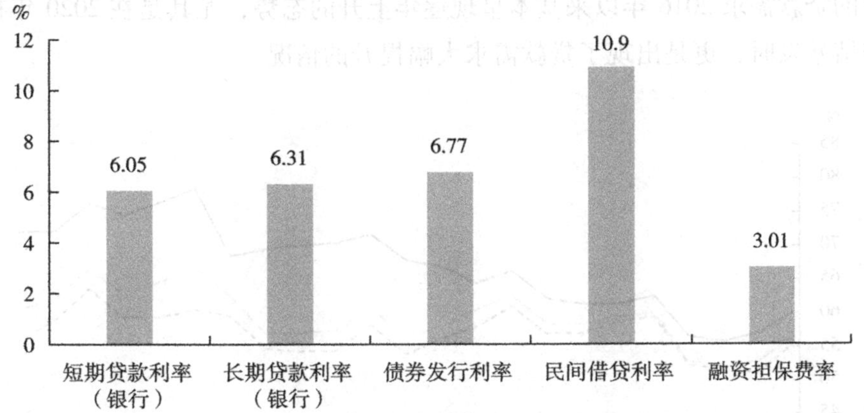

图 4－9　民营企业的融资成本分布情况

① 中国政府网．银保监会新闻发言人就信贷投放情况等答问［EB/OL］．［2021－11－20］．http：//www.gov.cn/xinwen/2021－11/20/content_5652112.htm.

第三节　我国中小民营企业与其他类型企业融资状况比较

在对我国中小民营企业的总体融资状况进行了解以后，本书也将其与大型企业、国有企业进行对比，以便更全面地了解中小民营企业融资的相对情况。本节内容同样从融资需求、融资渠道、融资供给规模和融资成本四个方面展开，进行不同类型企业之间的比较。

一、中小民营企业与其他类型企业的融资需求情况比较

如图4－10所示，对比中小民营企业与大型企业融资需求情况可以看出，大型企业的贷款需求指数2016年以来处于相对平稳的状态，即便是在2020年新冠疫情暴发以后也未出现大幅上升的情况，这得益于大型企业自身的现金储备较多，以及大型企业强大的外部风险抵御能力。反观中小企业，尤其是小型企业的贷款需求2016年以来基本呈现逐年上升的态势，尤其是在2020年初新冠疫情暴发时，更是出现了贷款需求大幅提升的情况。

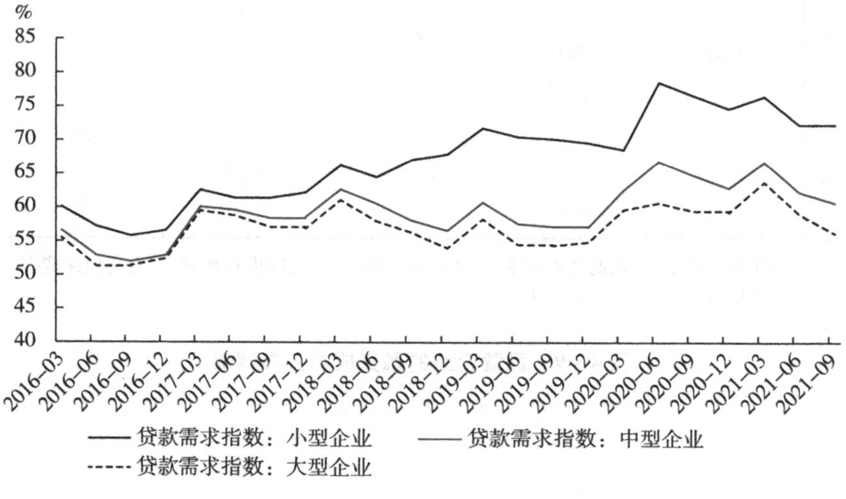

图4－10　大型企业与中小企业融资需求的比较

从总体上看，当前我国中小企业的融资需求较强。同时，相较于大型企业，中小企业对融资的需求更为迫切。此外，新冠疫情对我国宏观经济的冲

击，进一步推升了中小企业对融资的需求强度。

二、中小民营企业与其他类型企业的融资渠道比较

在“降成本”问卷调查中，样本企业从各融资渠道获得的平均融资规模如图 4－11 所示①。不难看到，随着企业规模的提升，企业融资对银行贷款的依赖呈逐渐降低的趋势，但从总体上来看，我国企业对银行贷款的依赖仍处于较高的水平。大型企业相对其他规模企业而言融资渠道更为丰富。对中型企业来说，在银行贷款之外能够获得债券融资和其他融资，而仅有少量的融资需求能够通过股权融资得到满足。

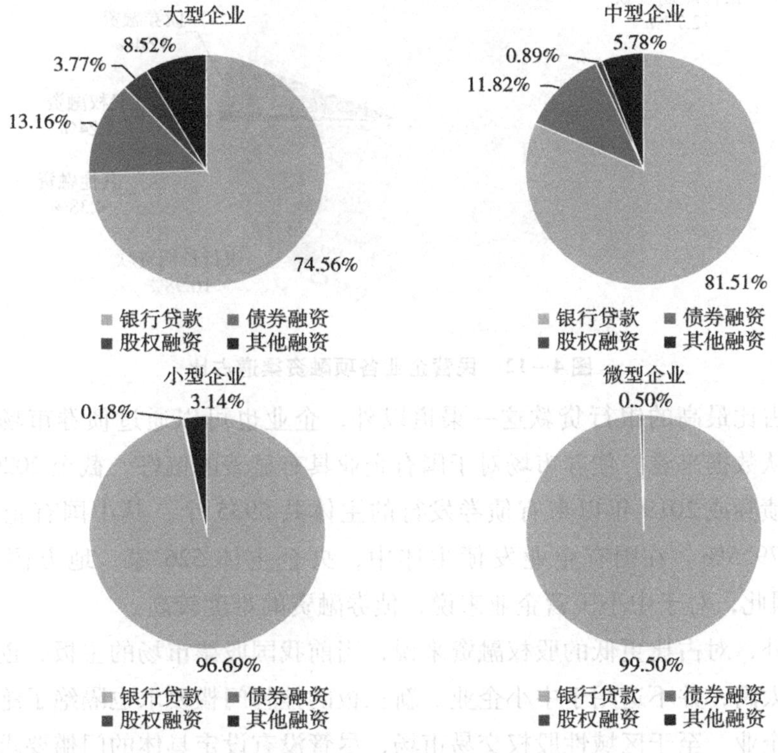

注：因四舍五入原因，合计占比不等于 100%。

图 4－11　四种规模企业的融资渠道占比

① 中国财政科学研究院．2019 年“降成本”问卷调查分析报告［EB/OL］．［2022－06－22］．https：//www. chineseafs. org/ckynewsmgr/newsContent _ queryOneNewsRecord? retVal = cnzkcgxw&zyflag = 1&searchFlag = 2&newsid = 0720223910 _ 43151540.

图 4－12 和图 4－13 分别表示民营企业和国有企业各渠道融资规模占总融资规模的比例①。从融资结构来看，民营企业和国有企业的主要融资渠道均为银行贷款，但银行贷款占总融资规模的比例有一定差别，其中银行贷款占民营企业融资规模的 89.75%，占国有企业融资规模的 70.79%，且不同所有制企业所获银行贷款的期限结构也存在较大差异。民营企业获得的银行贷款中，短期贷款占融资规模总量的 72.77%，长期贷款仅占 16.98%；国有企业获得的银行贷款中，长期贷款占总融资规模的 41.11%，短期贷款占到了 29.68%。

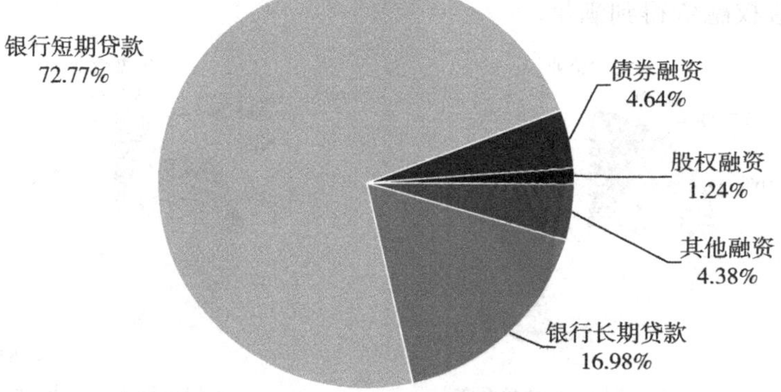

图 4－12　民营企业各项融资渠道占比

除占比最高的银行贷款这一渠道以外，企业也可以通过债券市场进行融资。但从数据来看，债券市场对于国有企业具有显著的偏好。截至 2020 年底，有存续债券或 2019 年以来有债券发行的主体共 5935 个，其中国有企业 4717 个，占 79.5%。在国有企业发债主体中，央企主体 526 家，地方国企 4191 家②。因此，对于中小民营企业来说，债券融资的难度较高。

此外，对占比更低的股权融资来说，当前我国股票市场的主板、创业板上市门槛太高，并不适用于中小企业。新三板的挂牌门槛要求也隔绝了绝大多数的中小企业。至于区域性股权交易市场，尽管没有设定具体的门槛要求，但对中小企业来说，并不是最有效的融资渠道。

---

① 中国财政科学研究院. 2019 年"降成本"问卷调查分析报告［EB/OL］.［2022－06－22］. https://www.chineseafs.org/ckynewsmgr/newsContent_queryOneNewsRecord? retVal = cnzkcgxw&zyflag = 1&searchFlag = 2&newsid = 0720223910_43151540.

② Wind 数据库。

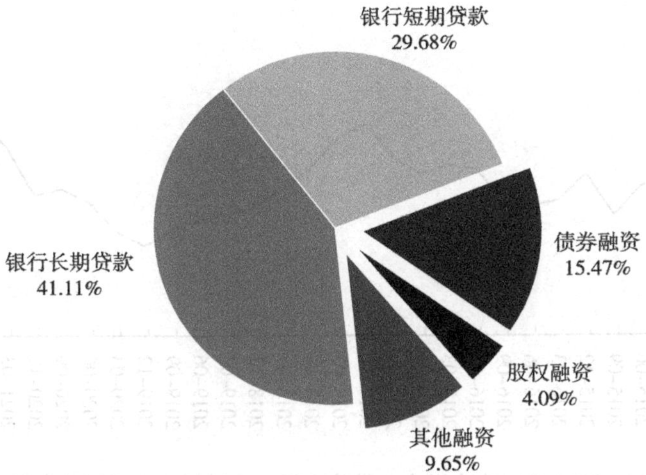

图 4－13　国有企业各项融资渠道占比

三、中小民营企业与其他类型企业的融资供给规模比较

囿于数据的可得性和时效性，本书未能获得近两年大中型企业贷款余额的数据，因此该部分从小微企业的视角展开。从图 4－14 可以看到，2015 年以来小微企业贷款余额占金融机构各项贷款余额的比例①在 25% 上下浮动。具体来看，这一比例在 2015 年到 2018 年初呈小幅上升的趋势，而 2018 年初到 2020 年初新冠疫情以前呈现回落的趋势，在 2019 年 12 月达到最低点。2020 年 1 月新冠疫情暴发，在这种情形下小微企业的贷款余额占比不仅没有回落，反而呈现持续上升的态势，这主要得益于国家出台的大量小微企业纾困政策。

从《调查》中国有企业和民营企业样本来看，我们不难发现，国有企业在各个渠道所获得的融资数额均显著高于民营企业（见图 4－15）。

① 银保监会统计数据、Wind 数据库。

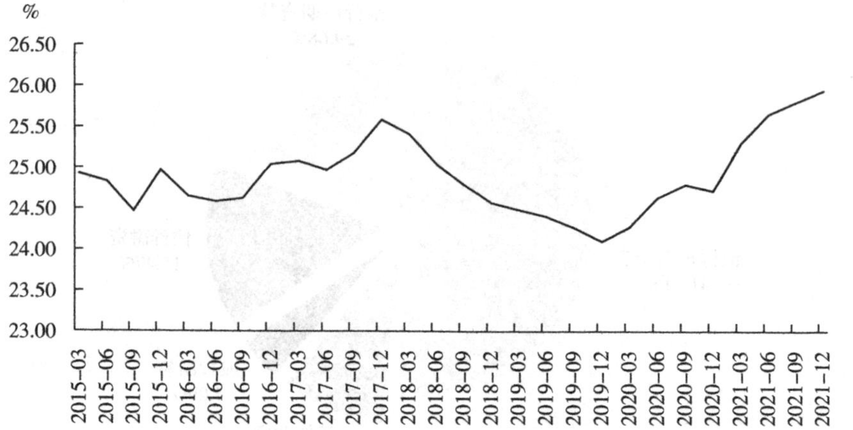

图 4-14　2015 年以来小微企业贷款余额占金融机构各项贷款余额的比例

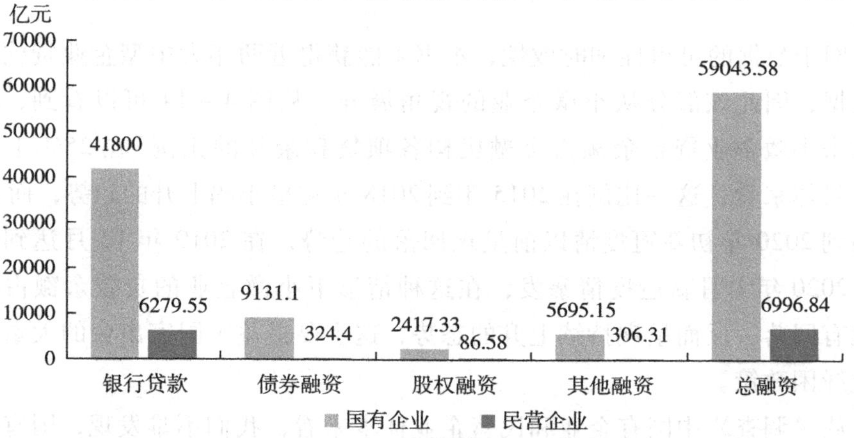

图 4-15　国有企业与民营企业各渠道的融资规模

四、中小民营企业与其他类型企业的融资成本比较

从融资成本的角度来看，大中小微企业的融资情况如图 4－16 所示[①]。在各融资模式中，大型企业凭借自身的规模和认可度，在信贷市场上占据更为主动的地位，因此其融资成本均处于最低的水平。与此同时，由于近年来普惠金融政策的大力施行，微型企业的各项融资成本处于相对较低的水平，仅次于大型企业。而中型企业和小型企业的各项融资成本均处于较高水平。

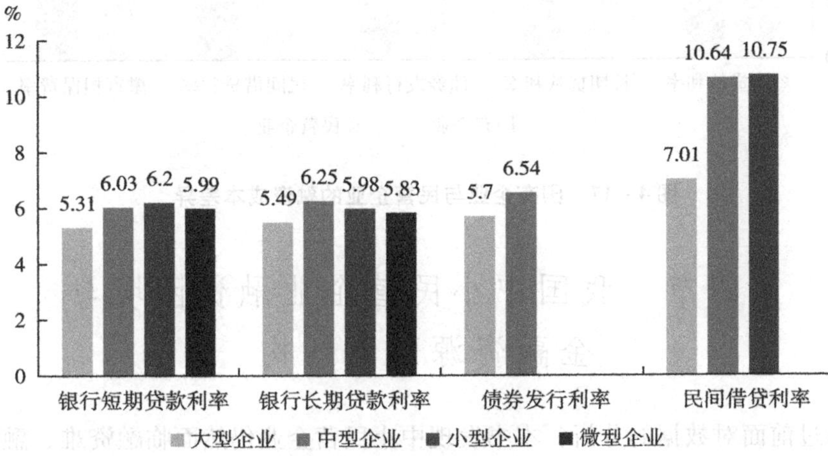

图 4－16　不同规模企业的融资成本差异

民营企业与国有企业的融资成本的对比如图 4－17 所示[②]，民营企业在银行贷款利率、债券发行利率和民间借贷利率方面均高于国有企业，但在融资担保费率上低于国有企业。而在一般情况下，融资担保和银行长期贷款同时发生，如果考虑有融资担保的银行长期贷款利率，那么民营企业的实际利率为 9.32%，而国有企业为 9.07%。因此，从总体上来看，民营企业的融资成本要高于国有企业。

---

① 中国财政科学研究院．2019 年“降成本”问卷调查分析报告［EB/OL］．［2022－06－22］．https：//www.chineseafs.org/ckynewsmgr/newsContent_queryOneNewsRecord？retVal＝cnzkcgxw&zyflag＝1&searchFlag＝2&newsid＝0720223910_43151540.

② 中国财政科学研究院．2019 年“降成本”问卷调查分析报告［EB/OL］．［2022－06－22］．https：//www.chineseafs.org/ckynewsmgr/newsContent_queryOneNewsRecord？retVal＝cnzkcgxw&zyflag＝1&searchFlag＝2&newsid＝0720223910_43151540.

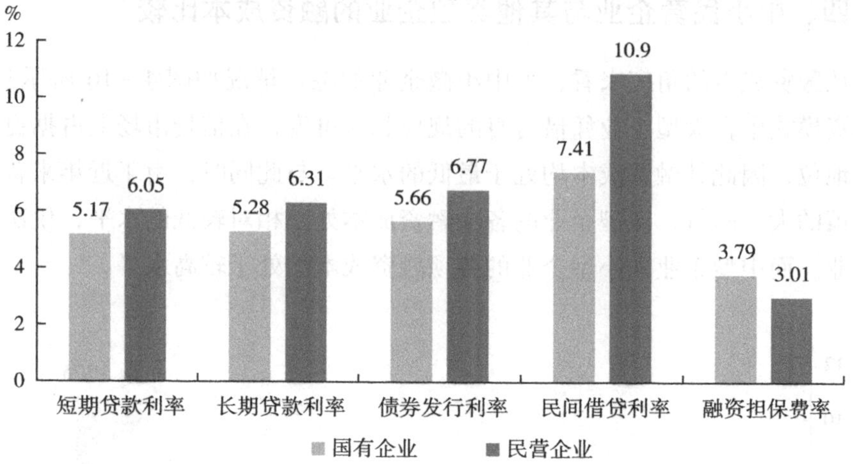

图4－17　国有企业与民营企业的融资成本差异

第四节　我国中小民营企业融资困境与金融资源配置结构

通过前面对数据的分析，本书发现中小民营企业仍然面临融资难、融资贵的困境，而当进一步考虑中小民营企业对我国经济的贡献时，本书发现市场中还存在着金融资源配置的结构失衡现象，具体表现为金融资源更多地流入大型企业和国有企业，而中小民营企业所获得的金融支持不能匹配其经济贡献。本节对上述困境与现象进行归纳总结。

一、中小民营企业的融资可得性不足

从前面部分对数据的分析可以看到，中小民营企业的融资需求仍然难以得到满足，具体表现为融资门槛高及其导致的融资渠道单一。尽管我国已经建立起多层次的资本市场体系，但受企业自身的禀赋约束和相应制度约束，其支持中小民营企业融资的效果有限，目前中小民营企业的主要融资渠道仍然集中于各大商业银行。

从融资的渠道构成来看，相较于大型国有企业，中小民营企业采用债券融资、股权融资等融资方式较少，对银行贷款的依赖程度更高。且银行贷款在民营企业和国有企业中存在期限差异，民营企业获得的银行短期贷款占其所获银行贷款的绝大部分，而长期贷款占国有企业所获银行贷款的一半以上。从融资的供给规模来看，中小民营企业与大型国有企业所获得的金融资源悬殊，民营企业从银行贷款、债券融资和股权融资等融资渠道所获金融资源均远低于国有企业。

不难看到，当前企业融资尤其是中小民营企业融资的门槛相对更高，中小民营企业的融资需求并未得到有效满足。其内在原因将在后续章节进一步分析。

二、中小民营企业的融资成本高

为了获得外部融资，中小民营企业不得不寻找融资门槛相对更低的渠道，但这也带来了新的问题，即融资门槛的降低往往伴随着融资综合成本的提升。

融资成本的高低是一个相对概念。利用《调查》中对样本企业的调查数据，对不同规模企业进行比较发现，大型企业在银行贷款利率、债券发行利率和民间借贷利率等方面均高于中小企业。而对不同所有制企业进行比较可以发现，国有企业在银行贷款、债券发行和民间借贷上的利率均明显低于民营企业。国有企业仅在融资担保利率上高于民营企业，但融资担保费用一般与银行长期贷款绑定，国有企业银行长期贷款利率加上融资担保费率仍然低于民营企业。

此外，《调查》中的样本数据仅能体现已获融资的企业的融资成本情况，无法反映未获得融资企业的情况。在实际情况中，中小民营企业很可能由于面临过高的融资成本而放弃融资。

总的来看，中小民营企业的综合融资成本明显高于大型国有企业。

三、中小民营企业的经济贡献与其所得到的金融支持不匹配

改革开放以来，我国涌现出了一大批创新能力突出、积极承担社会责任的民营企业，为我国经济社会的发展注入了新的活力。而优秀的民营企业要想在众多中小民营企业中脱颖而出，充分的金融支持是不可或缺的。中小民营企业在税收、技术创新和提供就业岗位等方面作出了巨大的贡献，其在我国经济当中的地位不言而喻。如果中小民营企业没有良好的生存环境和融资环境，那么

我国经济的长期健康稳定发展会受到威胁。

2018 年开始的中美经贸摩擦、2020 年新冠疫情的蔓延和 2022 年爆发的地缘政治冲突，都致使我国企业面临技术封锁、原材料价格大幅上涨、进出口贸易受阻等严峻挑战，并急剧恶化了我国中小民营企业的生存环境。在这一关键时期，有效的金融支持对中小民营企业来说尤为重要。

从数据中我们能够看到，我国中小民营企业的融资状况长期以来都不容乐观，直接威胁到中小民营企业的健康发展，而金融资源更多流入了大型企业、国有企业。结合中小民营企业的融资现况及其对我国经济的贡献来看，当前我国金融资源配置的结构出现了失衡现象。

第五节　本章小结

本章首先分别从改革开放以来我国中小民营企业的发展历程，其对我国经济发展作出的贡献和新冠疫情以来的生存状况三个方面对中小民营企业的演进历程进行了梳理，然后基于统计数据和文献资料中的公开数据对我国中小民营企业的融资需求状况、融资渠道、融资供给规模和融资成本分布情况进行了刻画，并与其他类型企业的状况进行了比较分析。

本章内容的主要结论如下：一是中小民营企业的融资可得性不足，具体体现在融资的供给规模不足、融资门槛较高及其所导致的融资渠道依赖等方面；二是融资成本高昂，中小民营企业从各个渠道进行融资所需承担的综合利率均明显高于大型企业、国有企业；三是中小民营企业对我国经济发展作出了不容忽视的贡献，但长期以来都未获得充分的金融支持。

第五章　我国中小民营企业融资问题：基于对企业和银行调研的案例

笔者于2019—2021年间在四川、广西、云南等多省开展了对中小民营企业、金融机构的深入调研。一方面，笔者与中小民营企业的代表进行了多次座谈，对其真实融资需求、融资过程中遇到的困难等问题进行深入了解。另一方面，笔者与互联网银行和传统银行的管理人员、银行业务人员进行了座谈，充分了解其在对中小民营企业贷款中采取的技术手段、面临的困难等。此外，调研中还多次邀请中小民营企业主、银行业务经理和中小企业孵化园相关负责人开展多方座谈，共同交流探讨了中小民营企业融资中存在的障碍。

本章的第一节、第二节主要反映笔者赴各地调研过程中了解到的企业和银行面临的实际困难。第三节至第五节基于中小民营企业融资难、融资贵的现实情况，分别从中小民营企业、商业银行和金融生态的角度寻找这一现实情况的原因。

第一节　中小民营企业面临的融资壁垒

中小民营企业往往是信贷市场中的弱势群体，融资过程中会遭遇诸多壁垒。通过对中小民营企业进行实地调研，以及对企业主展开多次访谈，我们总结了企业面临的多方面融资壁垒。

一、融资渠道有限导致对商业银行贷款的路径依赖

对于中小民营企业而言，尽管存在若干融资渠道，但在实际操作过程中，却往往存在融资渠道的路径依赖。本书第三章根据资金来源进行划分，将企业的融资渠道分为内源融资和外源融资两大类。

内源融资作为一种最为通用的融资方式，其缺点也很明显。第一，企业内

部资本的积累是渐进的且数额有限，特别是在企业最初的扩张和发展阶段，资本的流出通常要比资本的流入大得多。第二，存在较高机会成本，对处在发展期的中小企业而言，其日常经营需要大量的资金进行周转，因此采用内源融资的方式会带来较高的机会成本。第三，资金使用缺乏严格监督，因为内源融资使用的是企业内部资金，没有定期偿付本息的压力，且没有外部主体对资金使用的严格限制和监督，这使资金可能会被投资于高风险和高收益的项目，最终导致不必要的损失。一般而言，中小民营企业要想满足其生存、发展的需求，单单依靠内部资金是远远不够的，更何况中小民营企业大多处于初创期或成长期，通过自身利润的积累往往难以满足融资需要。因此，当内部资金积累无法与自身的需求相匹配时，企业将不可避免地寻找外源融资。

外源融资的形式主要包括股权融资、债权融资、贸易融资和项目融资等。由于中小民营企业的规模一般较小且往往是初创企业，在技术和经验的积累上还不够，正如前面章节所提到的，绝大多数中小民营企业无法满足债券发行条件，也难以达到股票市场的准入门槛，因此往往采用银行贷款、信用担保融资和民间借贷等方式进行融资。在接受笔者调研的已获外源融资的中小民营企业中，绝大多数采用的是银行抵押与信用担保贷款结合的方式，少量采用纯信用贷款的企业表示额度较低，无法满足融资需求。此外，还有部分企业主通过个人信用，采取民间融资的办法为自己所经营的企业进行“输血”。

我们可以看到，尽管中小民营企业似乎存在若干融资渠道，但在实际情况中，由于受到各种各样的限制，中小民营企业往往只能选择银行贷款或者民间融资。

二、融资门槛超出中小民营企业可承受范围

尽管中小民营企业能够获取一定的银行贷款，但银行贷款也具有一定门槛。按照担保形式划分，企业从银行贷款的方式一般分为信用贷款和担保贷款（包括保证、抵押、质押三种形式）。目前，银行为中小企业提供的信贷服务主要为抵押贷款的形式，较少发放信用贷款。而中小民营企业获得银行抵押贷款一般会有三道门槛。

中小民营企业的经营年限较短，信用数据缺乏，同时由于企业规模较小，可供抵押、质押的资产较少。因此，“拥有抵押品”这一中小民营企业获得贷

款的近似必要条件，即是银行贷款的第一道门槛。

第二道门槛体现为银行对抵押品类别的偏好。首先，银行更青睐不动产类的抵押品（如办公楼、厂房、住宅等），其次是如机器设备等动产，而对品牌、专利等无形资产的认可程度较低。据接受调研的一家小型企业主的描述，其经营的一家食品生产企业拥有一条价值1800万元的加工生产线，是向其所经营的另一家机电制造企业定制的核心技术产品。但该食品生产企业以生产线作为抵押品向银行申请贷款时却屡屡碰壁，其原因是银行更青睐便于处置的通用型设备。

此外，银行贷款还有第三道门槛，体现在银行对授信额度的话语权上。银行在信贷市场中占据主导地位，对是否发放贷款、贷款额度和贷款利率有决定权，这使企业很难按照自身发展需求完成融资。在调研过程中我们发现，在优质抵押品之中，住宅能够获得相当于其实际价值70%的授信额度，而厂房、写字楼仅能获得相当于其实际价值50%的授信额度。此外，在其他类型抵押品的授信额度上，银行同样具有较强的话语权。

三、高额的综合融资成本挤出企业利润

对于中小民营企业，尤其是非上市的中小民营企业而言，由于缺少真实可信的长期经营活动记录，其在寻求银行贷款的时候，往往需要提供更多的抵押品，额外承担担保公司的担保费用或者承担更高的贷款利率。

在难以直接获得银行贷款的情况下，企业可以通过担保公司进行担保。据被访问的企业主所述，其所经营的企业每年利润率在10%左右，如果采用担保贷款的方式进行融资，高额的银行贷款利率外加额外的担保费用，将使企业不堪重负。财科院的调查数据显示，2018年小型企业的银行短期贷款利率平均达到了6.20%，企业的平均担保费率也达到了3.14%①。如果企业选择采用担保贷款的方式，那么综合贷款成本将超过9%。在这种情况下，企业将仅能维持正常的生产经营活动。而一旦遭受外部冲击或出现自身经营不善等情况，企业的正常经营将难以维系，银行也可能面临企业的违约风险。因此，在融资

① 中国财政科学研究院．2019年“降成本”问卷调查分析报告［EB/OL］．［2022-06-22］．https：//www.chineseafs.org/ckynewsmgr/newsContent_queryOneNewsRecord？retVal=cnzkcgxw&zyflag=1&searchFlag=2&newsid=0720223910_43151540.

成本高企的情况下，中小民营企业的扩大再生产将很难开展。

在经历过前述各种融资渠道的“闭门羹”之后，很多中小企业为了满足自身的资金周转需求，会转而寻求民间借贷进行融资，而民间借贷在门槛相对较低的同时也存在诸多劣势。首先，利率较高，一般能够达到银行贷款利率的4倍以上，这将大大加重企业的融资成本负担。其次，期限较短，往往只能满足企业短期内的资金需求，对有长期资金需求的企业来说，民间融资并不是好的选择。最后，正规性较低，民间借贷中存在着许多“灰色地带”，一旦企业经营不善难以按期偿还债务，将面临暴力催收的风险。对于中小企业而言，寻求民间借贷将为企业带来极高的资金成本，若是自身发展状况不够理想，无异于饮鸩止渴。

四、融资服务无法满足中小民营企业的需要

在对中小民营企业的实地调研中，我们发现中小民营企业的资金需求呈现出时间急、周期短的特点。

时间急是由中小民营企业资金需求的机会成本所决定的。中小民营企业多集中于加工制造和经营流通领域，一般的资金需求主要用于原材料购买、资金周转和扩大生产规模方面。在原材料购买环节，企业经常会面临原材料价格的波动，如果错过合适的购买时间，可能会导致企业面临更高的原材料成本。同时，在国内外经济下行压力加大的背景下，中小民营企业如果无法及时周转资金，可能会进一步加剧企业的经营风险。此外，对于需要扩大生产规模或转型的企业，如果错过最佳的投资时点，投资所带来的收益则会大打折扣。这些现实情况都体现出了资金对于中小民营企业的机会成本。

周期短则主要由中小民营企业的经营特点所决定。一般来说，中小企业的贷款用途相对大型企业而言更为单一，很多时候都是用于周转。由于中小民营企业自身规模较小，其自身经营的计划周期相对较短，因此中小民营企业的贷款需求也体现出周期短的特点。

因此，银行贷款的融资灵活性较低也是中小民营企业面临的实际困难之一。灵活性低体现在两个方面：一是贷款审批流程烦琐，放款速度慢；二是偿付计划固定，难以灵活调整。中小民营企业贷款需求的特点需要高度灵活的信贷服务模式进行满足，而传统银行信贷服务模式的低灵活性使其难以有效满足

企业的资金需求。银行贷款流程中往往有诸多烦琐环节，暂且不论未能申请到银行贷款的企业，即便是最终成功申请到银行贷款的企业，从银行调查、审查、放款核准再到最终的放款环节，往往需要十多天甚至数周的时间。这一系列烦琐的贷款审批、放款流程足以使企业错过最佳的资金使用时点。同时，银行贷款的偿付计划较为固定，使企业难以按照自身经营的实际情况去还款。一旦出现经营不善的状况，企业将承担较高的财务风险。

第二节 商业银行面对的决策难题

在中小民营企业融资难融资贵的问题上，商业银行①常常被认为是处于优势地位的“罪魁祸首”，但实际情况真是如此吗？为了寻找这一问题的答案，笔者对数家银行进行了深入调研，总结了银行在为中小民营企业提供贷款的过程中遇到的诸多决策难题。

一、信用评估所需的数据要素存在供给缺口

决定是否为中小民营企业发放贷款，最为关键的环节是对企业的信用评估，而这一环节的必要条件是能够尽可能多地获取企业的信用数据。这一点在现实情况中通常难以满足。接受笔者调研的银行工作人员表示，目前企业的资产大多分散于各家银行，对于自己所在的银行来说，仅能够获取到贷款申请企业在自家银行内部的各项财务数据。为了保护客户的隐私，银行间的数据壁垒未打通，各家银行所拥有的客户账户数据是相对独立的。可用于共享的数据，也仅有人民银行提供的征信数据这一项，这为银行针对中小民营企业进行风险评估带来了一定的阻碍。

从成本的角度来看，中小民营企业的融资规模相对于大型企业更小，而信息披露的总成本却又相近，那么在信息披露成本相当但总利息收益悬殊的情况下，金融机构自然更倾向于将信贷资金提供给大型企业。从效率的角度来看，当前金融机构对企业的贷前、贷中和贷后管理主要还是通过人工实地考察的手段，如果要通过人工采集的办法来获取信用数据，不仅在成本上需要一笔不菲

---

① 本书中出现的银行均特指商业银行。

的开支，其效率也难以得到保障。

因此，中小民营企业融资所用到的信用数据往往需要企业和银行内部提供，但由于主体的专业分工不同，其高额成本和效率损失会导致内部的信用数据供给不足，再加上企业和银行外部主体所能够提供的信用数据匮乏，共同造成了信用数据的供给缺口。

二、传统风控手段不再适用于中小民营企业融资

笔者从对银行的实地调研中了解到，银行并非不想给中小民营企业贷款，信用评价手段的缺失是银行向中小民营企业发放贷款的重要阻碍。由于中小民营企业的风险相较于大型企业、国有企业更高，能够带来更高的风险补偿，在有效控制风险的前提下，银行理论上能够获得更多的边际利润。然而在现有技术条件下，银行很难对中小民营企业融资的风险进行有效控制。

风险控制主要分为事前和事后两部分，前者主要指贷款发放前对企业的风险评估，后者主要指贷款发放后的贷后管理。

风险评估的核心逻辑在于从各种信息中按照一定的算法计算出企业的风险状况。除了前面所提到的信用数据来源少这一困难，更重要的是当前银行对用于中小企业的风险评估模型所开展的研究还远远不够，在相关的技术储备上较为欠缺。以往传统的风险评估模型更多采用的是诸如财务数据、经营年限以及企业规模等“硬信息”来进行风险的评估。而对于企业的无形资产、税务数据、水电数据等“软信息”，却少有科学的方法将其纳入风险评估的计算指标。如前所述，中小民营企业在成长初期往往会存在持续的亏损。如果仍然采用传统的风险评估方法，中小民营企业在发展初期得到银行贷款的可能性非常渺茫。银行应基于何种标准、何种依据来判断企业在未来是否具有发展空间？这一问题目前尚未得到解决。

银行进行贷后管理是为了及时发现和化解风险。在具体操作中，首先是对企业财务指标和非财务指标的持续跟踪和了解，如生产经营状况是否良好、商业模式是否可持续以及股权结构是否有较大变动等。其次是对发放贷款前的各个环节中可能存在的疏漏进行排查，发现可能影响企业还款能力和意愿的因素。最后是针对逾期类客户和不良类客户进行沟通，协商结清贷款计划。据实地调研我们得知，目前银行的贷后管理主要依赖工作人员的实地考察来完成。

如果完全依赖银行工作人员进行严格的贷后管理，将会消耗大量的人力物力，为银行带来较高的经营成本。但若是流于形式地进行贷后管理，将使银行面临巨大的风险。而中小民营企业的治理结构往往不如大型企业，其信息化、数字化程度较低，相对于大型企业，其贷后管理更加依赖人工。因此，银行对中小民营企业的贷后管理需要耗费大量人力资源，造成了效率的损失。

由此可见，目前银行所采用的传统风控手段已不再适用于大数据背景下中小民营企业的融资需要。

三、需要权衡自身盈利目标与国家政策目标

近年来，尽管国家和金融机构一直在推进普惠金融的发展，但普惠金融不是做慈善。我国的银行也是企业，有自身的盈利目标。考虑到中小民营企业的平均寿命在3年左右，如约定还本付息的比例不足，且不良贷款率明显较高，对于是否为中小民营企业发放信贷，银行也需要进行综合考量。

在中小民营企业信息缺失、企业风险评估模型适用性不足以及金融强监管的情况下，为了平衡风险和收益，抵押品成为中小民营企业能否通过贷款审批的重要条件。此外，尽管从厂房、机械设备到应收账款等均可用于抵押，然而实际情况却会受到各种限制。例如，工厂的厂房用作抵押能够获得的授信额度一般不超过其价值的50%，中小民营企业一方面可能会缺乏用于抵押的房产，另一方面能够获得的授信额度也难以满足需求。应收账款也可以作为抵押，但银行一般要求将借款企业与大企业之间的应收账款用作抵押，而小型企业往往难以满足这种要求。在使用机械设备进行抵押时，银行对专业型设备的认可度不高，主要接受通用型设备，以便在出现债务违约的情况下及时处置不良资产。

作为信贷市场的主体，银行在响应国家对中小民营企业金融支持政策的同时，也需要实现自身经营利润最大化目标。银行的收入主要来源于存贷款利息差，在信贷资金总量给定的情况下，贷款利差越大则银行的收入越高。银行的成本主要在于贷前、贷中、贷后的管理成本以及企业违约所造成的资产损失。银行为了实现利润最大化，必然会试图扩大收入来源、降低成本。因此，银行在积极响应国家支持中小民营企业融资政策的同时，还需要结合自身盈利目标进行综合考量，而这其中的困难也会使支持政策的实施效果有所减弱。

四、实体经济环境对银行信贷供给形成外部约束

银行的信贷投放决策也受到宏观经济、金融环境的影响。宏观经济的不确定性增加时，银行会降低贷款在其资产中所占比例[①]，放缓信贷投放，从而减少亏损可能性[②]。在宏观经济环境发生波动时，决策部门会采用货币政策和财政政策工具来保证经济的平稳运行，而这些政策的实施也会影响银行的信贷投放决策。央行一般会通过诸如存款准备金率、基准利率以及再贴现率等货币政策工具来紧缩或放松银根。而货币政策的调整效应通过信贷渠道传导到实体经济，具体表现为信贷资金规模下降或上升。财政政策调整时，政府的财政支出增加会降低外部融资溢价，提高抵押品价值，进而增加银行信贷[③]。

对大型企业而言，其自身具备较强的市场竞争力，因而具有较强的抗风险能力。同时，国有企业作为国民经济的“稳定器”，在经济形势不稳定的情况下会显现出更强的韧性。因此，在经济环境不稳定的情形下，出于理性选择的考虑，银行等金融机构的信贷资金往往会流入大型企业、国有企业。

第三节　中小民营企业存在的问题

在对调研所反映的情况进行总结和归纳以后，本节将从中小民营企业自身寻找导致其融资难融资贵的问题，并拟从中小民营企业的经营管理制度、综合实力以及抗风险能力三个方面展开。

一、中小民营企业的经营管理制度不规范

企业管理包括生产管理、物流管理、人力资源管理、研发管理、财务管理等方面。中小民营企业成立年限短、规模小，大多存在管理不规范的问题，进而导致企业信息不透明、管理效率低下、创新能力不足。

首先，企业信息的不透明会直接导致银行与企业之间的信息不对称，包括

---

① 邱兆祥，刘远亮．宏观经济不确定性与银行资产组合行为：1995—2009［J］．金融研究，2010（11）：34－44.

② 张琳，廉永辉，辛兵海．宏观经济不确定性、银行异质性和信贷供给［J］．当代经济科学，2015，37（4）：60－71，126.

③ 严涣，肖卫国．财政政策影响银行信贷的渠道分析［J］．财经科学，2021（7）：81－92.

主观因素和非主观因素导致的信息不对称，这会使企业存在较大的信息造假空间，同时也使银行难以有效甄别企业的信用。其次，企业的管理效率低下会导致企业生产经营活动的效率不足，使企业难以充分利用自身资源实现收益的最大化。最后，企业的创新能力不足会使企业难以保持可持续的竞争力，企业的发展潜力持续走低。从长期来看，企业信息的不透明会削弱企业未来的偿债能力。

总的来说，中小民营企业管理不规范会导致企业的可持续经营能力无法得到保障，影响企业未来的偿债能力，进而不利于中小民营企业融资。

二、中小民营企业的综合实力不强

一般而言，中小民营企业的资质相对大型企业、国有企业较弱，这会导致如下几个问题：一是企业规模小，二是企业缺少可持续竞争优势，三是企业的生命周期短。

首先，企业规模的大小决定了企业在信贷市场中可用于贷款抵押的资产数量，直接影响到银行贷款的可得性。贷款可得性不够会使企业寻找其他对抵押品要求较低的融资渠道，而这些渠道往往会要求更高的利率，进一步加大企业的融资成本。

其次，中小企业的可持续竞争优势欠缺，会使自身可替代性较强。中小民营企业的成立年限一般较短，大多还未形成足够的知识和技术沉淀，也未能在行业内积累大量的口碑，因此并不能构成有效的“护城河”，即可持续竞争优势。我国现存的中小民营企业众多，可持续竞争优势是企业在激烈竞争中处于优势地位的重要保证。“护城河”的欠缺会导致企业难以长久保持良好的偿债能力，影响银行赋予企业的风险评价等级。

最后，中小民营企业一般处于初创阶段，客观上存在生命周期较短的情况。据 2018 年 6 月 14 日人民银行行长易纲在第十届陆家嘴金融论坛上的发言，我国中小企业的平均寿命仅 3 年，而美国的中小企业平均寿命是 8 年，日本中小企业的平均寿命达到了 12 年[①]。换句话说，我国中小企业面临的现实情况是，只有小部分企业能够在成立 3 年以后继续发展壮大，而更多的中小企

① 易纲．关于改善小微企业金融服务的几个视角［J］．商业文化，2018（18）：12－14.

业则是在短短3年内就会经历“创立—发展—破产”的生命周期。企业生命周期普遍较短一方面会带来银行对其偿债能力的担忧，另一方面也会使银行在对其进行信用评估时缺少必要的历史信息。

三、中小民营企业的抗风险能力不足

抗风险能力主要影响企业的偿债能力，即受到外部因素冲击的情况下，企业能否维持正常的经营。中小企业自身规模小、经营年限短和经验有所欠缺的情况，使其抗风险能力较弱。尤其是在近年来全球政治经济形势复杂程度提升、宏观经济下行压力加大的背景之下，中小企业的生存状况不容乐观。

银行业金融机构所发放贷款的收益应覆盖其运营成本且产生一定的利润，倘若贷款无法及时足额收回，金融机构将会遭受重大损失。比起完成一笔贷款发放所带来的利息收益，银行遭遇不良贷款的后果将更为严重。因此，在中小企业自身的风险普遍较高的情况下，银行可能会选择规避这种风险，表现在拒绝中小企业的贷款请求，抑或是提升对抵押品种类和价值的要求。

此外，由于中小民营企业的所有制与国有企业不同，在其经营困难时，并不存在如政府提供的隐性担保，因此在经济环境不佳时银行会更青睐国有企业。

第四节　商业银行存在的问题

中小民营企业自身存在的问题是其融资难、融资贵的根本原因，而银行所存在的问题同样也不可忽视。综合评估调研情况和相关文献资料，本节将从银行自身问题角度出发，考察其对中小民营企业融资难、融资贵问题的影响，并拟分别从信用风险评估技术、对人工的依赖及其与中小民营企业利益目标分歧三个方面展开。

一、中小民营企业信用风险评估技术落后

目前，银行的信用风险管理技术较为落后，与中小民营企业的贷款需求产生错配，其中最为核心的是对企业信用的甄别。

在贷款合约订立前，银行需要对借款人的信用进行甄别，即对企业进行信

用评级。信用评级的一般流程是，金融机构将企业的各项信息输入预先设定好的模型，通过计算得到企业的信用评级结果。按照一般信用评级模型的设定，经营年限、营业收入以及资产规模等能够量化的财务报表“硬信息”，是企业信用等级判定的重要参考指标。而中小型企业受到自身规模小、经营年限较短的现实约束，“硬信息”的缺乏使其会被模型给予较低的信用等级。对于企业中难以量化的非财务报表的“软信息”，如企业所在的行业发展趋势、所在区域的特征以及企业家个人能力等，银行难以通过现有的信用评级方法进行分析，实现风险的有效评估，这是由银行的信用风险管理技术落后所导致的。传统的贷款技术已经很难匹配当前中小民营企业的贷款需求，适用于中小企业自身特点的现代化风险管理手段存在缺位。

现有技术手段无法有效满足当前信贷业务的需要，可能会带来两种后果。一是银行不敢给中小民营企业提供贷款。对银行而言，与其为风险难以评估的高风险中小民营企业“雪中送炭”，不如主动为风险较低的大型国有企业“锦上添花”。因此，相较于大型国有企业，中小民营企业往往会面临更低的额度、更高的利率和更短的期限，而更为普遍的情况是抵押品被当作获得贷款的必要条件。二是银行冒险为中小民营企业提供了贷款，但由于自身风险评估能力不足，以相对较低的收益承担了较高的风险，这无疑会增加银行的潜在亏损。

二、商业银行的业务运营大量依赖人工

根据调研情况，我们了解到，当前银行在信贷业务中的贷前、贷中和贷后各环节上仍然大量依赖人工的审核和调查。尽管大量依靠人工开展信贷业务相比数字化信贷业务的门槛更低，但会带来成本和效率上的损失。

大量业务依赖人工一是会导致信贷业务的人工成本高昂。银行在面对贷款申请时，对大型企业和中小企业贷前调查的人工成本开支相差无几，而贷款规模和利息收入悬殊，因此银行更倾向于向大型企业“批发”贷款，而不愿意向中小企业“零售”贷款。即使银行通过了中小民营企业的贷款申请，信贷业务的高度人工依赖也会使企业承担较为高昂的债务成本。

二是会使银行信贷业务的内部审批流程冗长、效率低下。中小民营企业受到自身规模和管理水平的约束，贷款需求的特点主要体现在额度小、时间急、

周期短等方面。冗长的信贷审批流程，导致传统的银行信贷难以较好满足中小民营企业的融资需求。而大型企业往往具有规范的财务管理体系，其对现金流的管理水平远胜于中小民营企业，较少出现此类问题。

因此，商业银行业务运营对人工的高度依赖，不仅提高了中小民营企业的融资成本，而且延长了中小民营企业融资的审批周期，无法及时满足企业的融资需求。

三、与中小民营企业的利益目标存在分歧

信贷市场中的主体是银行与企业，银行以一定利率吸收存款，再以风险补偿利率将资金贷给企业，赚取存贷款利息差，这即是银行的主要利益目标。因此，银行开展信贷业务时主要关心的是贷款的审慎发放与及时收回。若企业无力偿还贷款，银行往往会对抵押品进行及时处置。因为对银行来说，其职责仅包括为企业提供资金，按照约定收取回报，而企业能否可持续发展并不在其需要考虑的范围之内。而对于中小民营企业来说，其利益目标是通过借入资金并投入生产经营活动，获取更多利润。一旦由于企业能力不足或是其他原因，其生产经营出现重大问题，企业将很可能以破产告终，银行也会由此受到一定损失。反过来，如果企业经营状况良好甚至超出预期，银行也并不会因为这种超预期的表现而获得额外收益。因此，从双方各自利益的角度出发，银行希望通过利差获取收益，在坏账出现时尽可能挽回损失，例如在企业陷入困境时银行可能采取抽贷、断贷的措施；而企业希望通过将银行贷款投入生产经营获取收益，但在可能出现严重困难时，并没有努力还款的动机，从而加大银行出现坏账的可能性。

新冠疫情以来，尽管有多项针对中小企业的金融纾困政策出台，但由于银企利益目标不一致，各方在推行这些政策的时候积极性不够高，使政策实施效果在一定程度上打了折扣。此外，银行对中小民营企业的金融支持缺乏主动性，很可能会导致这种单纯由政策引导的金融支持发生异化，成为“政策导向型”“运动式”的支持。更为严重的问题是，如果仅通过金融让利来掩盖企业的经营不善，未来将会引致后果更严重的道德风险、逆向选择问题。显然，这种金融支持难以维持下去。

第五节　金融生态环境存在的问题

导致中小民营企业融资难、融资贵的原因除了企业和银行自身的问题以外，更为重要的一点是中小民营企业融资的金融生态问题。金融生态问题对中小民营企业融资的影响往往是全局性的，因此本节将从金融生态的信用数据要素、失信惩戒机制和金融监管三个方面展开。

一、信用数据要素的质量不高

如果说银行的技术储备不足是中小民营企业融资问题的内生因素，那么信用数据要素的质量则是一个重要的外生因素。

银行是风险的经营者，而现代的风险经营存在着对信用数据要素的依赖。银行对风险的经营，体现在对借款企业偿债能力和意愿的事前、事中、事后甄别与监督上，其中最为重要的是对申请企业的信用评级。信用评级需要对包括资产负债率、流动比率、速动比率、流动资产周转率、总资产周转率等指标在内的核心财务指标进行考察，同时还要对企业的股权结构、对外担保和企业面临的风险等各项指标进行综合分析。在每一个环节中，银行风险经营能力的体现都必须依赖于信用数据供给，而信用数据供给的质量，体现在数据的可获得性、真实性以及动态性上。

首先，由于企业的资产可以分布于多家银行，因此企业的很多经营数据往往是分散的，如工资代发、水电费支付、员工社保缴纳流水等。而出于对客户隐私的保护，这一类银行流水数据在银行之间并未实现共享。因此，收到贷款申请的银行对企业的信用数据的可获得性是有限的。其次，企业信用数据的真实性也难以保障，一方面是企业在其资产状况上存在一定的造假空间，另一方面是企业自身经营水平有限，凭借其不完善的财务系统难以实现数据真实性的“自证”。最后，规模相对较小的中小企业往往难以负担现代信息管理系统高昂的运维成本，银行对其经营数据、财务数据的动态跟踪存在一定的困难。

此外，在实践中，往往存在企业主通过个人信用为企业融资的情况，因此企业主的个人信用数据的有效性也需要纳入考量范围。与企业存在差异的是，企业主个人的财务数据的分布可能会更广，真实性验证更为困难。同时，尽管我国的征信体系近年来已实现了较快的发展，但其对个人信用数据的覆盖范围仍然存在一定的局限。因此，银行对其所需信用数据的可获得性、真实性和动态性要求更加难以满足。

二、失信惩戒机制有效性不足

根据有限承诺理论，如果借款人的违约不会受到惩罚，那么他的理性选择就是违约。银行对申请贷款的企业提出抵押品的要求，更多的是从机构自身的角度出发来提高借款人违约的代价，但这种方式带来了许多额外的社会成本。实际上，银行的抵押品要求是对社会失信惩戒机制的一个补充，但并不能取代其地位。

失信惩戒机制主要包括市场性惩戒、行政性惩戒、行业性惩戒、司法性惩戒和社会性惩戒五个类别①。其中，市场性惩戒是指市场主体根据企业和个人的信用情况来增加或降低其交易成本；行政性惩戒是指政府部门依据行政处罚法律及相应制度，对企业和个人的失信行为进行处罚；行业性惩戒是指行业协会根据自律性规则对失信会员采取惩戒措施；司法性惩戒是指由司法机关对违法的失信行为进行判决和处罚；社会性惩戒是指通过社会舆论对失信行为进行谴责。尽管我国目前存在多种形式的失信惩戒机制，但仍然存在失信行为的界定模糊、惩戒的法律依据薄弱和数据的共享机制不完善等问题，阻碍了失信惩戒机制充分发挥惩罚、震慑和引导的功能。

因此，目前我国失信惩戒机制仍存在不完善、有效性不足的情况，一方面使失信企业难以得到应有的惩戒，另一方面使守信的企业面临严格的抵押品要求。

三、严格的金融监管抑制金融创新

金融市场的发展要求金融监管具有谦抑性②。金融对实体经济的重要性无需赘述，经济的发展本身也对金融服务的创新提出了要求。如果金融监管过于严格，过分抑制金融创新，使其不适应于实体经济发展的客观需要，那么就会导致实体经济对金融服务的需求难以得到满足。

---

① 史玉琼．关于建立失信惩戒机制的研究［J］．征信，2018，36（9）：18－23.

② 宋晓燕．论有效金融监管制度之构建［J］．东方法学，2020（2）：103－120.

在中小民营企业融资问题中，也有许多现实问题是金融监管的要求所导致的。如我国《商业银行法》规定商业银行不允许直接对企业进行投资参股，从客观上使银行与中小企业之间的利益关系存在错位。因此，银行只关注贷款的发放与按时收回，并无督促企业努力经营的动机。此外，企业的有限责任制也一定程度上降低了企业努力经营以按时还款的动机，阻碍有效激励机制的形成。

第六节　本章小结

本章首先对调研中发现的中小民营企业面临的融资壁垒和商业银行面对的决策难题进行了总结。中小民营企业的融资壁垒主要包括融资渠道存在的路径依赖、难以跨越的高融资门槛、高额融资成本对企业利润的挤出以及银行贷款服务无法满足其灵活的贷款需求。其次分别从中小民营企业和商业银行自身以及金融生态中寻找阻碍中小民营企业融资的原因。中小民营企业自身的管理不规范、综合实力不强以及抗风险能力弱等问题是导致其融资难融资贵的根本原因，而银行的风险评估技术落后、对人工的大量依赖及其与中小民营企业利益目标分歧是加重这种困难的因素。此外，金融生态中的信用数据要素的质量不高、失信惩戒机制的有效性不足和严格的金融监管构成了中小民营企业融资的外部环境约束，加剧了其融资难融资贵的现象。

本章的主要结论是，中小民营企业融资难、融资贵的问题并不完全是由银行单方面造成的，中小民营企业自身和金融生态中均存在大量影响中小民营企业融资的因素。

第三部分　分析篇

本书第三部分为分析篇，包括第六章和第七章。本篇对“问题篇”发现的我国中小民营企业融资问题的深层次原因进行了剖析。第六章从系统性原因和随机性原因两个方面进行分析，通过对“问题篇”中发现的问题进行梳理和归类，透过现象看本质，将发现的中小民营企业融资问题抽丝剥茧，探究导致我国中小民营企业面临融资约束问题的深层次原因。第七章对融资生态链的内涵和机制进行详细论证，并通过理论逻辑分析和实证检验来论证融资生态链缓解中小民营企业融资约束的有效性。

第六章　我国中小民营企业融资问题：基于系统性原因的分析

本书认为，我国中小民营企业融资问题的原因分为系统性原因和随机性原因。系统性原因指经济金融系统中能够对我国中小民营企业融资产生全局性负面影响的系统性因素，多具有持续存在且可被企业和金融机构充分观测、预期的特点。随机性原因指对部分或个体中小民营企业融资产生负面影响的随机性因素，多具有不明确、在有限时间范围内偶发且难以被金融机构和企业充分观测、预期的特点。中小民营企业融资问题的系统性原因往往会导致整个中小民营企业群体的融资情况恶化，而随机性原因仅会导致部分中小民营企业的融资问题。

本章前三节分别从金融市场中的供需双方、金融市场本身和金融生态环境的适宜程度进行系统性原因的寻找，第四节主要从自然环境、地缘政治和国际贸易保护主义等因素中，寻找中小民营企业融资问题的随机性原因。

第一节　企业融资供需双方的系统性原因

一、供给侧的结构性原因

我国企业融资的金融市场主要包括股票市场、债券市场和银行信贷市场，而这些市场内部又根据具体的功能做了进一步的划分。

我国股票市场可以划分为四个层级：一板、二板、三板、四板。其中，一板指的是主板和中小板[①]，二板指创业板，三板指全国中小企业股份转让系统（又称新三板），四板则指的是区域性股权交易市场。此外，2019 年为科技创

① 2021 年 2 月，证监会批复同意深圳证券交易所合并主板与中小板。

新型企业设立了科创板。尽管股票市场呈现多层次的结构，但对于中小企业来说，在股票市场融资仍然存在诸多障碍。一板、二板上市的企业需要满足营业收入、净利润等方面的要求[①]，而这一门槛将几乎所有的中小民营企业拒之门外。尽管新三板的挂牌门槛相对于一板、二板来说有所降低[②]，部分中型企业和小型企业能够进入，但由于我国不同规模企业的数量根据其规模呈现金字塔状分布，中小企业里面规模达到新三板挂牌要求的企业只占少数。即便有部分中小企业成功在新三板挂牌，但由于新三板相对主板和创业板存在显著缺陷——市场流动性较低，新三板市场也难以有效支持中小企业融资。2008 年，我国开始在区域范围内建立区域性股权交易中心，为中小企业进行股权融资提供便利，但其存在挂牌成本相对较高、信息披露不充分和市场交易流动性低下等问题[③]。尽管区域性股权交易中心为中小企业提供了更多的融资渠道，但并未有效解决中小企业的股权融资问题。

企业在债券市场通过发行公司债、企业债进行融资，与股票市场融资类似，存在高额的发行成本和信息披露成本，大多数中小企业难以负担。前面章节对中小民营企业融资渠道的分析已经表明，债券市场上的公司债、企业债发行主体中有 90% 为国有企业，中小民营企业想要在债券市场上融资，需要克服重重困难。

此外，中小民营企业的融资需求呈现出规模小、周期短、需求急的特点，股权融资和债券融资的流程一般比较烦琐，也与中小民营企业的真实需求不匹配。因此，中小民营企业大多在银行信贷市场上寻求融资。

二、供给侧的异质性原因

信贷市场的供给侧主要指商业银行，因此供给侧的异质性主要体现在商业银行的功能异质性方面。根据功能的不同，我国的商业银行分为大型国有商业银行、股份制商业银行、城市商业银行和农村金融机构四个类别。

在中小民营企业融资方面，各类银行在信贷发放对象的选择上存在不同的

---

① 主板上市要求近三年营业收入累计超过 3 亿元或近三年经营活动现金流量净额累计超过 5000 万元。创业板要求近两年的净利润大于 0，且净利润累计超过 5000 万元。

② 两年的营业收入累计不低于 1000 万元，或最近一期期末的净资产不少于 3000 万元。

③ 张亨明，汪天倩，黄修齐．我国区域性股权交易市场发展的现实困境及其路径选择［J］．改革，2020（10）：104－113.

偏好。从第四章的数据来看，对小微企业支持力度最大的是大型国有商业银行和农村金融机构。尽管在改革开放早期，大型国有商业银行主要为当时占国民经济总量绝大多数的国有经济服务，行政干预使大量的银行贷款流向了低效率甚至无效率的国有部门①，但近年来大型国有商业银行对国家普惠金融政策的落实效果较好，为中小民营企业提供金融支持的比重稳步提升。农村金融机构由于自身定位和服务群体的特殊性，在实际经营过程中为中小民营企业提供了大量的金融支持。对于股份制商业银行和城市商业银行，其功能定位的模糊性，致使其对中小民营企业的融资未表现出特殊的偏好。

同样，由于各类银行的技术研发实力存在差异，其信贷产品的种类、服务方式和服务成本也存在一定的区别。规模和业务量较大的银行一般会建设独立的技术研发部门，为提升创新型信贷服务水平提供技术支持，降低对人工的依赖、提升服务灵活性、强化对风险的识别能力。而对于体量较小的银行来说，单独成立技术研发部门既不经济，也会受到较高成本约束而难以取得较好的成效。因而，小型银行更多地会采用行业内广泛接受和使用的技术，这也导致不同规模银行间由于技术掌握的不同而形成风险管理水平上的差异。

因此，商业银行的异质性因素也是影响中小民营企业融资问题的重要因素之一。

三、需求侧的异质性原因

金融机构的规模歧视和所有制歧视构成了我国中小企业的融资壁垒②。根据企业规模和所有制形式，可以将企业类型分为四个象限（见图6-1），其中中小民营企业位于第三象限。本部分将从规模异质性和所有制差异两方面入手，分析企业异质性对中小民营企业融资的影响。

（一）企业的规模异质性

企业在参与信贷市场时，企业规模的影响是多方面的。企业规模既是历史业绩的体现，又是未来竞争的基础③。企业规模主要从风险甄别和交易成本两

---

① 鲁晓东．金融资源错配阻碍了中国的经济增长吗［J］．金融研究，2008（4）：55-68.

② 张捷，王霄．中小企业金融成长周期与融资结构变化［J］．世界经济，2002（9）：63-70.

③ 白俊，连立帅．信贷资金配置差异：所有制歧视抑或禀赋差异？［J］．管理世界，2012（6）：30-42，73.

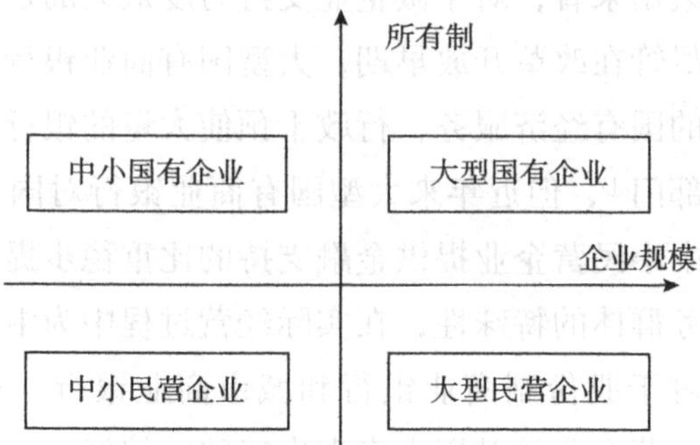

图6-1 不同企业类型

方面影响其信贷市场参与。

从信用甄别的角度来看，企业规模是体现自身偿债能力的最为直观的指标。企业的信用可以分为“硬信用”和“软信用”两类。“硬信用”包括能够反映企业当前偿债能力的信息，如企业可供抵押的资产。在信贷市场上，银行贷款往往需要抵押品，优质的抵押品对企业来说就是最强有力的信用证明。而企业规模决定了企业可用于抵押的资产数量，中小企业往往在“硬信用”上有所欠缺。“软信用”主要包括能够反映企业未来偿债能力的信息，包括企业的盈利能力、经营风险等方面的指标。相对于“硬信用”来说，“软信用”具有更高的不确定性。一般来说，中小企业多处于成长期，往往还未构建起一套标准的、规范的经营管理模式。这导致其信息化程度不够高，信息披露相对于大型企业有所欠缺，数据的真实性更难得到保障。同时，中小企业的经营年限一般较短，往往存在信用记录不足的情况。

企业规模也会影响银行信贷的交易成本。银行在处理企业贷款申请到放款再到贷后管理这一系列环节时，多依赖访谈、实地调研的方式，因此需要付出大量的人力物力。这也意味着不论是对大型企业还是中小企业发放贷款，均存在较高的成本，且成本并不会因为服务对象不同而存在明显差距。中小企业的规模相对大型企业要小得多，因此其对信贷资金的需求规模也更小。对银行而言，在发放贷款所需总成本相差无几的情况下，为中小企业提供贷款所需要的单位成本要更高。

因此，基于成本的考虑，银行往往更倾向于向大型企业提供“批发”贷款，而不愿为中小企业提供“零售”贷款。

（二）企业的所有制异质性

当前有观点认为，金融机构的所有制歧视并不是导致民营企业受到信贷约束的根本原因，其主要原因在于企业的禀赋特征不同，而企业规模是考察企业禀赋的基本特征①。本书认为，尽管企业的规模的确是影响信贷资金配置差异的主要原因，但所有制差异还存在影响信贷资源配置的其他渠道。其中最为明显的是政府对国有企业的“隐性担保”，这种“隐性担保”会对企业禀赋产生明显的增强效果，扭曲市场中的信贷资金配置。

国有企业的产权属性决定了其在信贷市场上的特殊地位。由于国有企业、银行和国家财政在产权归属上的三位一体，国有企业和银行可以将风险通过多种途径转嫁给产权所有者——中央政府②。即国有企业存在政府的“隐性担保”，如果存在无力偿还债务的情况，政府有很大可能会进行兜底③，软化国有企业的预算约束，从而降低企业拖欠贷款的可能。

从银行的角度来说，基于贷款能否及时收回来进行信贷决策，显然是合乎理性的。因此，对于同等规模的企业来说，银行的信贷资源会更多地流入国有企业。

第二节　金融市场自身的系统性原因

如第四章、第五章所述，中小民营企业的融资渠道具有路径依赖的特点，即主要通过银行信贷来获取外源融资，其主要参与的金融市场为银行信贷市场。因此，本节主要从信贷市场的角度分析中小民营企业的融资问题。

银行信贷市场中影响中小民营企业融资的系统性原因主要是信贷市场摩擦。本节对三种主要的信贷市场摩擦进行分析：金融市场中的交易成本、银行与企业间的信息不对称、企业的有限承诺。

① 白俊，连立帅．信贷资金配置差异：所有制歧视抑或禀赋差异？［J］．管理世界，2012（6）：30－42，73.

② 邹新月，施锡铨．非国有经济信贷融资困境的理性认识［J］．上海财经大学学报，2002（4）：26－31.

③ 钟宁桦，刘志阔，何嘉鑫，等．我国企业债务的结构性问题［J］．经济研究，2016，51（7）：102－117.

一、金融市场中的交易成本

信贷市场中的交易成本是一种普遍存在的市场摩擦。这里指的是广义上的交易成本，既包括狭义的交易成本，也包括市场交易的机会成本。

狭义的交易成本最初由科斯[①]定义，即市场交易中各个环节所需要付出的成本。Dahlman[②]对其定义作了进一步的阐释，他认为交易成本应包括搜寻与信息成本、溢价与决策成本以及监督与执行成本。在本书的讨论中，这种交易成本主要体现为银行与企业在参与信贷市场时进行任何经济交易所需承担的成本。其中，搜寻与信息成本表现为银行信贷市场上交易双方寻找符合自身需求的交易对手所需的成本。溢价与决策成本主要体现在交易双方进行协商并达成协议的成本。监督与执行成本则表现为确保对方履行协议所需付出的成本。在中小民营企业融资问题中，这种狭义的交易成本是推升其融资成本的重要因素之一。

机会成本指个体因所做的决策而放弃的潜在收益。在信贷市场中，银行将信贷资金配置于中小民营企业的机会成本，即是将信贷资金配置于其他企业或者渠道所可能获得的潜在最大收益。在企业按期足额偿付贷款的情形下，中小民营企业贷款会为银行带来较为丰厚的收益，而企业一旦出现违约的情况，银行将遭受较大的损失。相对于大型企业，中小民营企业的不确定性往往较高，因此银行往往会提高利率或者要求以担保、抵押等方式进行风险补偿。正是由于这种较高的不确定性，尽管银行为中小民营企业提供的信贷服务一般能获得较高的风险补偿，但其期望收益却往往低于将信贷资源提供给大型企业所获得的相对稳定的收益。考虑机会成本的意义也正是在这一情况下得以体现。

二、银行与企业间的信息不对称

银企间的信息不对称也是信贷市场中重要的摩擦之一。这种信息不对称体现在银行与企业之间的信息难以自由流通。在信贷市场上，企业出现道德风险和逆向选择的可能性是影响银行信贷决策的关键因素。

---

① Coase R H. The Problem of Social Cost [J]. Journal of Law and Economics, 1960 (3): 1.

② Dahlman C J. The Problem of Externality [J]. The Journal of Law and Economics, 1979, 22 (1): 141-162.

从信息不对称产生原因的视角，可以将信息不对称归为三类。第一类是出于某些动机，企业主观上造成的信息不对称；第二类是由信息与通信技术（Information and Communications Technology，ICT）的缺陷导致的信息不对称；第三类是由制度缺陷导致的信息不对称。

主观层面上的信息不对称，更多的是企业的道德风险和逆向选择所导致的，包括企业虚构经营业绩、财务数据造假等。主观因素导致的信息不对称对信贷市场的健康运行具有严重危害，各种类型的企业和银行之间均存在这种形式的信息不对称。因此，银行在难以甄别信用的情形下，需要通过要求抵押品和利率溢价来对这种主观风险进行补偿，这也导致了中小民营企业的融资难、融资贵问题。

信息与通信技术缺陷所导致的信息不对称更多的是在现有技术条件下难以克服的信息不对称问题。一是企业自身信息技术手段不完备导致的“自证性缺陷”。如某新能源车企生产的电动汽车发生交通事故后，该企业向大众公开披露了事故车行车记录，但由于“自证性缺陷”而未获得普遍信任。二是银行的信用评估手段落后，无法充分挖掘企业信用信息而造成的信息不对称。传统的信用评级模型更多关注企业“硬信息”，形成了技术手段落后引致的信息不对称，这往往会导致优质中小民营企业的信用级别被低估。在这种情形下，一方面中小民营企业难以提供可信的信用数据，另一方面银行难以对大数据背景下的信用数据进行充分挖掘，阻碍了对中小民营企业的信用评级，导致了多种融资困境。

制度缺陷导致的信息不对称更多的是由制度的发展落后于信贷业务的发展所导致的。在信贷市场中，除与企业进行直接接触外，金融机构还能够通过其他渠道获取企业的信用信息，如征信平台等。但我国现有的征信体系相对西方发达经济体来说起步较晚，完善程度需要进一步提升。在当前大数据背景下，现有征信体系所覆盖的数据范围已略显不足，同时由于近年来公众对隐私数据保护的意识逐渐增强，征信体系的发展也面临两难的困境。除征信体系的不足以外，金融机构间也存在信息壁垒，而这种壁垒是由商业银行对客户隐私保密的需要导致的。金融机构持有各自客户的业务数据，而彼此之间不存在有效的数据通路，这种现象被称为“数据孤岛”。

从信息时效性的角度来看，信息不对称又可分为静态视角下的信息不对称和动态视角下的信息不对称。在信贷合约签订以前，银行需要在现有数据的基础上对企业的未来还款能力进行判定，即基于当前时刻所掌握信息，计算企业未来偿债能力的条件期望。此时银行掌握企业有效信息的难度，表现为静态视角下的银企信息不对称。这种信息不对称会使银行难以对企业的未来偿债能力作出准确判断，可能直接导致银行拒绝企业的贷款申请。

但对于银行来说，信贷业务的生命周期不仅包括合约的签订，还包括企业按时足额清偿债务的整个流程。换言之，如果在信贷资金发放后，银行无法动态掌握企业有效信息，则称为动态视角下的信息不对称。企业的经营状况是随着时间的变化而动态变化的，还款能力也会随之变化。如果无法动态地掌握企业的信息，那么银行也就无法及时发现风险并及时处置。

三、企业的有限承诺

在信贷市场中，银行是否通过一项贷款申请，主要是考察申请企业违约的可能性。而这种违约的可能性，一方面取决于企业的还款能力，另一方面取决于企业的还款意愿。

企业的还款能力能够从一些相对客观的指标上体现（如企业的历史业绩、资产情况和盈利能力等），但企业的还款意愿是企业个体层面的主观决策，很难通过客观的可观测的指标进行测度。即从降低信息不对称的角度，能够一定程度上实现对企业还款能力的判定，但难以有效地考察企业的还款意愿。从理性人假设出发，企业主观意愿上的违约主要是由于企业的有限承诺。有限承诺是指这样一种情况：市场参与者不可能提前承诺未来采取某种行动。如果不偿还贷款所遭受的损失低于需要偿还的金额，理性的借方很可能会选择违约①。假定社会对企业主观层面上的违约没有任何惩罚，银行所采取的措施则是提高对企业的融资抵押品要求，而这直接提高了中小民营企业的融资门槛。

第三节　中小民营企业金融生态的系统性原因

金融生态是一个从生态学引申出的，用以从宏观层面来研究金融系统的概

① 斯蒂芬·D. 威廉森. 宏观经济学［M］. 郭庆旺，译. 北京：中国人民大学出版社，2015：269-270.

念。本节中的企业、银行和政府均是金融生态中的主体，而企业和银行之间构建起的市场和政府行为在其中产生的作用则是金融生态运行机制形成的保障条件，各主体之间的相互关联共同构建起我国的金融生态。金融生态与中小民营企业之间的关系也如同池塘和鱼虾的关系：如果金融生态适宜，中小民营企业的融资困难将获得极大的缓解，实现自然的优胜劣汰。而如果金融生态持续恶化，那么中小民营企业的生存、发展将难以维系。

本节从政府对金融市场的干预、制度环境建设和社会信用环境三个方面展开论述。

一、政府对金融市场的不当干预

在我国长期存在金融抑制现象：政府对金融体制的不合理干预对金融体系正常发展产生不利影响。金融抑制会对不同所有制类型企业的融资约束产生扭曲性影响效应①。在信贷市场中，政府分别对银行和企业进行干预。地方政府有很强的动机通过干预银行的信贷决策为国有企业提供贷款支持②。对银行的干预会使不同所有制企业之间存在信贷门槛和成本的差异。国有银行对国有企业的长期贷款中有相当一部分具有政治性贷款的性质，并不是真正市场化的信贷行为，导致了国有企业和民营企业信贷门槛的差异③。地方政府的干预会降低国有企业的信贷价格对企业效益变化的敏感度，导致信贷价格扭曲，进而损害信贷资源配置效率④。另外，政府对企业的干预主要体现在对国有企业的隐性担保，这导致了国有企业的预算软约束，会促使银行扩大对国有企业的信贷规模⑤。

因此，政府对市场的不合理干预对不同所有制企业的信贷门槛和信贷价格都造成了一定的扭曲，是中小民营企业融资难、融资贵的重要原因之一。

---

① 张杰．金融抑制、融资约束与出口产品质量［J］．金融研究，2015（6）：64－79.

② 余明桂，潘红波．政府干预、法治、金融发展与国有企业银行贷款［J］．金融研究，2008（9）：1－22.

③ 何贤杰，朱红军，陈信元．政府的多重利益驱动与银行的信贷行为［J］．金融研究，2008（6）：1－20.

④ 王珏，骆力前，郭琦．地方政府干预是否损害信贷配置效率？［J］．金融研究，2015（4）：99－114.

⑤ 钟伟，宛圆渊．预算软约束和金融危机理论的微观建构［J］．经济研究，2001（8）：44－52，96.

二、制度环境不适于金融发展

为了激发实体经济活力，政府需要在制度层面进行合理设计，为经济、金融体系的发展营造良好的制度环境。在法律保护不足、金融发展落后等约束之下，我国中小民营企业的融资面临诸多困难①。从制度环境上来看，良好的制度环境能够有效维护金融生态的秩序和稳定性，且不会过度抑制创新。

过度宽松的制度环境可能会导致金融乱象丛生，金融违法行为得不到有效管制，因而债权人、投资人的合法权益无法得到有效保障，会直接影响他们的风险偏好。较为严格的制度环境也不可避免会抑制金融创新。我国《商业银行法》规定商业银行不允许直接对企业进行投资参股，这使银行与中小企业之间的利益关系存在错位。银行只关注贷款的发放与按时收回，并无督促企业努力经营的动机。此外，企业的有限责任制也一定程度上降低了企业努力经营以按时还款的动机，阻碍有效激励机制的形成。

制度是一把“双刃剑”，因而政府在制度环境建设上的适用性显得尤为重要，会对中小民营企业的融资问题产生深远影响。

三、社会信用环境亟待改善

信贷市场中存在摩擦，而良好的社会信用环境可以看作市场摩擦的“润滑剂”。现代金融体系的基石是信用，信用环境是反映金融体系稳定性、可持续性的重要因素之一。社会信用环境包括两个方面：一是社会的信用服务体系，二是对于失信主体的惩戒机制。在信贷市场中，两种主要的摩擦分别是信息不对称和有限承诺。信用环境中的社会信用服务体系规范了信用信息的传递机制，能够为金融交易的事前决策提供重要参考依据；而对失信主体的惩戒机制约束了金融交易主体在事后的行为，能够提高金融交易主体的违约代价。

信用服务体系承担着信用信息采集、加工、处理、传播的功能，是缓解信息不对称的重要基础。在当前大数据的背景之下，信用服务体系承担着数据这一生产要素的供给职能。金融机构存在的目的是跨期配置资源，同时做好风险经营。在经营风险的过程中，数据的重要性不容忽视，而信用服务体系则是金

---

① 余明桂，潘红波．政治关系、制度环境与民营企业银行贷款［J］．管理世界，2008（8）：9－21，39，187.

融机构运行的重要数据供应商。因此，只有市场上信用信息的供给充足，金融机构对中小民营企业的风险管理能力才能更有效地提升，企业尤其是中小民营企业的融资需求才有被满足的条件。

对失信主体的惩戒机制是解决有限承诺问题的重要保障。贷款合约是一项跨期交换，但当合同到期的时候，借方的最优选择可能是不守承诺。导致这一问题的原因是借方在不守承诺时所面临的惩罚较轻。在对失信主体没有任何惩罚的情形下，如果没有抵押品，借方出于理性的考虑，可能会违约。那么作为贷方，银行在与企业签订合约的时候，会要求借方提供抵押品，以补偿借方不守承诺的风险，而抵押品的实际价值也约束了借方能够获取资金的上限。在对失信主体的惩罚严格的情况下，借方的不守承诺将面临与借入资金相当甚至更严厉的惩罚，那么借方将想尽一切办法履行借款合约，而在这种情况之下，银行将不需要企业提供抵押品。除设备、厂房和住宅等固定资产能够被用作抵押品之外，流动资产也具备一定的抵押品属性。但目前对流动资产类的抵押品，缺乏有效、可靠的评估平台来进行登记、估值以防止多次抵押，因此仍然难以有效减轻对固定资产类抵押品的要求。

目前，我国的社会信用服务体系亟待改善，对失信主体的惩戒机制还不够健全。因此，在信息不对称和有限承诺的条件下，银行等金融机构面对中小民营企业的贷款申请，往往要求一定的抵押品。总的来说，不完备的社会信用环境会大大提高企业，尤其是中小民营企业的融资门槛和成本。

第四节　我国中小民营企业融资问题的随机性原因

除系统性原因外，我国中小民营企业的融资能力还受到诸多随机性原因的影响，本节主要从随机性原因的角度进行分析。

一、随机性原因与系统性原因的区别和联系

我国中小民营企业融资问题的系统性原因主要是较为明确的、长期内持续存在的因素，如金融市场中无法消除的摩擦、金融生态中的制度环境因素和信用环境因素等。而随机性原因则是不明确的、在有限时间范围内偶发的因素，如自然灾害的爆发、地缘政治冲突的激化和国际贸易制裁等。

在一定条件下，随机性原因也能够转化为系统性原因。在我国中小民营企业融资问题中，若新冠疫情长期流行，那么其对中小民营企业融资的影响会一直持续下去，转化为系统性原因；若地缘政治冲突持续加剧，那么地缘政治因素将转化为中小民营企业融资问题的系统性原因；若国际贸易制裁升级，逐渐形成国际贸易体系中的系统性壁垒，那么中小民营企业的生存状况会持续恶化，国际贸易制裁便成为中小民营企业融资问题的系统性原因。

二、随机性原因影响中小民营企业融资的机理

如前面章节所述，我国中小民营企业的外部融资主要依靠银行信贷。党的十九大以来，为了守住不发生系统性金融风险的底线，我国一直采取较为严格的金融监管措施。同时，近年来国家加大了对中小民营企业的信贷支持力度，使银行对中小民营企业的信贷供给实际上是逐年递增的。鉴于此，我国商业银行的运行一直处于相对稳定的状态，既有意愿也有相应的资源为中小民营企业提供信贷资金，因此企业的基本面成为决定其能否获得银行信贷的主要因素。本节所讨论的随机性原因主要是能够对我国宏观经济形成冲击，使企业经营的基本面恶化，进而削弱中小民营企业融资能力的因素。

从企业的角度来看，在宏观经济运行状况良好的情况下，国内的企业尤其是中小民营企业会有更好的发展空间，企业家精神能够得到充分展现，因此企业的经营风险也会大大降低。而在宏观经济形势不稳定的情况下，中小企业可能会面临投资成功率降低、订单减少、被迫停工等困难，使其还款能力下降，甚至陷入资不抵债的窘境，加剧了企业的流动性风险，企业的偿债能力在短期内大幅降低。在这种企业不确定性普遍提升的情况下，中小民营企业的融资问题将进一步恶化。

从银行的角度来看，实体经济环境的恶化，使中小民营企业的破产概率大大提高，导致银行不良贷款率提升。为了降低风险以应对监管要求和盈利需要，银行的信贷资金配给可能会更加向大型国有企业倾斜，进一步加剧中小民营企业的融资困难。中小民营企业在面对这种严峻挑战时，如果无法得到充分的金融支持，很可能难以渡过难关而宣告破产，进一步加剧商业银行的抽贷、断贷现象，形成恶性循环。此外，对单家银行来说，由于自身观测到的中小民营企业样本有限，可能会难以甄别随机性因素与系统性因素。小部分中小民营

企业的经营状况恶化，在某些特殊情况下会被银行误认为是整个中小民营企业群体经营状况的恶化，极大地影响银行对中小民营企业的风险偏好。

三、我国中小民营企业融资问题的主要随机性原因

本节将能够影响我国中小民营企业融资的随机性原因归纳为自然环境、地缘政治和国际贸易保护主义等因素的冲击。

（一）自然环境因素

在自然环境因素中，极端天气频现以及疫情的全球大流行都会严重干扰中小民营企业的正常生产经营。如 2020 年初新冠疫情在全球范围内的暴发，扰乱了中小民营企业的生产计划，使其正常的生产经营活动中断。随着疫情的蔓延以及各地为应对疫情而采取的管制措施的施行，企业的正常生产经营活动难以维持。积累的风险通过供应链和资金链扩散到上下游行业，带来企业流动性风险加剧、信用违约风险增大、企业被动裁员、企业破产风险凸显等一系列威胁。

（二）地缘政治因素

地缘政治冲突会导致一定区域内的经贸联系受损，最终影响到全球贸易网络的正常运行。如 2022 年 2 月爆发的俄乌冲突，严重影响了全球供应链的稳定性，对我国中小企业的生产经营活动产生了不容忽视的影响。俄乌冲突首先是导致了两国的出口受阻，使企业生产的重要原材料如镍、钛、铝等金属的价格上涨；其次是导致了能源价格上涨，使企业的运输成本和能源成本大幅提升。另外，冲突双方均为亚欧货物运输的重要通道，冲突导致航运陆运线路中断，造成了我国部分外贸型中小民营企业的货物运输阻塞，运输成本也进一步攀升。

（三）国际贸易保护主义因素

国际贸易保护主义会从贸易与科技两方面对我国产品在国际市场上的竞争力产生深远影响。2018 年美国政府单方面发动的中美经贸摩擦，掀起了“逆全球化”的浪潮，其推出的多项限制政策的影响仍然在持续。美国对我国出口产品加征关税，使我国外贸产品的价格竞争力有所降低，导致外贸企业面临海外需求下降的压力，而这种压力会通过产业链传导至各个环节上的中小民营企业。部分发达国家对我国的技术封锁，一方面会导致高新技术产业中的中小

民营企业面临严重的技术断供风险，另一方面会使遭受技术禁运的大型科技公司供应链上下游企业的订单大量减少，甚至出现生存危机。

上述三类随机性因素，均会对我国中小民营企业生产经营的基本面产生严重冲击，导致企业的正常生产、经营活动秩序遭受破坏，降低其偿债能力，同时改变银行对中小民营企业融资的风险偏好，加大其对中小民营企业惜贷、抽贷甚至断贷的可能性。

第五节　本章小结

本章对前述章节中我国中小民营企业的总体融资情况和调研发现的问题进行总结，并从系统性原因和随机性原因的视角，对导致这些问题的原因作了进一步分析。

本章所考察的系统性原因是分别从企业融资的供需双方、金融市场本身和中小民营企业的金融生态三个方面展开的。从企业融资的供需双方来看，主要考虑到金融资源供给侧的结构性原因和异质性原因以及金融资源需求侧的异质性原因。从金融市场本身来看，主要分析了市场中的交易成本、银企之间的信息不对称以及企业的有限承诺等系统性原因。从中小民营企业的金融生态来看，主要分析了政府对金融市场的不当干预、不适于金融发展的制度环境以及亟待改进的社会信用环境等系统性原因。

对系统性原因逐一进行分析以后，本章对随机性原因也进行了简要的归纳总结，主要包括自然环境、地缘政治和国际贸易保护主义等能够对我国实体经济产生冲击，进而影响中小民营企业融资能力，却又难以被企业和商业银行充分预期的外部因素。

本章的主要结论是，对中小民营企业和银行来说，系统性原因是能够充分观测到、预期到的，因此能够有针对性地对其作出反应，以改善中小民营企业的融资困难。而随机性原因由于无法被有效预测，中小民营企业和银行只能被动接受其带来的影响。因此，欲寻找破解中小民营企业融资困难之道，应更多从系统性原因上着手。

第七章　融资生态链缓解中小民营企业融资约束的逻辑与实证

本章基于金融生态视角对中小民营企业融资问题作出进一步分析。首先，对融资生态链进行了详细的论述，阐述了融资生态链的内涵以及作用，对融资生态链的运行机制进行了阐述和说明，指出融资生态链是金融生态的重要组成部分，融资生态链的存在是为了缓解中小民营企业融资约束。其次，对融资生态链缓解中小民营企业融资约束的机理进行了分析，构建数理模型来论证融资生态链缓解中小民营企业融资约束的条件，并提出融资生态链能够缓解中小民营企业融资约束的理论假设。最后，通过实证分析对理论假设进行检验。

第一节　融资生态链的内在逻辑

一、融资生态链的内涵

随着我国经济快速增长，中小民营企业规模不断发展壮大，占我国经济的比重也在增加，逐渐成为产业结构升级、增加居民就业、促进经济增长的重要力量。但融资难、融资贵的问题长期制约着中小民营企业的发展。

从企业经营的本质上来说，企业存在资金短缺是一种常见的现象，在中小民营企业中尤为常见。相较于大型国有企业，中小民营企业有天生的缺陷，包括缺少规范的企业管理规章制度，难以形成科学的治理体系，对企业未来的发展缺少战略规划，执行力不足，市场份额较低，抗风险能力不足，违约率较高等。这些先天性不足，使中小民营企业在融资过程中面临重重困境，主要表现为融资难和融资贵。而按照资本的逐利特性，中小民营企业的融资问题不可能仅仅依靠市场体系去解决。因此，只有形成中小民营企业和金融机构的系统协同机制，才能吸引更多资本的流入中小民营企业，从根本上解决中小民营企业融资问题。

融资生态链的存在是为了解决传统金融的弊端，将中小民营企业与融资相关的金融机构更好地结合，通过设计一定的运行机制，将中小民营企业利益与金融机构利益进行绑定，从而达成利益一致，解决融资过程中由信息不对称导致的逆向选择等问题，构建良好的融资生态，更好地为企业提供融资服务。

本书在第三章对融资生态链给出定义，认为融资生态链是以中小民营企业等具有融资需求的企业为服务对象，将各类与企业融资服务相关的机构纳入统一的生态链中，并设立一定的运行规则和机制，使各方都能够获利的生态利益群体。金融生态会极大地影响融资生态链整体的效率，融资生态链的目的在于优化资源调配，将资金更好地分配到更需要的企业中，实现资金合理的流转与分配，提升生态链中企业的融资效率，解决中小民营企业融资约束问题，推动实现企业利润最大化，实现生态链中主体的共赢。

融资生态链从资金链的角度对中小民营企业的融资需求进行整合，同时纳入商业银行等金融机构，对生态链内中小民营企业进行集中授信，将单个企业的风险管理转变为对利益相关的中小民营企业的集中风险管理，推动形成银企之间利益共享、风险共担的新型融资模式。因此，融资生态链的良好运行依赖于加入生态链的企业数量，为企业提供资金的金融机构，以及设计机制监督运行的监管机构。

二、融资生态链的效用

企业融资方式一般可以分为内源融资和外源融资。内源融资主要是将企业自身生产销售经营所得，如企业留存收益和折旧等自有资金进行再投资的过程，从而扩大企业经营业务和生产规模。内源融资的资金来源应当是中小企业的自有资金，也应当包括企业的注册资金和原始股份，而经营的收益应当是企业收入除去债务付息、企业分红和应交税费之后的未分配利润。随着企业生产经营所需的投入越来越大，中小民营企业由于受到诸多自身条件限制，自有资金已经不足以填补经营需要，还需要外源融资的投入来缓解融资困境。中小企业的外源融资主要来源于银行贷款，但由于中小民营企业经营规模、发展潜力、信用资质等问题，银行往往会出于规避自身经营风险和降低成本的目的，拒绝向这些企业提供贷款，使融资困境问题依然无法解决。无论宏观经济运行状况如何，信贷资源是否充足，中小民营企业在融资问题中始终处于弱势地位，融资需求难以有效满足。在宏观经济较为景气的时期，社会资本和资金投资方会优先选择大型国有企业，获取更高的预期收益；当宏观经济环境下行时，市场参与者出于避险的动机会降低投资力度，减少资金流出，此时中小民营企业的融资更为困难。

传统金融的融资服务模式是一对一的信贷模式，有融资需求的企业会向商业银行等机构提出贷款申请，而商业银行往往倾向于为信用资质良好、偿债能力充分、发展前景良好的大型企业提供融资服务。中小民营企业由于经营规模、发展潜力、信用资质等问题，很难从银行获得融资。在传统的融资方式中，银行等金融机构作为资金的提供方，更关注的是能否按时收回本金及利息，而并不在乎这笔贷款对中小民营企业的效用。即银行与中小民营企业的利益并不一致。在这种情境下，本书提出融资生态链的融资模式，尝试将商业银行与中小民营企业的利益相互协调，为企业融资寻找可行的方案，解决中小民营企业的融资问题。

融资生态链的构建需要将众多中小民营企业集中起来，通过中小民营企业集群形成规模效应，克服单个企业融资规模较小使金融机构既无法获得较高利润又要承担高风险的问题，并进行制度设计，降低交易成本，从而形成良好的融资生态循环。针对中小企业融资缺乏抵押的问题，生态链能够将中小企业的经营情况、业务流水、缴税记录、应收与预付账款、订单存货以及专利产权等用于授信，进而解决一些银行机构对中小企业融资意愿低的问题。而对于中小企业融资缺乏担保的问题，可以将核心企业纳入融资生态链，基于核心企业与中小民营企业密切的商业交易与业务关联，推动核心企业为中小民营企业提供担保，具有门槛低、流程短等特点。

融资生态链的设计充分考虑了中小民营企业的共同利益，为生态链内企业构建相同的基础设施和服务，从而加强银企之间、企业之间的互动与交流。当生态链中聚集了一定数量的中小企业，便具备了规模效应和外部效应。由于企业聚集的规模效应能够明显降低银行对企业的融资风险，银行贷款给生态链内企业的风险远低于贷款给生态链之外的中小民营企业。通过为这些企业放贷，银行可以从规模经济中获取更高的收益，因而银行为生态链中企业贷款应当会具有较高的积极性。

与融资生态链的设计有一定相似之处的是供应链金融，供应链金融的融资模式是以供应链中核心企业为主导，为供应链上下游的供应商和经销商提供信用贷款。核心企业能够向商业银行等金融机构提供与这些供应商和经销商的交易数据，或为这些企业提供担保，实现对上下游企业的增信以缓解其融资约束。以京东为例，作为网络电商平台和新型实体企业，京东能够将数字技术应用于其金融服务，为上游供应商和下游消费者提供金融信贷服务。对于上游供应商而言，京东的供应链金融模式使其能够以在京东的交易、支付、库存和物流等相关数据作为融资担保和抵押，银行也可以依据京东为其他中小企业的担保提供贷款服务。此外，京东可以为这些中小企业提供分期付款、资金管理、应收账款质押、供应商委托贷款等小额贷款服务。对于下游消费者而言，京东的供应链金融模式也提供消费金融服务，消费者在京东进行消费时也被授予一定的信用额度。但从目前我国供应链融资的发展情况来看，我国供应链金融的融资能力相对于中小民营企业的融资需求仍然不足，无法完全解决中小民营企业面临的融资难和融资贵的问题。

融资生态链模式是对供应链金融模式的进一步提升，针对中小企业融资需求不能满足的情况，充分协调银行和企业之间的关系，解决供应链金融模式中信息不对称和交易成本较高的问题，生态链和核心企业能够为中小企业提供信用担保，同时加入政府对融资生态链的监管，推动生态链各方系统性协调发展。通过生态链的建立，期望使优质但短期融资遇到困难的中小民营企业获取资金，维持企业自身经营发展需要，避免这些优质企业由于短暂的资金缺口而被市场淘汰。

三、融资生态链的运行机制

一是中小民营企业的准入机制。由于中小民营企业的经营存在较大的不确定性，因此首先应当对具有不良信用记录、生产经营问题较多、不具备偿债能力的中小企业进行排除。同时，中小民营企业在加入生态链时需要交纳一定比例的企业可承担的保证金，可以按照营业收入的百分比来收取加入生态链的押金，这部分资金也可以用于生态链融资的抵押。

二是中小民营企业的贷前信用甄别。中小民营企业在初次申请贷款时，首先通过自身的“硬信用”（如设备、厂房、知识产权等）能够获得一定的信贷额度。其次，企业向银行提供自身的税务记录、经营和盈利情况，供银行审查信用资质。再次，中小民营企业寻求核心企业提供担保并由核心企业对相关资质证明材料（如产品订单、资金往来、企业声誉等）进行交叉验证。最后，金融机构制定适用于中小民营企业的信用评价指标，结合核心企业提供的担保和资质证明，对贷款企业的信用水平进行重估，并审批贷款额度和期限，随后发放贷款。在商品的采购阶段，中小民营企业作为买方可以凭借仓储单据作为质押向银行申请贷款，满足企业提取货物的需求。在生产阶段，中小民营企业可以将自身拥有的原材料、产成品进行抵押向银行申请短期贷款，并以该抵押物的公允价值和未来可获取收益作为还款来源。在销售阶段，中小民营企业作为上游企业可以将应收账款作为抵押向商业银行申请贷款，并由核心企业提供担保。

三是中小民营企业的贷后管理。当该中小民营企业由于个体原因即将出现违约时，可以通过生态链中业务联系紧密的核心企业偿还贷款或回购质押资产，既避免该中小民营企业出现信用风险，也实现了银行等金融机构贷款后的风险转移。若中小企业到期无力偿还贷款，可以向生态链平台申请提交情况说明，由融资双方沟通是否可以延期，以及延期应付的成本，或通过业务联系紧密的核心企业预先还款，中小企业通过后期经营逐步将贷款偿还于该核心企业。同时，应当与征信系统进行连接，当生态链内企业出现违约时，其违约信息也应当向征信系统进行报送。在贷款到期且偿还结束以后，中小民营企业贷款服务的全流程记录，可以作为下次融资的评价依据，金融机构可以根据过往融资记录酌情提高或降低这些企业的信用额度。

四是融资生态链中企业的退出。若生态链中的企业出现了严重的违约，威胁到生态链的可持续发展，就需要及时对这类企业进行清退。此外，当企业规模达到一定程度，不再需要通过融资生态链获取经营资金时，这些企业便达到了退出的条件，在偿还生态链中所有债务后方可退出。

四、融资生态链与金融生态

本书在第六章指出，由银企构成的市场和政府行为共同作用形成的金融生态对中小民营企业的生存和发展极为重要，如果金融生态不完善，如制度环境建设过严或过宽，或社会信用体系不完善，都会对中小民营企业的生存和发展造成负面影响。

基于生态系统理论，中小民营企业所处的金融生态是由多层次、多个系统构成的。具体到为中小企业提供融资的金融生态，最内层的微观系统包括中小民营企业的客户、投资人、银行等融资机构、供应商等，是与中小民营企业在业务方面联系最密切的系统。第二层是中介系统，表示了与中小民营企业相关的上下游企业、融资机构、担保机构、客户之间的相互作用关系，它们之间联系的频率、质量、强度等都影响着中小企业的发展。第三层是外在系统，是指与中小民营企业没有直接关联，但也会对企业具有间接影响的系统，如供应商的上下游企业、融资机构的客户、市场监管部门等。最外层的是宏观系统，包含社会环境、法律制度、政治体制、信用体系、社会文化等。总体来说，为中小企业提供融资的金融生态，从最内层的微观系统，到最外层的宏观环境，都在通过各种途径以直接或间接的方式影响着中小企业的发展，对中小企业的融资产生影响，由此构成了一个能够作用于中小企业发展的金融生态，其结构如图 7－1 所示。

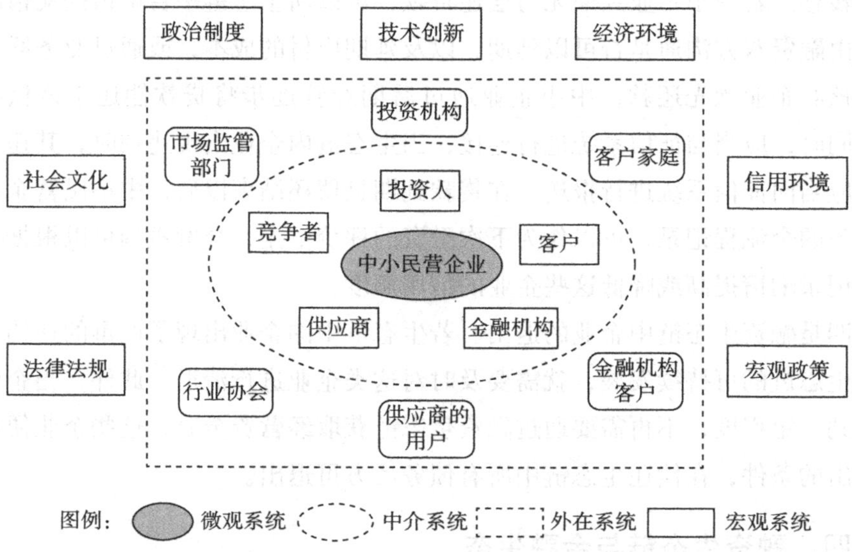

图 7－1　中小民营企业的金融生态

融资生态链是金融生态的重要组成部分，是实体企业和金融机构为了更好地生存和发展，在所处的金融生态环境及长期的经营关联和相互作用的过程中，通过分工与合作所形成的具有缓解中小民营企业融资约束功能的次级生态系统。作为次级生态系统，融资生态链同样具有关联性、适应性和依存性等特性。

融资生态链的关联性在于，生态链主体之间具有密切的商业关联和业务往来，资金的需求方和供给方共处于同一生态链条之中，通过金融机构提供的金融服务维持生态链的运转。生态链主体与其外部环境之间也存在信息沟通和交易联系，为生态链的运作提供外部支持。融资生态链具有适应性，即在不同的经济条件、规章制度和社会特征中具有与之相符的内部结构，同时为了适应外部环境的变化，融资生态链也需要动态调整自身的结构和交易策略，是一种不断演进的动态化过程。而融资生态链的依存性体现在实体企业和金融机构之间的相互依赖关系，企业作为资金需求者需要资金支持其生存和发展，金融机构作为资金供给者和中介也通过资金运作获得更多收益，双方形成了一种紧密的共生关系，最终达到共赢。

在融资生态链中，银行等金融机构对中小民营企业集中授信、统一管理，形成了一种银企利益共享的新型融资模式。根据资源依赖理论的观点，一个组织无法生产自身生存发展所需的全部资源，必须通过与其他组织或个体进行资源交换才能维持生存和发展。中小民营企业由于存在自身经营规模小、内部管理不规范、抗风险能力不足等问题，很大程度上必须依赖金融机构提供资金才能度过初创期和成长期。同时，银行等金融机构作为授信者，是发挥金融资源跨期配置作用的主要机构，也必须依靠吸收存款并让渡资产的使用权才可以发展。二者存在相互依存的共生关系。在利润最大化作用的驱使下，企业和银行只有通过相互配置增加收益、降低成本才能够建立稳定的金融共生关系，使双方都能够获利，这也是融资生态链能够缓解中小民营企业融资约束的内在原因。

在金融生态中，金融生态主体是由一条条相互交织的融资生态链所形成的网状系统结构，包括融资供给方、融资需求方和金融中介；金融生态环境为融资生态链提供了经济环境、法治环境、信用环境、市场环境和制度环境等环境基础；融资生态链的内部运行机制属于金融生态调节的重要内容，它维系了生态链内部各个主体之间的作用机制。

第二节　融资生态链缓解中小民营企业融资约束模型及假设

一、融资生态链缓解中小民营企业融资约束的机理

融资生态链对中小民营企业融资的重大意义在于解决了资源配置中的信用错配、流动性错配和期限错配问题。

从信用错配来看，中小民营企业往往规模较小、盈利能力较弱，虽然也存在一些经营水平良好、偿债能力较强的中小企业，但商业银行出于降低经营风险的需要，往往会采用“一刀切”的办法，赋予这类企业同样低的信用水平，这将导致银行失去潜在的优质客户。对于一些资产规模较小、抵抗风险冲击能力不足、经营和利润较差的中小民营企业，商业银行不仅会采取信用低配的手段控制自身风险，甚至采取拒绝授信的措施，这也使中小民营企业融资更为困难。融资生态链会对加入的企业进行详细的信用评定，制定适用于中小企业的信用评估指标，构建适用于中小企业的信用体系。此外，在融资生态链中，中小企业也可以通过核心企业提供的担保进行融资，商业银行等金融机构可以根据核心企业提供的担保资料，为中小企业提供贷款，解决中小民营企业信用错配问题。

从流动性错配来看，中小民营企业出现流动性错配的原因是企业经营和发展需要大量的资金。而企业融资方式和融资渠道受限，股权融资需要一定的门槛，发行债券也无法获得投资者的青睐，向其他经济主体借款时权益又难以得到保障，因而中小民营企业只能通过银行借贷等方式进行融资。而银行等金融机构难以有效满足中小民营企业的融资需求，所以中小民营企业会出现流动性错配问题。融资生态链将众多中小企业集中起来，通过中小企业集群形成规模效应，克服单个企业由于融资规模较小使金融机构无法获得较高利润，同时承担较高风险的问题，降低交易成本。此外，融资生态链的抵押或授信方式较为灵活，企业的财务状况、订单存货、商业票据和专利产权等都可以用于授信，解决商业银行机构对中小企业融资意愿低的问题。

从期限错配来看，由于我国金融生态不完善，市场的长期资本供给较为缺

乏，金融机构难以有效满足中小民营企业的长期融资需求。虽然不断进行短期贷款可以应对长期资本供给不足的问题，但这种短期资金和长期资金混合会弱化企业治理机制，中小民营企业将会持续不断地面临短期贷款的付息压力，导致企业长期需要预备足够的现金流偿还短期债务，由此造成企业面临较为严重的期限错配现象。融资生态链充分考虑了中小民营企业和商业银行等金融机构的共同利益，通过一致的基础设施和服务加强银企之间共生关系，银行对融资生态链内企业的贷款风险大大低于游离于生态链之外的单个企业，银行可以通过这种方式从规模经济中获取更高的收益，这种稳固的共生关系也推动了商业银行为中小民营企业提供可靠稳定的长期贷款。

银企之间稳固的共生关系也反映出融资生态链的依存性，双方都需要依靠对方获取资源以维持自身的生存和发展，表明生态链中组织之间资源的相互依赖关系。进一步来说，这种依赖关系反映出两方面的依存性。

一方面，生态链内部主体之间存在依存性。银行等金融机构作为资金供给者为中小民营企业提供了资金支持，为企业经营发展提供了动力；而众多中小民营企业作为资金需求者通过融资使自身得到发展，并支付金融机构一定的利息报酬，也为资金提供者拓宽了收益来源和渠道。此外，资金供需双方在一定程度上需要金融中介机构提供服务，扩大了资本运用规模和提高了资本收益。

另一方面，融资生态链对外部环境具有依存性。作为一个整体，融资生态链也需要获取外部资源供应，与外界环境进行资源互换来维持生态链运作。如果缺少一个完善的市场环境、宽松的政策环境、健全的法律环境和规范的信用环境，融资生态链自身发展也难以维持。不良的外部环境会阻碍金融交易进行，阻碍金融生态的良性运行和发展。作为复杂的金融系统，金融生态也在影响融资生态链的稳定，银企之间的共生关系也依赖于金融生态平稳运行和健康发展。

综上所述，融资生态链的形成依赖于中小民营企业和商业银行之间稳定的共生关系，这种共生关系能够协调银行和企业之间的共同利益，解决资源跨期配置中的信用错配、流动性错配和期限错配问题，能够有效帮助中小民营企业解决融资约束问题。

二、融资生态链缓解中小民营企业融资约束的数理模型

假设中小民营企业当前存在投资需求，而企业自身现金流以及其他流动性

资产不足以提供所需的资金，企业需要通过融资生态链渠道获取资金进行投资以及扩大生产。

假设企业投资时生产函数 $F(\cdot)$ 和 $G(\cdot)$ 为递增的连续可导凹函数，且存在0、1、2 三个时期。该企业为一家持续经营的公司，在 $t = 0$ 时其经营的现金流为 c_0，此时企业有两个投资方案可供选择：第一，在 $t = 0$ 时投资 I_0，那么将会在 $t = 2$ 时获得产出 $F(I_0)$；第二，在 $t = 1$ 时投资 I_1，那么将会在 $t = 2$ 时获得产出 G（I_1）。同时，企业的现有资产在 $t = 1$ 时能够产生的现金流量为 c_1，其中高现金流 c_1^H 的概率为 p，低现金流 c_1^L 的概率为（$1-p$），那么有 $c_1^H > c_1^L$。假设贴现因子为1，企业是风险中性①的，在 $t = 0$ 和 $t = 1$ 时，投资商品的成本为1，并且在第2期期末清算时，两种投资方案中的 I_0 和 I_1 能产生 q（$I_0 + I_1$）的收入，其中 $q \leqslant 1$，I_0、$I_1 \geqslant 0$。将投资产生的总现金流定义为 $f(I_0) \equiv F(I_0) + qI_0, g(I_1) \equiv G(I_1) + qI_1$。假设企业通过投资所获得产出 $F(I_0)$ 和 $G(I_1)$ 具有不确定性，因此企业无法将未来的现金流通过贴现来融资，但可以根据一定比例 α 将投资过程形成的固定资产进行抵押来获取贷款，其中 $0 \leqslant \alpha \leqslant 1$。

基于以上提出的假设，企业的目标函数表示为在融资受到约束的条件下，企业存续期间股利的最大化②，即

$$Max[d_0 + pd_1^H + (1-p)d_1^L + pd_2^H + (1-p)d_2^L]$$

$$\text{s.t.}\quad \begin{aligned} & d_0 = c_0 + B_0 - I_0 - C \geqslant 0 \\ & d_1^s = c_1^s + B_1^s - I_1^s + C \geqslant 0 \\ & d_2^s = F(I_0) + G(I_1^s) + q(I_0 + I_1) - B_0 - B_1^s \geqslant 0 \\ & B_0 \leqslant \alpha q I_0 \\ & B_1^s \leqslant \alpha q I_1^s \end{aligned} \tag{7-1}$$

式中，s 为状态变量，$s = H$、L；d_t 为第 t 期应当支付的股利；B_t 为第 t 期的负债水平，由投资产生的固定资产以及比例 α 决定；C 为企业 $t = 0$ 到 $t = 1$ 期间的现金持有量。

① 风险中性是用在不确定角度下考虑的一种形容个体行为的一种方法。风险中性解释为：投资者的确定性等价的收益等于其投资收益期望值，他们对风险资产和无风险资产具有同样偏好。

② Altneida H, Campello M, Weisbach M S. The Cash Flow Sensitivity of Cash [J]. The Journal of Finance, 2004, 59 (4): 1777-1804.

对于存在融资约束的企业，由于金融生态不完善导致的企业内源融资成本和外源融资成本存在差异，使企业无法以较低的成本获取所需要的资金，因此这些企业无法投资净现值为正的项目，这就导致企业必须持有部分现金从而保证未来的需要。但企业持有现金会由于无法投资而产生机会成本，因而存在融资约束企业最优的现金持有量是确定且唯一的。而受融资约束企业需要支付股利可以视为一个净现值为零的投资项目，所以这些企业在 $t=0$ 和 $t=1$ 时可以不支付股利。则受融资约束企业的目标函数为

$$Max[d_0+pd_1^H+(1-p)d_1^L+pd_2^H+(1-p)d_2^L]$$

$$\text{s.t.}\quad \begin{cases} d_0=c_0+B_0-I_0-C=0 \\ d_1^s=c_1^s+B_1^s-I_1^s+C=0 \\ d_2^s=F(I_0)+G(I_1^s)+q(I_0+I_1)-B_0-B_1^s \\ B_0\leqslant \alpha qI_0 \\ B_1^s\leqslant \alpha qI_1^s \end{cases} \tag{7-2}$$

令 $\lambda=1-\alpha q$，则有

$$Max\left[F\left(\frac{c_0-C}{\lambda}\right)+pG\left(\frac{c_1^H+C}{\lambda}\right)+(1-p)G\left(\frac{c_1^L+C}{\lambda}\right)\right.$$
$$\left.+p(1-\alpha)q\frac{c_0+c_1^H}{\lambda}+(1-p)(1-\alpha)q\frac{c_0+c_1^L}{\lambda}\right]$$

对上式进行一阶求导可得

$$\frac{\partial M}{\partial C}=-\frac{1}{\lambda}F'\left(\frac{c_0-C}{\lambda}\right)+\frac{p}{\lambda}G'\left(\frac{c_1^H+C}{\lambda}\right)+\frac{1-p}{\lambda}G'\left(\frac{c_1^L+C}{\lambda}\right) \tag{7-3}$$

结合生产函数的特点以及企业的融资约束现实，在最优的套期保值决策下，企业最优现金持有需要满足以下条件：

$$f'\left(\frac{c_0-C^*}{\lambda}\right)=g'\left(\frac{c_1+C^*}{\lambda}\right) \tag{7-4}$$

令 $Y=f'\left(\frac{c_0-C^*}{\lambda}\right)-g'\left(\frac{c_1+C^*}{\lambda}\right)$，对 C^* 和 c_0 分别求导数可得

$$\frac{\partial Y}{\partial C^*}=-\frac{1}{\lambda}f''\left(\frac{c_0-C^*}{\lambda}\right)-\frac{1}{\lambda}g''\left(\frac{c_1+C^*}{\lambda}\right) \tag{7-5}$$

$$\frac{\partial Y}{\partial c_0}=\frac{1}{\lambda}f''\left(\frac{c_0-C^*}{\lambda}\right) \tag{7-6}$$

对以上两式整理可得

$$\frac{\partial C^*}{\partial c_0}=-\frac{\dfrac{\partial Y}{\partial c_0}}{\dfrac{\partial Y}{\partial C^*}}=\frac{f''\left(\dfrac{c_0-C^*}{\lambda}\right)}{f''\left(\dfrac{c_0-C^*}{\lambda}\right)+g''\left(\dfrac{c_1+C^*}{\lambda}\right)}=\frac{f''(I_0^*)}{f''(I_0^*)+g''(I_1^*)} \tag{7-7}$$

根据前提假设生产函数为凹函数，则有 $f''(I_0^*)\geqslant 0$，$g''(I_1^*)\geqslant 0$，因此 $\frac{\partial C^*}{\partial c_0}>0$。可以看到，如果可以证明存在融资约束企业的现金敏感性大于零，那么就说明融资生态链能够缓解中小民营企业融资约束。

三、融资生态链缓解中小民营企业融资约束的理论假设

目前学术界普遍认为，中小企业融资难、融资贵的问题在于信息不对称可能引致的道德风险和逆向选择问题①，同时中小企业存在的经营业绩、信用状况不佳和财务管理不规范问题也是造成中小企业融资难的深层次因素②。关于融资生态链在解决中小企业融资方面能够发挥的作用，学术界也有一些探讨。张伟斌等③认为，供应链金融可以弥补中小企业的信用缺位，降低信贷市场的信息不对称。姚王信等④认为，核心企业的各方面优势能够通过生态链进行传导，缓解中小企业的信息不对称问题。朱秋华⑤认为，金融机构能够通过供应链中的核心企业对中小企业的信息有更多的把控，降低信息不对称。融资生态链通过深入绑定企业生产、经营过程中产生的信用信息，从制度层面上为缓解金融机构与中小民营企业之间的信息不对称提供了有效解决方案。生态链对企业进行信用评价，构建自有信用平台，能够积累大量关于中小民营企业生产、经营过程中的“软信息”。对上下游企业准入体系的考察，能够提高金融机构

---

① 林毅夫，李永军．中小金融机构发展与中小企业融资［J］．经济研究，2001（1）：10－18，53－93.

② 王朝弟．中小企业融资问题与金融支持的几点思考［J］．金融研究，2003（1）：90－97.

③ 张伟斌．刘可．供应链金融发展能降低中小企业融资约束吗？——基于中小上市公司的实证分析［J］．经济科学，2012（3）：108－118.

④ 姚王信，夏娟，孙婷婷．供应链金融视角下科技型中小企业融资约束及其缓解研究［J］．科技进步与对策，2017，34（4）：105－110.

⑤ 朱秋华，杨毅，杨婷．信息披露质量、供应链金融与中小企业融资约束——基于创业板上市公司的经验证据［J］．企业经济，2019（6）：89－96.

对受信企业信用状况的甄别能力。同时，融资生态链中上下游企业的加入也进一步提高了企业的违约成本。

通过对融资生态链的理论逻辑分析，可以发现融资生态链缓解中小民营企业融资困境的方式。首先，融资生态链能够降低银行和企业之间的信息不对称，提高了银企之间交易的透明性，主要表现在生态链融资模式具有相对严格的市场准入和退出机制，生态链自身的运行也有相应的制度设计，生态链融资中的风险共担机制、银行整体授信手段和核心企业提供担保有效防范了中小民营企业违约风险。其次，融资生态链降低了中小民营企业融资的交易成本，表现为融资生态链中银行与企业间长期合作有助于减少烦琐的贷款流程和手续，不高于市场的贷款利率减轻了中小民营企业的负担，生态链其他主体如政府等监管机构的加入能够有效减少不确定性，提高资金的专用程度。最后，融资生态链将银行和中小民营企业的利益深度绑定，形成利益共享、风险共担的商业合作机制，能够解决融资过程中的信息不对称造成的逆向选择问题，形成良好的金融生态。

综上所述，融资生态链模式将银行和企业之间的利益进行深度结合，形成共生依存的机制，能够降低银行与企业之间的信息不对称和交易成本，有效减少信贷过程中产生的道德风险和逆向选择问题，拓宽中小民营企业融资渠道。基于上述分析，笔者提出本部分的研究假设：融资生态链能够有效缓解中小民营企业的融资约束问题。

第三节 融资生态链缓解中小民营企业融资约束的实证分析

一、实证模型设定和变量定义

现金—现金流敏感性模型认为，出于预防性动机，未来需要进行项目投资的企业会将其经营性现金流进行部分留存。其经营性现金流与现金持有量变化之间的关系强度能够反映出企业面临融资约束的程度，融资约束越高的企业留存的现金流比例越高。因此，本书的实证分析部分构造现金—现金流敏感性模型，采用如式（7－8）所示的双向固定效应模型进行估计。

$$\Delta cash_{i,t} = \alpha_0 + \alpha_1 CF_{i,t} + \alpha_2 FEC_{i,t} + \alpha_3 CF_{i,t} \times FEC_{i,t} + \sum \gamma_1 Controls_{i,t}^{j} + d_t + \mu_{i,t} + \varepsilon_{i,t} \quad (7-8)$$

主要变量定义见表7-1。其中，由于目前尚无对融资生态链发展状况的测度方法，同时企业微观数据的可获得性有限，本书融资生态链发展指数参考供应链金融相关研究的做法，即用企业的短期借款和应付票据之和的均值来表示供应链金融发展水平。短期借款代表企业为了缓解短期资金需求，向金融机构借入的一年内的贷款，可以视作中小企业采用存货融资和应收账款融资的两种融资生态链融资模式的代理变量；应付票据采用商业承兑汇票和银行承兑汇票，视作中小企业在融资生态链中预付账款融资模式的代理变量，两者的和可以全面反映中小企业在融资生态链中不同融资模式的发展水平。另外，d_t 为年份虚拟变量，$\mu_{i,t}$ 表示个体效应，$\varepsilon_{i,t}$ 为误差项。

表7-1　　　　变量定义

变量类型	变量名称	变量定义
被解释变量	$\Delta cash_{i,t}$	现金持有的变化/ $Size_{i,t-1}$
解释变量	$CF_{i,t}$	企业经营性现金流/ $Size_{i,t-1}$
	$FEC_{i,t}$	融资生态链发展指数：（短期借款+应付票据）/总资产
控制变量	$Expend$	资本支出/ $Size_{i,t-1}$
	$\Delta NWC_{i,t}$	企业净营运资本变化/ $Size_{i,t-1}$
	$\Delta SD_{i,t}$	企业短期负债变动：流动性负债增加额/ $Size_{i,t-1}$
	$growth\_income$	企业营业收入增长率

由于企业需要留存一部分现金流用来抵御融资约束，因此，模型中系数 α_1 表明企业所面临的融资约束状况。进一步地，若交乘项系数 α_3 为负，则表明融资生态链能够缓解中小企业面临的融资约束，若为正则表明融资生态链会加剧中小企业融资约束。

二、数据来源与指标选取

囿于中小企业微观财务数据可得性，本书的实证分析部分选取2011年以前上市的中小板和创业板上市企业为样本。所使用2011—2020年的企业财务数据来自Wind数据库。对样本数据进行如下处理：（1）剔除金融类企业。（2）剔除财务数据严重缺失的企业。（3）剔除ST、ST*的企业。最终得到

2011—2020年中小板、创业板上市企业观测值共12972条。本书使用的主要统计软件为Excel 2019和Stata16.0。变量的描述性统计见表7-2。

表7-2　　　　描述性统计

变量	观测数	均值	标准差	最小值	中位数	最大值
d_cash	12971	0.02	0.122	-0.718233	0.0039647	0.8358953
CF	12972	0.05	0.072	-0.7617281	0.0454745	0.6641376
FEC	10148	0.14	0.122	0	0.1169395	1.246936
expend	12970	0.06	0.052	3.60e-06	0.0406852	0.6418601
d_nwc	11838	0.01	0.125	-1.210614	0.0038479	2.350059
d_sd	11838	0.04	0.171	-11.56325	0.036239	0.8345295
g_income	11844	0.24	1.660	-1.309156	0.130595	84.99201
size	12972	21.63	0.972	18.27563	21.53596	26.38835

三、实证检验与结果分析

(一) 基准回归分析

基准模型的估计结果如表7-3中模型(1)所示。首先，经营性现金流的系数估计值为0.450，在1%的水平下显著为正。这意味着企业每增加1个单位的经营性现金流流入，会新增留存0.450个单位的现金用于应对未来可能会面临的融资约束，这也对上节的数理模型进行了验证。其次，融资生态链发展程度与现金流的交乘项系数为-0.548，在1%的水平下显著为负，表明融资生态链发展程度的提升会降低企业所留存的经营性现金流比例。从估计结果来看，融资生态链发展程度的提升能够对中小企业的融资约束的缓解起到积极的作用，从而验证了本章提出的假说。

表7-3　　　　基准回归结果

变量	(1)	(2)	(3)
	全样本	民营企业	非民营企业
CF	0.450***	0.380***	0.553***
	(0.039)	(0.036)	(0.055)
FEC	0.191***	0.184***	0.123***
	(0.016)	(0.022)	(0.027)

续表

变量	(1)	(2)	(3)
	全样本	民营企业	非民营企业
c. CF × c. FEC	-0.548 *** (0.188)	-0.055 (0.152)	-1.130 *** (0.101)
expend	-0.148 *** (0.026)	-0.154 *** (0.029)	-0.081 (0.053)
d _nwc	0.489 *** (0.027)	0.504 *** (0.028)	0.462 *** (0.036)
d _sd	0.185 *** (0.054)	0.184 *** (0.060)	0.277 *** (0.028)
g _income	-0.003 ** (0.001)	-0.004 * (0.002)	-0.004 ** (0.002)
size	0.003 (0.004)	0.003 (0.004)	-0.002 (0.006)
行业固定效应	Yes	Yes	Yes
时间固定效应	Yes	Yes	Yes
个体固定效应	Yes	Yes	Yes
_cons	-0.114 (0.089)	-0.097 (0.095)	-0.026 (0.144)
year	Yes	Yes	Yes
ind _id	Yes	Yes	Yes
R^2	0.459	0.466	0.485
$Adj-R^2$	0.46	0.46	0.47
N	9372	8092	1229

注：括号内为 t 值，参数估计中，* 表示 $p<0.10$，** 表示 $p<0.05$，*** 表示 $p<0.01$，下同。

同时，根据中小企业产权性质的不同，将样本中的企业分为民营企业组和非民营企业组，分别采用现金—现金流敏感性模型进行回归，民营企业组的回归结果见表7-3中模型（2），非民营企业组的回归结果见表7-3中模型（3）。对比模型（2）和模型（3）的回归结果可以看到，在民营企业中，融资生态链发展程度和现金流的交乘项系数为-0.055，在统计意义上不显著；而在非民营企业组中，这一系数为 -1.130，同样在1%的水平下显著。但民营企业组的系数绝对值小于非民营企业组，这意味着融资生态链对民营企业融资约束的缓解效应要弱于对非民营企业融资约束的缓解效应，因此本章提出的假设得以验证。

那么，融资生态链对民营企业究竟存在怎样的影响？我们将企业根据融资约束的高低进行了二次划分。首先，通过计算企业的SA指数并取其绝对值，得到样本中各个企业的融资约束程度。其次，根据年份计算每个行业当年所有企业融资约束程度的平均数。最后，将企业的融资约束与当年所属行业平均值进行比较，融资约束超过平均水平的记为1，低于平均水平的记为0。根据融资约束的高低和企业产权性质的不同，将样本企业划分为四组，分别进行回归，回归结果如表7-4所示。

表7-4　　融资约束检验

变量	(1)	(2)	(3)	(4)
	民营企业		非民营企业	
	高融资约束	低融资约束	高融资约束	低融资约束
CF	0.366***	0.387***	0.669***	0.423***
	(6.80)	(7.55)	(10.10)	(3.32)
FEC	0.160***	0.192***	0.119***	0.0912*
	(6.51)	(6.76)	(3.27)	(1.66)
c.CF × c.FEC	0.0556	-0.0432	-1.586***	-0.557*
	(0.27)	(-0.21)	(-12.01)	(-1.79)
expend	-0.172***	-0.142***	-0.0148	-0.221**
	(-4.60)	(-3.15)	(-0.20)	(-2.55)
d_nwc	0.461***	0.558***	0.570***	0.381***
	(14.78)	(18.02)	(13.95)	(6.05)
d_sd	0.135**	0.284***	0.404***	0.264***
	(2.24)	(10.55)	(9.84)	(6.80)
g_income	-0.00719**	-0.00350	-0.0422***	-0.00378***
	(-2.37)	(-1.64)	(-5.54)	(-3.80)
size	0.00591	-0.00414	-0.000122	0.00325
	(1.09)	(-0.96)	(-0.01)	(0.36)

续表

变量	(1)	(2)	(3)	(4)
	民营企业		非民营企业	
	高融资约束	低融资约束	高融资约束	低融资约束
_cons	-0.159 (-1.44)	0.0610 (0.53)	-0.0630 (-0.32)	-0.138 (-0.66)
年份固定效应	Yes	Yes	Yes	Yes
行业固定效应	Yes	Yes	Yes	Yes
个体固定效应	Yes	Yes	Yes	Yes
N	3785	4307	679	550
r^2	0.439	0.502	0.559	0.467
r^2_a	0.434	0.497	0.541	0.437

表7-4中回归结果显示，在四类企业中，只有高融资约束和低融资约束的非民营企业交乘项系数在统计意义上显著，前者为-1.586，在1%水平下显著，后者为-0.557，在10%水平下显著，而民营企业样本中的两组子样本交乘项系数均不显著。可以看到，现阶段以供应链金融为雏形的融资生态链并没有对中小民营企业的融资带来显著的融资约束缓解效应，而是更多地缓解高融资约束的非民营企业的融资约束。

（二）内生性检验

在此部分的研究中，提出了融资生态链发展缓解企业融资约束的基本假说，但融资生态链的发展与企业融资约束之间是否存在反向因果关系呢？在计量模型的设计中是否存在遗漏变量的情况？这都是需要进一步讨论的潜在内生性问题。

因此，该部分参考宋华等（2021）① 的做法，采用样本企业所在行业的年度均值及其滞后项作为各变量的工具变量，即行业平均融资生态链发展指标（*m_FEC*）及FEC的滞后一期*l*_FEC作为FEC的工具变量。采用2SLS的方法进行工具变量估计，以克服潜在的内生性问题。回归结果由Stata 16.0软件中的xtivreg2命令运行得到，回归结果如表7-5所示。

---

① 宋华，黄千员，杨雨东．金融导向和供应链导向的供应链金融对企业绩效的影响［J］．管理学报，2021，18（5）：760-768.

表 7-5　　　　内生性检验结果

变量	(1) d _ cash	(2) FEC	(3) c _ FEC
m _ FEC	—	0.600 *** (6.27)	0.00236 (0.25)
l _ FEC	—	0.501 *** (24.74)	-0.00267 (-0.33)
CF × m _ FEC	—	-0.0250 (-0.06)	0.410 ** (2.70)
CF × L _ FEC	—	-0.255 (-0.68)	0.815 *** (3.73)
FEC	0.164 *** (4.27)	—	—
CF × FEC	-0.682 ** (-3.23)	—	—
CF	0.492 *** (11.44)	-0.117 * (-2.52)	-0.0165 (-1.65)
expend	-0.167 *** (-6.14)	-0.132 *** (-6.47)	0.00361 (0.63)
d _ nwc	0.498 *** (16.88)	-0.159 *** (-9.26)	0.00834 (1.02)
d _ sd	0.193 *** (3.55)	0.124 *** (3.96)	0.0153 (1.59)
g _ income	-0.0126 *** (-4.42)	0.000891 (0.39)	-0.000809 (-1.43)
size	0.00848 (1.80)	-0.00000733 (-0.00)	-0.00111 (-1.61)
年份固定效应	Yes	Yes	Yes
行业固定效应	Yes	Yes	Yes
个体固定效应	Yes	Yes	Yes
N	8699	8699	8699

模型（1）是第二阶段回归结果，模型（2）、模型（3）报告了第一阶段

回归结果。其中，在模型（2）、模型（3）中，工具变量与内生变量 *FEC* 和 $CF \times FEC$ 之间分别在5%的水平上存在显著的正相关性。在模型（1）中，可以看到2SLS回归结果中 $CF \times FEC$ 的系数仍然在5%的水平下为负，仍然能够说明融资生态链的发展可以缓解中小企业的融资约束。

回归结果表明，工具变量的选取通过了不可识别检验和弱工具变量检验。在使用工具变量法减轻内生性问题的影响后，融资生态链的发展对企业融资约束的缓释作用仍然是显著的，且回归系数相较于基准回归有所提高。内生性检验的结果说明该部分的结论是相对稳健的。

第四节　本章小结

本章对融资生态链进行详细的论证分析，深入研究了融资生态链是否能够缓解中小民营企业的融资约束问题。在理论逻辑分析中指出了传统融资模式的不足，即无法将银行和中小企业的利益协调一致，使中小民营企业出现融资难和融资贵的问题。而融资生态链的提出正是为了解决这一问题，通过将不同主体纳入生态链中，设计一定的运行机制将银企利益进行深度融合，缓解中小民营企业融资约束问题。通过建立数理模型，从理论上论证融资生态链对于缓解中小民营企业融资困境的可行性。通过实证结果分析，可以看到中小民营企业普遍存在融资约束问题，而融资生态链的发展程度提高能够显著降低企业留存现金流的比例，证明了融资生态链的不断发展能够缓解中小企业的融资约束问题。内生性检验也验证了上述结论。不过从企业产权角度来看，融资生态链对民营企业融资约束的缓解效应要弱于对非民营企业融资约束的缓解效应，这意味着现有的生态链对于缓解中小民营企业的效果还存在提升的空间。而如何对融资生态链模式进行改善和优化，使其能够更好地为中小民营企业提供融资服务则是值得进一步研究的问题。

第四部分　对策篇

本书第四部分为对策篇，包括本书的第八章、第九章和第十章，是本书的重点研究部分。本篇承接“问题篇”和“分析篇”对我国中小民营企业融资问题的深入讨论，提出利用数字金融优化中小民营企业融资生态链以缓解中小民营企业融资约束的观点，并对其进行了详尽论证，在此基础之上形成了破解我国中小民营企业融资问题的对策建议。

第八章提出利用数字金融优化融资生态链，支持和帮助中小民营企业进行融资，一方面在宏观层面数字金融能够优化金融生态环境，另一方面在微观层面数字金融可以支持融资生态链，降低主体交易成本和信息不对称，并通过演化博弈分析从理论上验证可行性。

第九章进一步分析了数字金融融资生态链缓解中小民营企业融资约束问题的机制和渠道，并实证检验了数字金融和金融生态在其中的调节及渠道效应。

第十章对本书的结论进行了总述，通过本书前四个篇章对中小民营企业融资约束问题的研究，对研究结果进行梳理和总结，归纳出一般性结论，并根据本书的研究结论提出相应的对策建议，以期为相关机构部门决策提供科学参考。

第八章　数字金融优化融资生态链的演化博弈

本章主要讨论了数字金融对融资生态链的优化作用。融资生态链是金融生态的重要组成部分，而金融生态环境对融资生态链的发展能产生重要作用，因此本章第一节详细论述了数字金融优化金融生态环境的机理。只有在宏观上论证数字金融能够优化金融生态环境，才能进一步从微观视角分析数字金融支持融资生态链的机理。本章采用演化博弈分析的方法对数字金融融资生态链缓解中小民营企业融资约束问题进行探讨，首先基于交易成本的视角对数字金融融资生态链进行博弈分析，然后在此基础上考虑信息不对称作用对数字金融融资生态链的影响，从而分析数字金融融资生态链对企业融资的影响。

第一节　数字金融优化金融生态环境的机理

金融生态是一种动态、开放、庞大的复杂网络演化系统，内部结构随着时间和外界条件在不断发生变化，其中金融生态环境作为系统内主体之间进行金融交易所依赖的外部环境，对金融交易的影响不容忽视。数字金融是资源跨期配置过程的数字化。因此，其作为一种技术手段，能够通过自身调节机制使之与其生存和发展的（法制及其监管体系、社会信用体系，市场及其经济体系等）外部环境之间形成一个相互影响、相互作用的动态平衡系统——数字金融生态环境系统，并通过自我调节与反作用机制对金融生态环境新格局的重塑与改善起到重要的助推作用，最终能够有效优化金融生态环境，促进金融生态环境不断创新，为融资生态链提供多样化的选择集合，推动整个金融生态演化发展。

一、数字金融加速经济发展方式转变

经济环境是指以人为主体的经济活动若干外部条件的总和，既包括宏观经

济环境，也包括微观经济环境（赵立成等，1999）①。而数字金融的发展通过数字技术重构金融供给，缓解中小企业融资约束和破解消费信贷难题，既满足了中小企业投资需求，也提升居民消费水平、改善居民消费结构，从而增强了推动经济增长“三驾马车”中的“投资”“消费”引力，改善了宏观与微观经济运行环境。

在我国中小民营企业中，小微企业的融资难、融资贵问题尤为突出。首先，数字金融可以缓解小微企业融资约束，满足小微企业投资需求，从而创造更多的就业机会、增加居民收入和财政收入，促进国家经济增长。中小微企业是我国实体经济的重要组成部分，更是金融服务或者说投融资需求最旺盛的经济主体之一。然而，由于我国小微企业存在经营风险高、抵押品不足、信息不对称等问题，约81%的小微企业面临流动资金不足的困境，60.5%的小微企业无法获得中长期贷款②。随着数字金融技术的不断发展，金融机构能够利用网络大数据等技术，全面掌握小微企业的经营情况，对小微企业进行风险评估，弥补银行对小微企业的征信缺失，解决银行和企业之间的信息不对称问题，促进银行等金融机构竞争、提升经营效率和改善成本效率，使小微企业能够以合理的成本获得银行贷款。因此，数字金融各业务发展，均有助于从供给侧缓解（包括小微企业在内的）融资约束问题（刘佳鑫和李莎，2021）③，并扩大小微企业投资规模。截至2020年5月末，金融机构普惠小微贷款余额达到12.9万亿元，同比增长25.4%，普惠小微贷款已经支持了2863万户小微经营主体，同比增长21%④。此外，数字金融还能创造就业机会，提升消费者收入水平（胡晓明，2020）⑤。张伟（2021）⑥ 通过实证研究也表明，无论是宏观还是微观层面，数字（普惠）金融不但对整个社会的城镇居民就业有明显

---

① 赵立成，杨大海，肖瑜．改善经济环境 发展环境经济［J］．经济纵横，1999（12）：49.

② 汪涛，李惠青．互联网金融下小微企业融资模式及风险研究［M］．成都：电子科技大学出版社，2018：87－88.

③ 刘佳鑫，李莎．“双循环”背景下数字金融发展与区域创新水平提升［J］．经济问题，2021（6）：24－32.

④ 中国政府网．人民银行举行2020年上半年金融统计数据新闻发布会［EB/OL］．［2022－06－21］．http：//www.gov.cn/xinwen/2020－07/11/content_5525933.htm.

⑤ 胡晓明．数字技术破解小微及消费信贷难题［J］．中国金融，2020（15）：49－51.

⑥ 张伟．数字普惠金融对城镇居民就业的影响——基于中国省级数据的研究［J］．经营管理者，2021（5）：96－97.

的正向影响，而且还能缩小区域之间就业的差距，同时促进居民收入的增长，且对中低收入群体促进效应更明显。这不仅是因为数字（普惠）金融能够提升家庭耐用消费品价值、金融资产价值、家庭房产净值，还能够通过提升货币基金、电子支付的使用深度来提高家庭财富规模，并且对城市家庭及中西部家庭的财富增长具有更强的促进作用（段坪利和王淑敏，2021）[①]。

其次，数字金融有助于破解消费信贷难题，增加居民消费支出，优化消费结构，助力于扩大内需。由于数字技术增强了消费信贷的普惠性，实现了比传统消费信贷风控模型更好的风控效果，因此数字金融的发展能有效破解消费信贷难题。杨竹清和张华（2021）[②] 研究发现，数据金融不仅有利于提高银行信用贷款投放规模和占比，而且还是影响银行信用贷款的重要中介变量，特别是能够促进消费贷款的发展。总体而言，数字金融促进了居民消费的增长，且其促进作用对于中西部地区和中低收入阶层更明显。数字金融主要可以通过缓解流动性约束、便利居民支付、优化支付环境、增加财产性收入和提升居民风险管理能力等渠道和机制的推动作用促进居民消费增长（易行健和周利，2018；黄凯南和郝祥如，2021）[③④]。同时，数字金融在促进居民消费增长的同时还能优化消费结构。从消费收入类别来看，数字金融一方面对高收入和中等收入群体消费增长有显著推动作用，另一方面对中等收入群体的影响高于高收入群体，此外，对低收入群体扩大消费的效应尽管客观存在，但是尚未得到充分释放。从消费者地域类别看，数字金融对农村家庭、东部居民、低收入阶层和参保家庭的影响更显著。从消费产品类别看，数字金融对各个方面的消费都存在积极影响，对衣着、教育、娱乐等发展享受型商品与服务消费支出的影响更大。由此可见，数字金融在促进中国居民消费水平提高的同时，也推动了中国居民消费结构的升级。

最后，数字金融能够推动经济增长与发展水平提升，促进国民经济高质量

---

① 段坪利，王淑敏．数字普惠金融与居民收入增长研究——基于地级市和 CLDS 的证据［J］．财会月刊，2021（10）：153－160.

② 杨竹清，张华．数字经济促进了银行信用贷款吗？——基于中国城市数据的实证研究［J］．浙江金融，2021（4）：33－43，14.

③ 易行健，周利．数字普惠金融发展是否显著影响了居民消费——来自中国家庭的微观证据［J］．金融研究，2018（11）：47－67.

④ 黄凯南，郝祥如．数字金融是否促进了居民消费升级？［J］．山东社会科学，2021（1）：117－125.

发展。研究表明，数字金融对经济高质量发展有较大的正向促进作用。例如，钱海章等（2020）① 采用双重差分法发现数字金融发展显著促进了经济增长，尤其是在城镇化率低和物质资本高的省份中，数字金融发展对经济增长的积极作用进一步增强。而段永琴等（2021）② 发现数字金融能显著促进技术密集型制造业的发展，并能通过促进技术密集型制造业发展等路径有效降低实体经济单位 GDP 能耗，成为我国绿色发展的新引擎。此外，李林汉和田卫民（2021）③ 研究指出，数字金融发展对本地区经济高质量增长呈现正向影响。

二、数字金融打破市场壁垒并提高交易效率

市场环境是生产要素合理配置的重要依赖。数字金融依托数字技术与金融业务的结合，能够有效减少信息不对称和不完全契约带来的金融摩擦，并通过打破市场壁垒和拓展市场规模、丰富市场产品和优化市场体系（结构）、多样化（市场主体）融资方式，激发市场活力，提高市场效率，降低交易成本，进而改善市场环境。

首先，数字金融可以打破区域之间、行业之间的数据壁垒，并加快构建促进数据流动的国内统一大市场，拓展市场空间。在传统技术模式下，数据价值得不到有效利用挖掘，金融中介机构往往只能按照二八原则（巴列特定律），对少数客户提供定制化或高端服务，而对绝大多数客户仅提供标准化或低端服务。数字金融通过数字技术，将低价值密度的金融大数据转化为可供决策的信用数据，服务于自身金融业务。根据新制度经济学中的交易成本理论，金融中介凭借自身强大的获取信息的能力，能够在一定程度上降低交易成本。因此，数字金融能够以其强大的交易处理系统，满足大量级客户的交易需求。由此可见，数字金融不仅能够降低门槛，让更多普通人使用，方便快捷，使用户不需要再到金融机构的物理网点，足不出户就能享受服务，而且还能够激发数以亿计的“长尾”用户需求，打破区域之间、行业之间的数据壁垒，加快构建促

---

① 钱海章，陶云清，曹松威，等．中国数字金融发展与经济增长的理论与实证［J］．数量经济技术经济研究，2020，37（6）：26－46.

② 段永琴，何伦志，克甝．数字金融、技术密集型制造业与绿色发展［J］．上海经济研究，2021（5）：89－105.

③ 李林汉，田卫民．数字金融发展、产业结构转型与地区经济增长——基于空间杜宾模型的实证分析［J］．金融理论与实践，2021（2）：8－16.

进数据流动的国内统一大市场，进一步拓展市场空间。数字金融还能够通过推动金融行业竞争、扩大消费者选择，进一步推动金融服务的市场化与一体化。尤其在中国，数字金融为落后和偏远地区的小微企业和低收入人群提供金融服务，使其能以较低成本、更便捷的形式享受支付、缴费、存贷款等金融服务（黄益平和黄卓，2018）①，进而拓展了金融市场空间。再如，在过去的20年间，数字金融在中国以惊人的速度快速发展。2003年支付宝第三方支付平台成立，如今的用户规模已达12亿人。而成立于2013年的微信支付同超过400家银行合作，与支付宝一同瓜分这个巨大的市场。除移动支付外，数字金融还涉及公司金融（如P2P点对点借贷和众筹）、个人金融和财务管理、金融数据分析和投资（如算法交易、指数基金、AI咨询）、交易媒介和记录保存（如加密货币、分布式账本技术）以及电子商务等广泛的领域（Ford，2021）②。

其次，数字金融提供了丰富的金融市场产品，优化了金融市场体系。数字金融产品使交易的支付手段发生了变化，数字金融提供的新的支付手段（如短信支付、扫码支付、生物识别支付等）一定程度上取代了传统支付业务。新型支付手段带来了更好的用户体验，缩短了购物时间，在边际上降低了购物成本，同时也提高了交易过程中的安全性。金融中介机构也可以直接应用大数据、云计算和人工智能技术，为客户提供投资顾问、咨询等服务。丰富的金融产品让更多的经济主体参与到金融活动中，能够有效分散投资，降低金融市场风险，为金融市场发展增添活力。与此同时，随着数字技术的发展，金融机构也得到了快速发展，其金融产品创新能力不断增强，不仅形成了数字金融体系，也改变了我国过去以银行业为主导的金融体系结构。

再次，数字金融使市场主体企业获取多样化的市场融资方式。市场主体企业融资方式越多，意味着该企业拥有更多的机会筹集到生产经营所需资金。而数字金融利用大数据、云计算等核心技术，对纾解企业融资约束、改变传统的融资方式起到了重要作用。第一，数字金融的融资活动不受时间和空间的限制，能够降低企业的融资成本，提升融资规模，提高市场融资效率，补齐了金

---

① 黄益平，黄卓．中国的数字金融发展：现在与未来［J］．经济学（季刊），2018（4）：1489－1502.

② Ford C. A Regulatory Roadmap for Financial Innovation ［M］. Routledge Handbook of Financial Technology and Law. Routledge，2021：62－77.

融资源流通渠道不畅、配置效率低下的短板。第二，数字金融使金融资源与企业需求之间的匹配机制更为通畅。它既丰富了金融市场融资工具和金融服务，又极大地改变了金融行业市场竞争格局，有助于提供更加优质的金融产品与服务，能够有效提高金融服务可得性，有利于缓解企业融资约束、改善企业融资状况、优化企业资本结构、增强企业财务稳健性和改善公司治理环境，进而向市场投资者传递积极信号。第三，数字金融凭借自身独特的技术优势，能够实现对贷后资金使用情况的有效监管。

最后，数字金融发展还可以改善就业市场情况，提升居民可支配收入，提升市场活力度。从宏观层面来看，数字金融带来的行业良性的竞争态势和市场高度的开放格局，一定程度上维护了金融市场的健康与稳定。从微观层面来看，数字金融天然的信息黏合作用能有效地减少信息不对称和信息操纵行为，企业信息环境的改善同样有益于金融市场的稳定。数字金融发展可以引导微观经济主体进行科学合理的经营决策，进而阻滞实体经济风险向金融市场扩散蔓延，有益于金融市场健康发展，营造良好市场生态环境。由此可见，数字金融发展有助于改善市场环境、优化产业发展、提高居民收入，显然对城乡居民消费会产生潜在影响。数字金融充分发挥了金融优化资源配置和宏观调控的重要作用，激发了市场主体活力和社会创造力。数字金融依托数字技术，为中国资本市场的发展增添了活力，促进资本向高利润行业转移，推动了资本在不同利润率的行业之间的高效转移，疏通并拓宽金融与实体经济结合的通道，积极规范发展多层次资本市场，扩大直接融资，加大了金融机构对重点民生领域的资金支持，营造了良好的金融生态环境。

三、数字金融逆向促进金融法律制度创新

通过互联网及信息技术手段与传统金融服务相结合，具有信息化、网络化、智能化等特质的数字金融，是一种特殊的金融服务业态形式。因此，仅仅以传统金融形式为规制对象的现行法律制度无法应对数字金融时代产生的新问题，法律制度供给不足问题越发凸显。若只依托传统金融法律制度对数字金融进行规制，则难以适应当前数字金融时代社会发展的新需求。法律制度的“供需矛盾”集中表现于依托数据要素发展起来的数字金融所涉及的国家金融数据安全、公民隐私保护、金融消费者保护等领域。

数字金融的不断发展对传统金融法治化与规范化管理带来了诸多新的挑战。当前，数字金融的快速发展已带来了较多金融风险。比如，一些金融机构过度和不当利用所采集的金融数据，严重侵犯了公民个人金融数据隐私，侵犯了金融消费者的合法权益，而当前金融数据产权法律制度、数据管理和转移法律规则尚未建立，个人和企业金融数据保护法律制度不足问题突出。与此同时，作为数字金融体系内的“脆弱性”消费群体，部分学生、农民和城市外来务工人员等过度消费、过度负债现象十分普遍。数字金融时代下，违法犯罪行为也呈现出专业化、产业化、隐蔽化、场景化、规模化、有针对性等新特点，这为精准地识别和打击数字金融犯罪行为提出了更高的制度要求，如欺诈手段由之前较为简单的盗号、盗刷不断演变为借助大数据等前沿技术，从宽范围的撒网式向窄空间的精准化转变，并叠加金融理财、虚拟货币、网购退款和传销等更为复杂多样的欺诈手法，需要更为严密的制度设计以打击数字金融欺诈行为。又如，传统的洗钱、偷税漏税和腐败等犯罪行为也在现代数字金融服务业态下出现了新手法和新形态，如借助比特币的洗钱和腐败行为，也对监管制度提出了新要求。由此可见，数字金融发展对传统金融法治形成了新的挑战，必然要求通过修订和创新传统金融法律制度（如金融消费者保护、金融数据保护、数字人民币法律地位等领域），或者对传统金融法律制度进行更为细化的解释（如准确界定和认定非法集资、垄断等行为），来达到优化和改善法律制度环境的目的。

数字金融持续健康发展需要良好的法治环境，因此也要求我国进一步完善并创新相关金融法律制度，完善数字金融业务监管体系。科学合理的法律制度体系和金融监管模式是重要的金融创新推动力，而非金融创新的绊脚石，国家可以通过设定创新的监管方式促进金融创新，以保障金融创新与金融安全同步推进，促进金融市场健康发展。当前，为进一步促进经济以及数字金融健康发展，我国除对原有《商业银行法》《票据法》《保险法》《证券法》《电子签名法》等金融法律法规进行了一定的补充、修订和完善之外，还根据数字金融发展进程，创新性地构建了相关法律制度体系。例如，第一，在关于数字货币的法律规定方面，2020 年 10 月 23 日中国人民银行就《中华人民共和国中国人民银行法（修订草案征求意见稿）》公开征求意见，首次写入人民币数字形式，规定人民币包括实物形式和数字形式，这为发行数字货币提供法律依据；

同时，为防范虚拟货币风险，明确任何单位和个人禁止制作和发售数字代币，并规定了相关惩戒机制①。第二，在金融数据产权制度②安排方面，2020 年中共中央、国务院印发《关于构建更加完善的要素市场化配置体制机制的意见》，提出研究“根据数据性质完善产权性质。制定数据隐私保护制度和安全审查制度。推动完善适用于大数据环境下的数据分类分级安全保护制度，加强对政务数据、企业商业秘密和个人数据的保护”。第三，在加强数字金融消费者保护的法制建设方面，《中国人民银行金融消费者权益保护实施办法》已于 2020 年 11 月 1 日起施行，对金融机构的行为规范、金融消费争议解决、监督与管理机制等方面进行了更加详细的规定。2020 年 5 月《中共中央 国务院关于新时代加快完善社会主义市场经济体制的意见》提出“建立健全金融消费者保护基本制度”的任务。当前，部分地方已开始尝试引入和实践个人破产法律制度，如《深圳经济特区个人破产条例》③ 作为我国首部个人破产法规，于 2021 年 3 月 1 日起实施，个人破产规则的实施有助于加强数字金融消费者保护。第四，进一步规范了“网络暴力催收”、非法放贷等相关违法犯罪行为的认定。2019 年 7 月，最高人民法院、最高人民检察院、公安部、司法部发布的《关于办理非法放贷刑事案件若干问题的意见》规定，非法放贷情节严重的将以非法经营罪定罪处罚；为强行索要因非法放贷而产生的债务，实施故意杀人、故意伤害、非法拘禁、故意毁坏财物、寻衅滋事等行为，构成犯罪的，应当数罪并罚。第五，进一步加强了数字金融时代下的客户权益保护。2020 年 10 月 16 日中国人民银行发布的《中华人民共和国商业银行法（修改

---

① 中央人民政府．中国人民银行关于《中华人民共和国中国人民银行法（修订草案征求意见稿)》公开征求意见的通知［EB/OL］．http：//www.gov.cn/zhengce/zhengceku/2020－10/24/content_5553847.htm.

② 金融数据产权制度源于数字经济产生了大量新的民事权利主体与客体，数据、个人信息和数字货币等网络虚拟财产催生了新型权利的需求。当前我国数据产权制度立法还处于起步阶段。《民法典》第四编“人格权”的第六章“隐私权和个人信息保护”中第一千零三十四条规定了“自然人的个人信息受法律保护”，但仅对数据和网络虚拟财产的保护作出了指引性规定而无实际规范内容，并未对数据权和数据参与分配机制作出明确规定。在当今信息系统无孔不入、数字经济深刻改变人们生活的大背景下，我国民事立法应进一步建立统一的个人数据保护路径，确立收集、处理自然人个人信息的企业、个人、单位必须遵循的基本原则，如合法、正当、必要的原则，不得过度收集、处理；对个人数据流转的走向进行明确界定，信息收集者、控制者不得泄露、篡改其收集、存储的个人信息。

③ 根据该个人破产条例规定，在深圳居住且参加深圳社保连续满三年的人，因生产经营、生活消费导致丧失清偿债务能力或者资不抵债的，可以依法进行破产清算、重整或者和解，经过三年受到严格行为限制的免责考察期，可免除其剩余债务。

建议稿)》起草说明中指出，现行《商业银行法》仅对存款人保护作出较为原则的规定，缺乏对客户保护义务的具体规范，亟须进一步完善，《商业银行法》的修改有助于满足数字金融时代下保护客户权益、维护市场公平竞争的现实需求。第六，加强了个人隐私与金融数据保护①法律制度。2021年8月20日第十三届全国人民代表大会常务委员会第三十次会议通过了《中华人民共和国个人信息保护法》，该法为适应我国数字经济发展需要，将“金融账户”列为敏感个人信息。同时，根据《中国人民银行金融消费者权益保护实施办法》、《个人金融信息保护技术规范》、中国人民银行起草的《个人金融信息（数据）保护试行办法（初稿)》等规定，金融数据可以分为个人金融数据、金融重要数据和其他金融数据三个部分，其中个人金融数据和金融重要数据受特别立法规制，适用特别的监管要求，其他金融数据则主要适用一般性的数据监管法律规定。此外，《网络安全法》也规定，网络运营者收集用户信息，应当向用户明示并取得同意。可以看出，近年来我国已不断完善数字金融相关的法律制度体系，以期发挥立法的引领和推动作用，为数字金融的合法有序发展提供有力的法律支撑和保障，同时也为数字金融各行业有法可依、健康有序发展营造了良好的法治环境。

四、数字金融改善信用环境

信用环境反映的是个人、企业、金融机构等经济主体之间相互信任的程度及所存在的相互信任关系。信用环境是一种普遍的经济关系，其性质是行为主体守约遵规。它包括以市场交易人为主体的基础信用，以法律制度、国际惯例和商业习惯为主导的制度信用和以政府监管为主的监督信用（刘建洲，2011)②。要实现经济金融的高质量发展，良好的信用环境是必不可少的。良好的信用环境不仅有利于金融信用中介功能发挥，而且还可以降低金融经营成

① 在快捷支付、网关支付、认证支付等场景中，网联平台都担负着交易信息转接和资金清算的责任，每一笔交易的背后，都包括一系列个人信息，比如个人身份信息、交易金额、订单详情等。金融数据，不仅有个人信息属性，还涉及国家和公共利益，多重属性的存在导致金融数据合规比一般的个人信息保护更为复杂。

② 刘建洲．社会信用体系建设：内涵、模式与路径选择［J］．中共中央党校学报，2011，15(3)：50－53.

本和风险，有利于信贷资源的优化配置和社会经济发展（彭捷，2006）[①]。而数字金融科技在促进金融创新发展的同时，在解决因信息不对称造成的决策信任危机、改善信用环境[②]方面也逐渐发展成为新式工具。特别是数字金融技术与传统金融的不断深入融合，使它们更加频繁地被应用在信用风险的识别和防范方面，不仅有助于金融机构优化服务流程、提高风控效率，还能通过改善内控等方面改善信用环境。

第一，数字金融与信用风险管理的识别、评估、缓解、监控全流程的有机融合，能够建构起智能风控体系，优化信用环境。以“阿里小贷”为例，首先基于阿里系平台企业（如天猫、高德、菜鸟裹裹、飞猪等）自有的客户大数据信息，结合海关和税务等外部数据，对客户进行画像；其次，结合第三方核验数据真实性；再次，使用开发的人际网络爬虫技术，实现更精准的客户定位，绘制信用评分卡；最后，制订信用风险管理方案，并依照信用评级对信用主体进行差别管理。由此可见，金融科技的发展造就了更加专业和智能的风险管理体系，涵盖贷前风控、贷中管理、贷后监控的全套风控管理体系，进一步提升了金融服务覆盖率，对海量用户的授权数据分析管理解决了（信用）信息不对称、（信用）识别成本高等行业痛点，自动化程度的不断提升也最终让用户享有金融服务最优解[③]。

第二，金融机构对数字技术的采用，使其可以更加有效地进行信用风险防控。大数据时代的客户形态与业务结构都发生了变化，传统的风控逐渐失效，而有大数据和人工智能助力的金融机构可以更高效快捷地进行风险防控（欧阳日辉，2021）[④]。具体应用有保险机构的风险定价、骗保识别和理赔防欺诈，证券行业的行情预测与智能投顾，支付手段的交易欺诈识别、反欺诈检测和账户安全防控，以及商业银行在征信评级、风险评估和智能催还等方面的应用。同时，使用新兴金融科技获得的技术溢出效应（Blalock 和 Gertler，2008；

---

① 彭捷．农村信用环境是构建良好金融生态环境的基础［J］．西南金融，2006（8）：63-64.

② 信用环境是指企业与企业之间、企业与个人之间，以及个人与个人之间的信任关系与信用程度。

③ 凤凰网．破解普惠金融谜题，金融科技大有可为［EB/OL］．https：//finance.ifeng.com/c/86VbBk8hicj.

④ 欧阳日辉．中国数字金融创新发展报告（2021）［M］．北京：社会科学文献出版社，2021：193-215.

Newman 等，2015）[①][②]，有助于提高银行风险管理效率，从而降低银行信贷风险（Cheng 和 Qu，2020）[③]。

第三，数字金融在信用体系建设中的参与，可以改善社会信用环境。信用体系的发展与建设不仅能够改善金融市场中的信息不对称，还能提升小微企业融资的便利程度。当前，在技术驱动变革的数字金融发展大环境下，国家积极布局“大数据、数字普惠金融、征信体系”三位一体的思路越发清晰（刘新宇等，2017）[④]。在 2020 年 11 月 18 日的中国普惠金融国际论坛上，徐诺金表示，要加快农村信用信息体系建设，利用大数据来完善数字普惠金融的信用体系建设工作[⑤]。2021 年 4 月 29 日，数字普惠金融改革试验区建设推进会继续强调，要加快构建社会信用体系，扎实做好风险防控，为试验区营造良好的金融生态环境[⑥]。由此可见，数字金融的发展可以带来更加专业和智能的信用风险管理体系，并改善信用环境。

第二节　数字金融支持融资生态链的机理

中小民营企业健康快速发展，有助于提高我国经济活力，促进国民经济发展。然而中小民营企业所面临的融资困境却严重限制了自身发展，融资生态链能够缓解中小民营企业融资约束，对缓解中小民营企业融资约束问题具有正向促进作用。通过第七章的实证分析可以看出，融资生态链的发展能够对中小企业的融资约束起到一定的缓解作用，但融资生态链对民营企业融资约束的缓解效应弱于对非民营企业的缓解效应，这就需要对融资生态链进一步优化。数字

① Blalock G, Gertler P J. Welfare Gains from Foreign Direct Investment Through Technology Transfer to Local Suppliers [J]. Journal of International Economics, 2008, 74 (2): 402-421.

② Newman C, Rand J, Talbot T, et al. Technology Transfers, Foreign Investment and Productivity Spillovers [J]. European Economic Review, 2015, 76: 168-187.

③ Cheng M, Qu Y. Does Bank FinTech Reduce Credit Risk? Evidence from China [J]. Pacific-Basin Finance Journal, 2020, 63: 101398.

④ 刘新宇，葛扬，周凯．大数据技术下的普惠金融及信用环境建设研究——逻辑反思与对策建议［J］．新金融，2017（7）：46-51.

⑤ 新浪财经．利用大数据完善普惠金融信用体系建设工作［EB/OL］．［2020-11-18］．https://baijiahao.baidu.com/s?id=1683771577708794566.

⑥ 金融界．加快构建社会信用体系，为普惠金融改革试验区营造良好金融生态环境［EB/OL］．［2021-04-29］．https://baijiahao.baidu.com/s?ID=1698471756449153697&wfr=spider&for=pc.

金融将数字技术与金融服务深度融合，是数字化的资源跨期配置过程。以大数据、人工智能等为代表的数字技术的发展和数字金融在金融行业的深入应用，都对中小民营企业融资产生极大的促进作用，能够有效对融资生态链进行优化。

一、数字金融降低融资生态链主体交易成本

中小民营企业由于生产经营规模小、市场竞争力较弱等原因，存在一定的局限性，制约了自身经营发展。传统的融资模式主要依靠银行贷款来满足资金需求，融资渠道单一，手续复杂，银行在审核中小民营企业的融资需求时，需要有足够的信用数据和记录，或需要中小企业提供担保或抵押。在我国征信管理体系尚未健全的情况下，中小企业的评级需要花费较大的代价聘请信用评级机构，这也导致了中小民营企业融资成本的增加。很多中小民营企业的厂房和设备等资产较少，商业银行往往会设定较高的贷款利率来规避经营风险，这也增加了中小民营企业融资成本。此外，我国中小企业缺乏完善的财务信息记录，经营信息不透明，财务数据混乱，在向商业银行申请贷款的过程中很难提供规范的财务信息，这也提高了银行机构对企业审核的成本，间接增加了中小民营企业融资的交易成本。

虽然融资生态链能够通过制度设计为中小民营企业提供融资，但在缓解中小民营企业融资问题、降低中小民营企业交易成本方面还存在一定的提升空间。传统金融活动在真实世界中以物理形态存在，而数字金融则是存在于数字空间中的信息化和智能化的金融活动。数字金融凭借人工智能、大数据、云计算等数字技术使金融产品和服务形态发生了巨大变化，是对传统金融业务模式的优化和改造。融资生态链对中小民营企业的支持作用能够通过数字金融得以更有效的发挥。

随着科技的发展与进步，数字技术和金融活动的融合是必然的结果，两者融合形成的数字金融将对金融产品、业务模式、金融组织等产生深远影响。但数字金融不是数字技术和金融业态的简单整合，而是更深层次的融合，是数字技术对金融活动赋能的新型金融业务模式。数字金融不仅推动金融市场的交易信息更为开放和透明，还降低了交易信息搜寻以及合约履行的成本，提升整个金融行业的服务效率。这种融资模式既不是传统商业银行的间接融资，也不同

于资本市场的直接融资，而是一种新型融资模式，为我国中小企业获取资金支持提供了新的选择。

一般来说，企业融资过程中的交易成本主要包括两部分：一是资金本身的使用成本，如贷款利息等；二是获取这些资金过程中需要付出的成本，如信息搜寻成本、担保成本等。而数字金融的核心优势就是能够降低融资过程中需要付出的交易成本。首先，数字金融依靠大数据、互联网等方式提供融资服务，减少了线下服务网点的设立和运行费用，降低了融资生态链的运营成本；其次，数字技术的使用简化了从贷款申请到签署协议等一系列复杂流程，优化了资金支付方式，提高了放贷效率，减少了交易过程的成本支出；最后，数字技术的应用降低了交易中信息收集成本以及合约监督成本。因此，通过数字金融进行融资可以节省融资过程中不必要的费用，降低交易成本。

总体来看，由于中小民营企业存在生产经营规模小、抗风险能力不足和信息披露不规范等局限，仅仅依靠以商业银行贷款为主的传统融资模式来满足融资需求存在较高的交易成本，中小民营企业急需一种新型融资模式维持自身生存发展，而数字金融作为新型金融服务业态，能够优化融资生态链，降低中小民营企业融资时的交易成本。

二、数字金融缓解融资生态链信息不对称

从信息经济学的角度来看，中小民营企业相比商业银行拥有更多关于自身的经营、财务、信用以及风险方面的信息，因而中小民营企业融资面临一种典型的信息不对称问题。中小民营企业经营规模小、财务数据不规范、信用记录较少，这些都是融资过程中的阻碍，因此在融资过程中对企业信用进行担保是获取融资的重要因素。而在现阶段，中小民营企业在产业链中处于较弱势的地位，在融资过程中大多面临缺乏担保的情况。银行等金融机构无法了解到关于企业资质信用的全部信息，因而更加倾向于根据所有借方的平均信用水平来划定资金价格，这就很容易导致逆向选择和道德风险问题。

一般而言，商业银行等金融机构更倾向于将资金给予掌握信息较多、财务经营信息良好、还款能力较强的国有大型企业，而对于信用记录不足、财务信息不透明、生产经营信息不足的中小企业，信息不对称会导致银行惜贷，中小民营企业融资需求很难得到满足，融资困境进一步凸显。

数字金融是数字化的资源跨期配置，伴随信息技术的发展，在融入新兴的数字技术如大数据、人工智能、云计算和区块链技术后，将对现有的融资模式产生根本性影响。数字金融能够利用数字技术解决信息不对称问题，在交易过程中获取更多信息并进行有效分析处理，而传统金融服务模式由于缺乏数字信息技术支持无法有效实现信息获取，此时以人工智能、大数据等数字技术为基础支撑的数字金融则提供了有效的技术手段。

首先，数字金融具有渠道优势。在传统金融服务模式下，中小民营企业获取外部资金支持的渠道较少，大多还是通过银行或其他金融机构借贷的融资方式。随着数字技术的不断发展，中小民营企业能够从融资市场中获得更多的信息，可选择的融资渠道也逐渐增多，如从众筹、线上贷款、普惠金融服务等渠道都可以获得融资，这些渠道操作方便、覆盖广泛，获取资金的难度显著降低。

其次，数字金融还具有信息技术优势，能够降低企业内外信息的不对称程度。一方面，数字金融利用大数据、人工智能等优势能够全面、具体地对中小民营企业的经营状况和数据进行处理和分析，精准地评估中小民营企业的内在价值和风险；另一方面，在数字金融服务模式下，数字金融提高了企业内部和外部的信息透明度，缓解了信息不对称对企业融资造成的障碍，也降低了信息不对称程度，银行或投资者能够更清晰地了解中小民营企业经营状况与财务信息，增加对企业的信任程度。

最后，数字金融能够解决金融行业的信用错配问题。金融业作为中介需要有效匹配供需两方，一方是期望获取高收益的投资方，另一方是存在一定风险的债务方。而信用错配的根源在于信息不对称，金融机构能够利用数字金融，对中小民营企业详尽调查以缓解信息不对称，促进信贷和投资的开展，降低监督成本和信贷风险，促进资源的有效配置。数字金融依赖其技术优势，为传统金融业提供了有效的补充。

三、数字金融提升融资生态链模式交易可能性

就本质而言，数字金融是数字化的资源跨期配置过程，并没有脱离金融的本质，可以更好地实现融资结算、资金配置、借贷授信等功能。数字金融的出现也推动了传统金融机构的数字化转型，促进传统金融机构提高服务能力和效

率。数字金融能够依靠数字技术，扩大传统金融服务的覆盖范围，触达传统金融无法触及的广大农村和偏远地区，覆盖中小微企业、个体工商户等弱势群体，具有显著的长尾效应，为中小民营企业融资提供了便利，有效地满足了中小民营企业的融资需求。

谢平、邹传伟（2012）[①] 将交易可能性集合定义为“一对或多对融资者和储蓄者的集合，在每对贷款者和投资者中，贷款者能承受的最高融资成本高于投资者能接受的最低投资收益率”。即只有在需求方能够接受供给方的条件时，融资交易才可以持续进行。因此，交易可能性集合重点突出了资金需求方和资金供给方对资金价格的接受程度，只有在双方都接受的范围内，交易才具有在理论上达成的可能性。“交易可能性集合”具有以下三个方面特点。第一，“交易可能性集合”取决于资金供给和需求双方之间的交易成本和信息不对称程度，不同的交易成本和信息不对称程度指代不同的交易可能性集合。第二，在其他条件不变时，资金供给和需求双方之间的交易成本或信息不对称程度越低，资金供需双方达成交易的可能性越高。第三，在信息几乎完全对称、交易成本极低的情况下，只要资金需求方的期望收益高于资金供给方的机会成本，资金的供需双方就存在进行交易的可能。

融资生态链作为金融生态的一部分，是数字金融支持中小民营企业融资的微观机制。数字金融融资生态链是在移动支付、人工智能、大数据和区块链等现代数字科技推动下，企业机构和商业银行之间通过直接且密切的商业联系、多样的业务开展、畅通的金融交易、共同的商业利益等方式，逐渐形成的一种基于融资关系的网状生态共同体。在供需信息较为透明、交易成本较低的条件下，这种数字金融融资生态链模式便拥有了充分的“交易可能性集合”的性质。在这种模式下，融资双方或多方交易信息充分透明，定价趋于完全竞争，交易成本低，交易双方具有平等的交易地位和交易机会，是中小民营企业融资颇有效率的交易模式。

作为一种数字化的资源配置方式，将数字金融与融资生态链进行有效融合，能够降低有效融资生态链中各方主体交易成本，缓解交易过程中信息不对称，实现实体企业和金融机构的精准匹配，推动数字金融支持下的融资生态链

---

① 谢平，邹传伟．互联网金融模式研究［J］．金融研究，2012（12）：11－22.

融资模式实现充分的交易可能性。这也是本书提出利用数字金融支持和优化融资生态链的原因所在。生态链中资金的短缺会极大地影响生态链整体的效率，数字金融融资生态链的目的在于利用数字金融手段优化资源调配，将资金更好地分配到更需要的企业中，实现资金合理的流转与分配，提升生态链各个主体的效率，解决融资约束问题，促进企业更好地生存和发展，实现生态链各个主体共赢。而这种数字金融融资生态链模式在解决中小民营企业融资问题时是否具有良好的效果，则会在后续章节中进行论述。

第三节　数字金融融资生态链演化博弈分析：基于交易成本视角

一、数字金融融资生态链网络效应降低交易成本

资本市场对应的直接融资模式和商业银行对应的间接融资模式，都能够促进资源有效跨期配置，推动经济增长，但这两类融资模式都需要支付较高的交易成本，主要包括信息搜寻成本、交易达成成本、金融机构利润、税收等。相较于传统融资模式，数字金融融资生态链模式为企业融资提供新的渠道选择，大大方便了中小民营企业融资，是对传统金融服务模式的有效补充。

融资市场中存在长尾效应，处于头部的通常是国有大型企业，这些企业规模大，发展成熟，融资需求大，偿债能力强，抗风险能力较高，金融机构通常更加关注头部企业，给予这些头部企业较多的金融支持。而对于融资市场尾部的众多的中小民营企业，由于规模往往较小，管理不规范，财务信息不透明，抗风险能力较差，它们很容易被金融机构忽视。这些数量众多的中小民营企业广泛分布在长尾曲线的腰部和尾部，虽然单个企业融资规模较小，但是企业数量众多，将所有的尾部企业个体相加甚至可能超过头部市场的规模。这些企业存在大量的融资需求，而传统金融服务对这类企业重视程度不够，无法对这些企业提供有效的融资服务。数字金融能够利用数字技术覆盖传统金融服务无法供给的地方，触达更多小微市场主体，吸引这些企业加入融资生态链，扩大融资生态链的群体和规模，提高融资生态链总体的价值。

人们使用数字网络产品的目的在于与他人进行交流和沟通，这也就使数字

产品具有相互连通的需求，这种需求的满足程度随着使用该数字产品人数增多而提高。如果使用这种数字产品的用户较少，那么这些少量用户需要支付昂贵的运营成本，但随着使用这种数字产品的用户逐渐增多，所有用户共同支付数字产品的运营成本，并从网络规模扩大的过程中获取更大的价值，这被称为数字产品的网络效应。数字金融将现代数字技术与金融服务业态紧密融合，是信息技术不断发展的产物。随着生态链的扩张、内部成员的增加、覆盖范围的扩大，基于数字技术构建的数字金融融资生态链价值也会增加，这也是其网络效应的体现。

网络效应是数字金融融资生态链的核心特征。一般来说，网络效应包括跨边网络效应和同边网络效应。跨边网络效应是指其中一边的用户规模增长会影响另一边用户群体使用该平台所得到的效用，在数字金融融资生态链中表现为中小民营企业数量变化与商业银行等金融机构加入融资生态链获得的效用呈现正相关关系，这样能够精确匹配出融资交易双方，降低中小民营企业的信息搜寻成本。同边网络效应是指当某一边群体用户规模增长时，会影响到该群体内其他用户所获得的效用，在数字金融融资生态链中表现为中小民营企业或者商业银行等金融机构的行为对本群体其他机构的影响。

数字金融融资生态链并不遵循传统的边际效用递减规律而遵循摩尔定律、梅特卡夫定律和马太效应，具有一定的网络外部性。当中小民营企业对融资生态链的需求较少时，边际效用递减大于网络效应的提升，此时表现为随着企业融资规模的增加，每个企业需要支付的成本越来越高。而随着加入融资生态链的企业数量增加，网络效应对效用的提升大于边际效用递减，每个企业融资时的交易成本逐渐降低。因此，数字金融融资生态链模式具有网络效应，当加入融资生态链的企业越来越多时，融资生态链的价值才会越来越高，对于资金的供给和需求各方的利益和价值就越大，中小民营企业融资的交易成本越低，每个企业所获得的效用也越高。

二、演化博弈模型与约束条件设定

（一）演化博弈理论

传统的博弈理论把个体设定为完全理性，而且在竞争博弈时具备完全信息。而企业在复杂多变的市场环境中开展生产经营活动，与其他企业进行市场竞争中很难实现完全理性，也不具备完全信息，很容易受到经济环境以及市场机制的影响。演化博弈放松了对个体理性的假设，并将博弈理论分析和动态演化过程分析相结合，具有很好的适应性，是经济、管理等社会科学领域重要的分析方法和手段。演化博弈论是在离散性或连续性的时间下，对随机抽样选取的参与者在一定规则下参与博弈并取得利益的过程的一种分析工具，重点在于分析和解释参与者在博弈过程中的策略选择和调整，并解释均衡点的收敛性和稳定性①。

演化博弈论中有两个重要的概念，一个是进化稳定策略（Evolution Stable Strategy，ESS），另一个是复制动态方程。进化稳定策略是指群体中绝大多数的个体所选择的稳定策略，即使存在小的个体变异，也不会影响绝大多数的选择。在自然选择的作用下，这些突变个体只能改变原有策略，选择进化稳定策略，否则就要退出演化系统。进化稳定策略的核心思想是一种相对优势，只要没有受到外部的强大冲击，系统的演化就不会偏离进化稳定状态②。因此，进化稳定策略并没有解释如何才能使群体达到稳定，只是论述了这种稳定状态能够使群体良好地抵抗突变。

复制动态方程是用于描述群体中选择某个特定策略的个体所占比例的动态微分方程。复制动态方程的基本原理是如果个体选择较为成功的策略，那么这种行为就会被其他个体模仿，使这种策略被越来越多的个体采用。简单来说就是在由有限理性的个体组成的群体中，结果较为成功的策略会被更多的个体采用，使策略随时间的变化率大于零，数学表达为 $\mathrm{d}x/\mathrm{d}t > 0$，用微分方程表示为 $\mathrm{d}x/\mathrm{d}t = x_i[u(i,s) - u(s,s)]$。其中，$x_i$ 表示选择策略 i 的个体在群体中所占的比例，$u(i,s)$ 表示选择策略 i 的个体的期望收益，$u(s,s)$ 表示群体的平均期望收益。

（二）博弈模型设定

本部分将以融资企业与融资生态链平台对博弈对象建立演化博弈模型，设定博弈主体和规则，以期更好地对数字金融融资生态链主体行为进行分析。

假设在数字金融融资生态链平台中，存在融资企业群体 $E = \{E_i, i = 1, 2, \cdots, n\}$ 与数字金融融资生态链平台群 $C = \{C_i, i = 1, 2, \cdots, m\}$。具有融资需

① 盛昭瀚，蒋德鹏．演化经济学［M］．上海：上海三联书店，2002：282－284.

② 张良桥．论进化稳定策略［J］．经济评论，2003（2）：70－74.

求的企业在获取融资过程中存在两种策略选择，可以选择加入数字金融融资生态链平台，获得网络效用增益，也可以不加入数字金融融资生态链平台，那么融资企业的策略集为｛加入，不加入｝。与此同时，数字金融融资生态链平台也面临两种策略选择：一是加大对生态链平台的投入，建设高数字化水平的生态链平台；二是减少对生态链平台的建设，提供低数字化水平平台。那么数字金融融资生态链平台的博弈策略集是｛高数字化水平，低数字化水平｝。每次博弈都是数字金融融资生态链平台内融资企业和金融机构的直接配对，数字金融融资生态链平台系统的演化是遵循自然选择的。参与博弈的双方主体都符合有限理性的假定，可以根据其他主体的策略选择变化而调整自身的策略选择，通过不断试错最终达到双方策略均衡稳定。

假设融资企业的融资需求为 L，若融资企业不加入融资生态链平台，则其通过寻找其他融资渠道满足融资需求，此时企业需要在市场中付出更高利率，成本为 C_E。如果融资企业加入融资生态链平台，则企业获得的网络效应参数为 $\alpha(0 < \alpha < 1)$，平台需要向企业收取一定的佣金，设佣金率为 $r(0 < r < 1)$。假设平台的投入水平为 $\lambda(0 < \lambda < 1)$，λ 越大表示平台建设的投入水平越高，若企业加入的是低投入水平平台则还要损失额外的收益 $S_E(S_E > 0)$。因此，融资企业加入高投入水平数字金融融资生态链平台所获得的收益为 $\pi_a = -Lr + L\alpha$，加入低投入水平数字金融融资生态链平台所获得的收益为 $\pi_c = -Lr + \lambda\alpha L - S_E$。融资企业不加入数字金融融资生态链平台的收益为 $\pi_e = \pi_g = -C_E$。

对于数字金融融资生态链平台来说，满足融资企业的融资规模 L 的成本由于平台数字化水平不同而有所差异。假设 $\beta(0 < \beta < 1)$ 为数字金融融资生态链平台提高网络效应而付出的投入成本参数。高数字化水平融资平台由于提供高网络效应水平的融资服务会面临一定的机会成本 O，而低投入水平平台的各项成本比为 $\lambda L\beta$，但是容易产生失败风险与损失 $R(R > 0)$。因此，数字金融融资生态链平台进行高水平投入建立高数字化的融资生态链时，融资企业选择加入，则平台收益为 $\pi_b = Lr - L\beta - O$，不加入时平台收益为 $\pi_f = -O$。建立低数字化水平数字金融融资生态链平台时，如果融资企业加入，则平台收益为 $\pi_d = Lr - \lambda L\beta - R$，融资企业不加入时平台收益为 $\pi_h = -R$。

数字金融融资生态链平台与融资企业博弈策略的收益矩阵如表 8－1 所示。

表8-1　生态链平台与融资企业博弈支付矩阵

策略选择	高数字化水平 y	低数字化水平 $1-y$
加入 x	π_a，π_b	π_c，π_d
不加入 $1-x$	π_e，π_f	π_g，π_h

在现实条件下，上述关系中存在其他约束条件。$\pi_c < \pi_g$，即融资企业加入低数字化水平融资生态链的收益低于不加入平台的收益，这一方面是因为低数字化平台带来的网络效应不高，另一方面是因为损失了额外收益。

三、结果讨论与稳定性分析

假设融资企业选择加入数字金融融资生态链平台的比例为 x，不加入融资生态链平台的比例为 $1-x$。数字金融融资生态链将自身建设为高数字化平台的概率为 y，建设为低数字化平台的概率为 $1-y$。为分析融资企业和数字金融融资生态链平台之间的动态博弈规律，需要构建博弈主体的复制动态方程。

对于融资企业来说，选择加入数字金融融资生态链的适应度为 $U_1 = y\pi_a + (1-y)\pi_c$，不加入数字金融融资生态链的适应度为 $U_2 = y\pi_e + (1-y)\pi_g$，平均适应度为 $\overline{U}_{12} = xU_1 + (1-x)U_2$。根据 Malthusian 方程，融资企业选择高数字化融资生态链平台的数量增长率 $\dot{x}/x$ 为其适应度 U_1 减去平均适应度 $\overline{U}_{12}$，将相关表达式代入并整理可得

$$\dot{x}/x = (1-x)[y(\pi_a - \pi_c - \pi_e + \pi_g) + \pi_c - \pi_g] \tag{8-1}$$

对于数字金融融资生态链平台来说，建设高数字化水平融资生态链平台的平均收益为 $U_3 = x\pi_b + (1-x)\pi_f$，建设低数字化水平的融资生态链平台平均收益为 $U_4 = x\pi_d + (1-x)\pi_h$，平均期望为 $\overline{U}_{34} = yU_3 + (1-y)U_4$。同理，将相关表达式代入整理，得

$$\dot{y}/y = (1-y)[x(\pi_b - \pi_f - \pi_d + \pi_h) + \pi_f - \pi_h] \tag{8-2}$$

将以上两式联立，得到融资企业和数字金融融资生态链平台的复制动态方程组：

$$\begin{cases} \dot{x} = x(1-x)[y(\pi_a - \pi_c - \pi_e + \pi_g) + \pi_c - \pi_g] \\ \dot{y} = y(1-y)[x(\pi_b - \pi_f - \pi_d + \pi_h) + \pi_f - \pi_h] \end{cases} \tag{8-3}$$

利用雅可比矩阵对局部稳定性的分析方法，对企业和平台的动力系统进行分析，则有

$$J=\begin{bmatrix}(1-2x)[y(\pi_a-\pi_c-\pi_e+\pi_g)+\pi_c-\pi_g] & x(1-x)(\pi_a-\pi_c-\pi_e+\pi_g) \\ y(1-y)(\pi_b-\pi_f-\pi_d+\pi_h) & (1-2y)[x(\pi_b-\pi_f-\pi_d+\pi_h)+\pi_f-\pi_h]\end{bmatrix} \tag{8-4}$$

则该矩阵 J 的行列式为

$$\det(J)=(1-2x)[y(\pi_a-\pi_c-\pi_e+\pi_g)+\pi_c-\pi_g](1-2y)[x(\pi_b-\pi_f-\pi_d+\pi_h)+\pi_f-\pi_h]-x(1-x)(\pi_a-\pi_c-\pi_e+\pi_g)y(1-y)(\pi_b-\pi_f-\pi_d+\pi_h) \tag{8-5}$$

矩阵 J 的迹为

$$tr(J)=(1-2x)[y(\pi_a-\pi_c-\pi_e+\pi_g)+\pi_c-\pi_g]+(1-2y)[x(\pi_b-\pi_f-\pi_d+\pi_h)+\pi_f-\pi_h] \tag{8-6}$$

在方程组（8-3）中，令方程组等于0，可以得到五个均衡点（0，0）、（1，0）、（0，1）、（1，1）、(x^*, y^*)，其中 $x^*=\dfrac{-\pi_f+\pi_h}{\pi_b-\pi_f+\pi_d+\pi_h}$、$y^*=\dfrac{-\pi_c+\pi_g}{\pi_a-\pi_c+\pi_e+\pi_g}$。将均衡点代入矩阵的行列式和迹，所得结果如表8-2所示。

表8-2　均衡点的矩阵行列式和迹

均衡点 (x,y)	行列式 $\det(J)$	迹 $tr(J)$
$O(0,0)$	$(\pi_c-\pi_g)(\pi_f-\pi_h)$	$(\pi_c-\pi_g)+(\pi_f-\pi_h)$
$A(0,1)$	$-(\pi_a-\pi_e)(\pi_f-\pi_h)$	$(\pi_a-\pi_e)-(\pi_f-\pi_h)$
$B(1,0)$	$-(\pi_c-\pi_g)(\pi_b-\pi_d)$	$-(\pi_c-\pi_g)+(\pi_b-\pi_d)$
$C(1,1)$	$(\pi_a-\pi_e)(\pi_b-\pi_d)$	$-(\pi_a-\pi_e)-(\pi_b-\pi_d)$
$D(x^*,y^*)$	$-\dfrac{(\pi_c-\pi_g)(\pi_f-\pi_h)(\pi_a-\pi_e)(\pi_b-\pi_d)}{(\pi_a-\pi_c-\pi_e+\pi_g)(\pi_b-\pi_f-\pi_d+\pi_h)}$	0

根据演化博弈的稳定性判定方法，当 $\det(J)>0$、$tr(J)<0$ 时均衡点为演

化稳定点（ESS），因此系统演化的稳定性取决于 $\pi_f - \pi_h$、$\pi_c - \pi_g$、$\pi_a - \pi_e$ 和 $\pi_b - \pi_d$ 四个表达式的符号。

$\pi_a - \pi_e = L(\alpha - r) + C_E$，表示当融资生态链为高数字化水平时，融资企业加入生态链的相对净收益。

$\pi_c - \pi_g = L(\lambda\alpha - r) - S_E + C_E$，表示当融资生态链为低数字化水平时，融资企业加入生态链的相对净收益。

$\pi_b - \pi_d = L\beta(\lambda - 1) - O + R$，表示当融资企业加入融资生态链时，高数字化水平生态链平台的相对净收益。

$\pi_f - \pi_h = -O + R$，表示当融资企业不加入生态链平台时，高数字化水平生态链平台的相对净收益。

可以看出，$\pi_c - \pi_g < 0$，$\pi_a - \pi_e > \pi_c - \pi_g$，$\pi_b - \pi_d < \pi_f - \pi_h$。根据以上前提条件，会出现以下六种不同的情形。

情形 1：$\pi_a - \pi_e > 0$，$\pi_c - \pi_g < 0$，$\pi_b - \pi_d > 0$，$\pi_f - \pi_h > 0$。此时，点 $B(1,0)$ 为不稳定点，点 $C(1,1)$ 为稳定点。双方博弈主体的决策过程表现为：无论融资企业是否选择加入数字金融融资生态链，生态链建设高数字化水平平台的相对净收益都为正，因而生态链将会选择建设高数字化水平平台。由于生态链会进行高水平投入，建设高数字化水平的融资生态链，融资企业此时选择加入生态链平台时的净收益为正，因此融资企业会选择加入生态链平台。在这种情形下，演化稳定策略为｛加入，高数字水平｝。该情形的局部稳定性见表 8 –3。

表 8 –3　　　　情形 1 均衡点的局部稳定性

均衡点	det(J)	tr(J)	稳定性
$O(0,0)$	–	不定	鞍点
$A(0,1)$	–	不定	鞍点
$B(1,0)$	+	+	不稳定点
$C(1,1)$	+	–	ESS
$D(x^*,y^*)$	+	0	中心

情形 2：$\pi_a - \pi_e < 0$，$\pi_c - \pi_g < 0$，$\pi_b - \pi_d > 0$，$\pi_f - \pi_h > 0$。此时，点 $A(0,1)$ 为稳定点，$B(1,0)$ 为不稳定点。双方博弈主体决策过程为：对于融资生态链，无论融资企业是否加入生态链平台，高数字化水平的融资生态链平台

相对净收益都为正，生态链平台将会加大投入建设高数字化水平平台；对于融资企业，选择加入融资生态链平台的相对净收益为负，此时融资企业将不会加入融资生态链平台。在此情形下，演化稳定策略为｛不加入，高数字化水平｝。该情形的局部稳定性见表8－4。

表8－4　　　　情形2均衡点的局部稳定性

均衡点	det(J)	tr(J)	稳定性
O(0,0)	-	不定	鞍点
A(0,1)	+	-	ESS
B(1,0)det(J)	+	+	不稳定点
C(1,1)	-	不定	鞍点
D(x^*,y^*)	+	0	中心

情形3：$\pi_a - \pi_e > 0$，$\pi_c - \pi_g < 0$，$\pi_b - \pi_d < 0$，$\pi_f - \pi_h < 0$。此时，点O(0,0)为稳定点，B(1,0)为不稳定点。双方的博弈决策过程为：无论融资企业是否加入数字金融融资生态链，生态链平台进行高投入建设高数字化水平平台的相对净收益都为负，因而生态链将会选择建设低数字化水平平台。由于生态链会进行低水平投入，建设低数字化水平的融资生态链，融资企业此时选择加入生态链平台时的相对净收益为负，因此融资企业将不会加入生态链平台。在这种情形下，演化稳定策略为｛不加入，低数字化水平｝。该情形的局部稳定性见表8－5。

表8－5　　　　情形3均衡点的局部稳定性

均衡点	det(J)	tr(J)	稳定性
O(0,0)	+	-	ESS
A(0,1)	+	+	不稳定点
B(1,0)	-	不定	鞍点
C(1,1)	-	不定	鞍点
D(x^*,y^*)	-	0	鞍点

情形4：$\pi_a - \pi_e < 0$，$\pi_c - \pi_g < 0$，$\pi_b - \pi_d < 0$，$\pi_f - \pi_h < 0$。此时，点O(0,0)为稳定点，C(1,1)为不稳定点。双方的博弈决策过程为：无论融资企业是否加入数字金融融资生态链，生态链平台建设高数字化水平平台的相对净收益都为负，则融资生态链将会选择低数字化水平投入建设。由于融资生态链

会进行低水平投入，建设低数字化水平的融资生态链，融资企业此时选择加入生态链平台的相对净收益为负，因此融资企业将不会加入生态链平台。在这种情形下，演化稳定策略为{不加入，低数字化水平}。该情形的局部稳定性见表8-6。

表8-6　　　　情形4均衡点的局部稳定性

均衡点	det(J)	tr(J)	稳定性
$O(0,0)$	+	-	ESS
$A(0,1)$	-	不定	鞍点
$B(1,0)$	-	不定	鞍点
$C(1,1)$	+	+	不稳定点
$D(x^*,y^*)$	+	0	中心

情形5：$\pi_a - \pi_e > 0$，$\pi_c - \pi_g < 0$，$\pi_b - \pi_d < 0$，$\pi_f - \pi_h > 0$。此时，点$O(0,0)$、$A(0,1)$、$B(1,0)$、$C(1,1)$均为鞍点。双方的博弈决策过程为：对于融资企业，当融资生态链平台进行高数字化水平建设时，融资企业加入生态链平台的相对净收益为正；当融资生态链平台选择低数字化水平建设时，融资企业选择加入生态链平台的相对净收益为负。此时，融资企业的策略选择将会根据生态链平台的决策情况而定。当融资生态链平台倾向于进行高数字化水平投入时，融资企业选择加入生态链平台。当生态链平台进行低数字化水平投入时，融资企业倾向于不加入生态链平台。对于融资生态链，当融资企业选择加入数字金融融资生态链时，生态链平台选择高数字化水平的相对净收益为负；当融资企业不加入生态链平台时，生态链平台选择低数字化水平的相对净收益为正。因此在这种情形下，生态链平台策略选择将会根据融资企业的行为而定，当融资企业加入时，生态链平台倾向于降低数字化建设投入，当融资企业更倾向于不加入时，生态链平台将会提高数字化建设的投入以吸引融资企业加入。

在这种情形下，博弈双方组成的系统不会出现稳定均衡解，双方的决策行为会根据对方的选择而变化，形成一种策略循环：融资生态链平台进行高数字化水平投入时，融资企业选择加入生态链平台；当企业加入生态链平台后，平台为了降低自身运营成本，则会降低对数字化水平建设的投入；当融资企业看到生态链平台降低了投入水平，自身不能获得更高的网络收益后，将会选择退出生态链平台；而生态链平台看到企业不再加入时，又会加大数字化水平的投入从而吸引企业加入。此时博弈双方的决策将会不断变化，因此无法收敛到某个均衡解上，系统不存在均衡策略。该情形的局部稳定性见表8－7。

表8－7　　情形5均衡点的局部稳定性

均衡点	det(J)	tr(J)	稳定性
$O(0,0)$	－	不定	鞍点
$A(0,1)$	－	不定	鞍点
$B(1,0)$	－	不定	鞍点
$C(1,1)$	－	不定	鞍点
$D(x^*,y^*)$	＋	0	中心

情形6：$\pi_a-\pi_e<0$，$\pi_c-\pi_g<0$，$\pi_b-\pi_d<0$，$\pi_f-\pi_h>0$。此时，点$A(0,1)$为稳定点，$C(1,1)$为不稳定点。双方的博弈决策过程为：对于融资企业来说，无论融资生态链平台选择高水平投入还是低水平投入，融资企业加入融资生态链平台的相对净收益都为负，则融资企业将会选择不加入融资生态链平台；对于生态链平台，由于融资企业选择不加入融资生态链平台，生态链平台此时加大对平台投入，建设高数字化水平平台的相对净收益为正，因此融资生态链平台将会加大数字化投入。在这种情形下，演化稳定策略为｛不加入，高数字化水平｝。该情形的局部稳定性见表8－8。

表8－8　　情形6均衡点的局部稳定性

均衡点	det(J)	tr(J)	稳定性
$O(0,0)$	－	不定	鞍点
$A(0,1)$	＋	－	ESS
$B(1,0)$	－	不定	鞍点
$C(1,1)$	＋	＋	不稳定点
$D(x^*,y^*)$	－	0	鞍点

综合以上分析可以看出，在考虑网络效应的情况下，融资企业和生态链平台双方博弈策略有六种情形。融资企业加入生态链平台的影响因素包括融资规模（L），不加入平台付出的成本（C_E），生态链平台的网络效应（α），以及加入平台的费用（r）。当其他参数不变时，提高融资规模、生态链平台网络效应和不加入平台付出的成本，降低平台费用，都会提高企业加入生态链平台的积

极性。生态链平台的数字化水平建设的影响因素包括生态链平台的数字化建设投入（λ）、低数字化平台失败的损失（R）和高数字化平台的机会成本（O），当其他参数不变时，数字化建设投入和低数字化时平台的损失增加，以及建设高数字化平台的机会成本降低都会提高生态链平台的数字化水平。

对中小民营企业来说，在数字金融融资生态链建立的最初时期，生态链中企业和机构的数量不多，加入融资生态链的企业获得的效用有限，使一些需要融资的中小民营企业对于是否加入这种融资模式保持观望态度。但随着生态链平台对自身建设的投入越来越高，数字化水平也在不断提升，吸引更多的中小民营企业加入生态链平台，融资生态链平台的网络效应也在不断增强。此外，加入融资生态链的企业增多，也能提高商业银行等金融机构加入融资生态链的积极性，拓宽商业银行的收入渠道，为商业银行提供新的收入来源，提升商业银行等金融机构为中小民营企业提供贷款的意愿。

对于数字金融融资生态链平台来说，为了提高网络效应的优势，提升加入生态链平台的企业数量及质量，就必须提高数字化投入并承担相应的机会成本，提升生态链平台的数字化水平。融资生态链的数字化水平体现出平台信用环境体系建设和融资企业的信用等级，融资生态链平台信用环境越好，加入生态链的中小民营企业失信的概率越低，企业由于失信而受到惩罚的数量也会减少。此外，提高融资生态链平台的数字化水平也可以提升中小民营企业的经营能力和财务规范性，有助于提升中小民营企业的偿债能力，为商业银行等金融机构考察融资企业能力提供便利，促进融资活动的开展。

总体来说，数字金融融资生态链平台与融资企业之间是一个动态演化的过程，博弈双方会通过重复的学习、模仿，不断调整自身的策略，使博弈达到均衡。

第四节　数字金融融资生态链演化博弈分析优化：基于信息不对称视角

一、数字金融融资生态链缓解信息不对称

在现代市场经济系统中，信息和数据是重要的生产要素，和资本、土地、

技术等共同成为生产资料。信息作为推动经济发展的重要因素，存在于经济体系的各个环节之间，通过增强经济主体之间的联系，提高经济主体沟通效率，实现经济的可持续发展。因此，信息作为一种要素发挥着参与社会资源配置的作用。

信息不对称是指在市场经济条件下，市场交易主体不可能拥有完全信息。不同交易主体在特定时间和地点所获取的信息有所差异，交易主体的经济行为是基于所获取的差异信息作出的决策。在市场经济环境中，经济活动对交易主体的信息要求越来越高，特定时间和地点的信息分配差异决定了交易主体之间势必存在信息不对称，这也是信息不对称产生的根源。为了克服融资过程中的信息不对称，商业银行等金融机构通常会采取较高的贷款利率，或通过增加第三方担保等方式降低经营风险，这更加提高了中小民营企业的融资成本。

我国中小民营企业所采用的融资手段主要分为内源融资和外源融资。中小民营企业的内源融资所获取的资金规模小，不具备持续性，只能满足短期性的融资需求，无法真正解决中小民营企业的融资问题。外源融资最主要的方式是银行贷款，而中小民营企业缺乏足够的信用数据，经营财务信息也不规范，银行很难了解到中小民营企业生产经营的真实情况，存在较为严重的信息不对称，这也导致中小民营企业融资约束问题一直无法得到解决。

数字金融在扩大金融普惠性的同时，能通过技术手段提高经济主体之间的沟通和联系，提高经济运行效率，缓解传统融资模式下信息不对称带来的影响，更好地服务于中小企业融资。随着数字经济在我国的快速发展，数字金融对经济的推动作用在不断提高，数字技术的应用也在促进金融创新。以“数字金融+融资生态链”为基础支撑的数字金融融资生态链为中小企业融资提供了有效的融资解决方案和服务模式，既不同于传统金融一对一的服务模式，也和供应链金融有所区别。

数字金融融资生态链能够将数字技术与金融服务紧密结合，通过大数据、云计算、人工智能等数字技术对数据信息进行挖掘、分析和匹配，解决融资过程中资金供求信息与信用信息不对称的问题。一方面，融资生态链内数据开放互通可以打破数据孤岛，能更精准地对资金供求双方进行匹配，具备传统融资模式所不具备的优势，有效实现金融的中介功能；另一方面，数字金融融资生态链模式依靠云计算、区块链、大数据、人工智能等技术评估融资信用风险，形成对融资企业的信用评分，缓解信用信息的不对称。

综上所述，数字金融融资生态链就是将融资主体和资金供给方更为紧密地连接起来，利用数字技术采集融资企业和资金供给方双方信息，更合理地将资金供需双方进行匹配，建立稳定和长期的供需关系，进而更好地服务于融资企业。

二、演化博弈模型优化与约束条件设定

本部分将以融资企业与融资生态链平台对博弈对象建立演化博弈模型，设定博弈主体和规则，以期更好地对数字金融融资生态链主体行为进行分析。

在数字金融融资生态链服务平台系统中，存在融资企业群体 $E = \{E_i, i = 1,2,\cdots,n\}$ 与数字金融融资生态链平台群 $C = \{C_i, i = 1,2,\cdots,m\}$ 。信息不对称体现在融资企业的融资成本上，具体来讲，当融资企业不加入融资生态链时，企业面临较高的融资利率，反映为高信息不对称成本 I_E 。假设信息不对称程度为 $\mu(0 < \mu \leqslant 1)$ ，μ 越大表示信息不对称程度越高，同时低数字化水平生态链的信息不对称程度高于高数字化水平生态链，与 λ 呈现出反向的变动关系。那么，当融资企业不加入融资生态链时，企业面临完全的信息不对称成本，此时 $\mu = 1$ 。当融资企业加入低数字化水平的融资生态链时，企业面临的信息不对称成本为 μI_E 。当融资企业加入高数字化水平的融资生态链时，企业面临的信息不对称成本为 $(1 - \lambda)\mu I_E$ ，表明数字化程度越高，企业所面临的信息不对称成本越低。

与没有信息不对称影响的模型相比，当系统中存在信息不对称现象时，在博弈支付矩阵中发生变化的主要是融资企业的支付水平，而融资生态链的支付水平不发生变化。其中，$\pi'_a = -Lr + L\alpha - (1 - \lambda)\mu I_E$ ，$\pi_b = Lr - L\beta - O$ ，$\pi'_c = -Lr + \lambda\alpha L - S_E - \mu I_E$ ，$\pi_d = Lr - \lambda L\beta - R$ ，$\pi'_e = \pi'_g = -C_E - I_E$ ，$\pi_f = -O$ ，$\pi_h = -R$ 。

数字金融融资生态链平台与融资企业博弈策略的收益矩阵如表 8－9 所示。

表 8－9　生态链平台与融资企业博弈支付矩阵

策略选择	高数字化水平 y	低数字化水平 $1-y$
加入 x'	π'_a ，π_b	π'_c ，π_d
不加入 $1-x'$	π'_e ，π_f	π'_g ，π_h

三、结果讨论与稳定性分析

假设融资企业选择加入数字金融融资生态链平台的比例为x'，不加入融资生态链平台的比例为$1-x'$。数字金融融资生态链将自身建设为高数字化平台的概率为y'，建设为低数字化平台的概率为$1-y'$。根据没有信息不对称影响时的博弈模型和分析，构建存在信息不对称情况下的博弈模型。

对于融资企业来说，融资企业选择高数字化融资生态链平台的数量增长率$\dot{x}'/x'$为

$$\dot{x}'/x' = (1-x')[y'(\pi'_a-\pi'_c-\pi'_e+\pi'_g)+\pi'_c-\pi'_g] \quad (8-7)$$

对于数字金融融资生态链平台来说，生态链平台选择高数字化水平投入的数量增长率为

$$\dot{y}'/y' = (1-y')[x'(\pi_b-\pi_f-\pi_d+\pi_h)+\pi_f-\pi_h] \quad (8-8)$$

将以上两式联立，得到融资企业和数字金融融资生态链平台的复制动态方程组：

$$\begin{cases}\dot{x}' = x'(1-x')[y'(\pi'_a-\pi'_c-\pi'_e+\pi'_g)+\pi'_c-\pi'_g] \\ \dot{y}' = y'(1-y')[x'(\pi_b-\pi_f-\pi_d+\pi_h)+\pi_f-\pi_h]\end{cases} \quad (8-9)$$

利用局部稳定性分析方法，对企业和平台所组成的动力系统进行分析，可以得出该系统的雅可比矩阵为

$$J=\begin{bmatrix}(1-2x')[y'(\pi'_a-\pi'_c-\pi'_e+\pi'_g)+\pi'_c-\pi'_g] & x'(1-x')(\pi'_a-\pi'_c-\pi'_e+\pi'_g) \\ y'(1-y')(\pi_b-\pi_f-\pi_d+\pi_h) & (1-2y')[x'(\pi_b-\pi_f-\pi_d+\pi_h)+\pi_f-\pi_h]\end{bmatrix} \quad (8-10)$$

则该矩阵J的行列式为

$$\det(J)=(1-2x')[y'(\pi'_a-\pi'_c-\pi'_e+\pi'_g)+\pi'_c-\pi'_g](1-2y')[x'(\pi_b-\pi_f-\pi_d+\pi_h)+\pi_f-\pi_h]-x'(1-x')(\pi'_a-\pi'_c-\pi'_e+\pi'_g)y'(1-y')(\pi_b-\pi_f-\pi_d+\pi_h) \quad (8-11)$$

矩阵 J 的迹为

$$tr(J) = (1-2x')[y'(\pi'_a-\pi'_c-\pi'_e+\pi'_g)+\pi'_c-\pi'_g] \\ +(1-2y')[x'(\pi_b-\pi_f-\pi_d+\pi_h)+\pi_f-\pi_h] \quad (8-12)$$

在方程组（8－9）中，令方程组等于0，可以得到五个均衡点（0，0）、（1，0）、（0，1）、（1，1）、（x'^*，y'^*），其中，$x'^*=\frac{-\pi_f+\pi_h}{\pi_b-\pi_f+\pi_d+\pi_h}$，$y'^*=\frac{-\pi'_c+\pi'_g}{\pi'_a-\pi'_c+\pi'_e+\pi'_g}$。将均衡点代入矩阵的行列式和迹，所得结果如表8－10所示。

表8－10　均衡点的矩阵行列式和迹

均衡点 (x',y')	行列式 $\det(J)$	迹 $tr(J)$
$O'(0,0)$	$(\pi'_c-\pi'_g)(\pi_f-\pi_h)$	$(\pi'_c-\pi'_g)+(\pi_f-\pi_h)$
$A'(0,1)$	$-(\pi'_a-\pi'_e)(\pi_f-\pi_h)$	$(\pi'_a-\pi'_e)-(\pi_f-\pi_h)$
$B'(1,0)$	$-(\pi'_c-\pi'_g)(\pi_b-\pi_d)$	$-(\pi'_c-\pi'_g)+(\pi_b-\pi_d)$
$C'(1,1)$	$(\pi'_a-\pi'_e)(\pi_b-\pi_d)$	$-(\pi'_a-\pi'_e)-(\pi_b-\pi_d)$
$D'(x'*,y'*)$	$-\frac{(\pi'_c-\pi'_g)(\pi_f-\pi_h)(\pi'_a-\pi'_e)(\pi_b-\pi_d)}{(\pi'_a-\pi'_c-\pi'_e+\pi'_g)(\pi_b-\pi_f-\pi_d+\pi_h)}$	0

根据演化博弈的稳定性判定方法，当 $\det(J)>0$、$tr(J)<0$ 时均衡点为演化稳定点（ESS），因此系统演化的稳定性取决于 $\pi_f-\pi_h$、$\pi'_c-\pi'_g$、$\pi'_a-\pi'_e$ 和 $\pi_b-\pi_d$ 四个表达式的符号。

$\pi'_a-\pi'_e=L(\alpha-r)+C_E-[(1-\lambda)\mu-1]I_E$，表示在信息不对称的影响下，当融资生态链为高数字化水平时，融资企业加入生态链的相对净收益。

$\pi'_c-\pi'_g=L(\lambda\alpha-r)+C_E-(\mu-1)I_E-S_E$，表示在信息不对称的影响下，当融资生态链为低数字化水平时，融资企业加入生态链的相对净收益。

$\pi_b-\pi_d=L\beta(\lambda-1)-O+R$，表示当融资企业加入融资生态链时，高数字化水平生态链平台的相对净收益。

$\pi_f-\pi_h=-O+R$，表示当融资企业不加入生态链平台时，高数字化水平生态链平台的相对净收益。

可以看出，$\pi_b-\pi_d<\pi_f-\pi_h$。根据以上前提条件，一共可以组合出12种不同的情形，其中有6种情形与上一节中无信息不对称影响时一致，本节不再赘述，以下对新增的6种情形进行分析。

情形7：$\pi'_a - \pi'_e > 0$，$\pi'_c - \pi'_g > 0$，$\pi_b - \pi_d > 0$，$\pi_f - \pi_h > 0$。此时，点 $O'(0,0)$ 为不稳定点，点 $C'(1,1)$ 为稳定点。双方博弈主体的决策过程表现为：无论融资企业是否选择加入数字金融融资生态链，生态链建设高数字化水平平台的相对净收益都为正，因而生态链将会选择建设高数字化水平平台。对融资企业来说，无论生态链平台是否进行高数字化水平投入，融资企业选择加入生态链平台时的净收益都为正，因此融资企业会选择加入生态链平台。在这种情形下，演化稳定策略为｛加入，高数字水平｝。该情形的局部稳定性见表8－11。

表8－11　　情形7均衡点的局部稳定性

均衡点	det(J)	tr(J)	稳定性
$O'(0,0)$	+	+	不稳定点
$A'(0,1)$	−	不定	鞍点
$B'(1,0)$	−	不定	鞍点
$C'(1,1)$	+	−	ESS
$D'(x^*,y^*)$	不定	0	鞍点或中心

情形8：$\pi'_a - \pi'_e < 0$，$\pi'_c - \pi'_g > 0$，$\pi_b - \pi_d > 0$，$\pi_f - \pi_h > 0$。此时，点 $O'(0,0)$ 为不稳定点，点 $A'(0,1)$ 为稳定点。此时双方博弈主体决策过程为：对于融资生态链，无论融资企业是否加入生态链平台，生态链平台进行高数字化水平投入的相对净收益都为正，生态链平台将会加大投入建设高数字化水平平台。对于融资企业，由于生态链加大数字化投入，融资企业选择加入高数字化融资生态链平台的相对净收益为负，因此融资企业不会加入融资生态链平台。在此情形下，演化稳定策略为｛不加入，高数字化水平｝。该情形的局部稳定性见表8－12。

表8－12　　情形8均衡点的局部稳定性

均衡点	det(J)	tr(J)	稳定性
$O'(0,0)$	+	+	不稳定点
$A'(0,1)$	+	−	ESS
$B'(1,0)$	−	不定	鞍点
$C'(1,1)$	−	不定	鞍点
$D'(x'*,y'*)$	+	0	中心

情形9：$\pi'_a - \pi'_e > 0$，$\pi'_c - \pi'_g > 0$，$\pi_b - \pi_d < 0$，$\pi_f - \pi_h < 0$。此时，点$A'(0,1)$为不稳定点，点$B'(1,0)$为稳定点。此时双方博弈主体决策过程为：对于融资生态链，无论融资企业是否加入生态链平台，生态链平台进行高数字化水平投入的相对净收益都为负，生态链平台将会减少投入建设低数字化水平平台。对于融资企业，由于生态链减少数字化投入，融资企业选择加入低数字化融资生态链平台的相对净收益为正，因此融资企业倾向于加入融资生态链平台。在此情形下，演化稳定策略为{加入，低数字化水平}。该情形的局部稳定性见表8-13。

表8-13　　情形9均衡点的局部稳定性

均衡点	det(J)	tr(J)	稳定性
$O'(0,0)$	-	不定	鞍点
$A'(0,1)$	+	+	不稳定点
$B'(1,0)$	+	-	ESS
$C'(1,1)$	-	不定	鞍点
$D'(x'*,y'*)$	不定	0	鞍点或中心

情形10：$\pi'_a - \pi'_e < 0$，$\pi'_c - \pi'_g > 0$，$\pi_b - \pi_d < 0$，$\pi_f - \pi_h < 0$。此时，点$C'(1,1)$为不稳定点，点$B'(1,0)$为稳定点。此时双方博弈主体决策过程为：对于融资生态链，无论融资企业是否加入生态链平台，生态链平台进行高数字化水平投入的相对净收益都为负，生态链平台将会减少投入建设低数字化水平平台。对于融资企业，由于生态链减少数字化投入，融资企业选择加入低数字化融资生态链平台的相对净收益为正，因此融资企业倾向于加入融资生态链平台。在此情形下，演化稳定策略为{加入，低数字化水平}。该情形的局部稳定性见表8-14。

表8-14　　情形10均衡点的局部稳定性

均衡点	det(J)	tr(J)	稳定性
$O'(0,0)$	-	不定	鞍点
$A'(0,1)$	-	不定	鞍点
$B'(1,0)$	+	-	ESS
$C'(1,1)$	+	+	不稳定点
$D'(x'*,y'*)$	+	0	中心

情形 11：$\pi'_a - \pi'_e > 0$，$\pi'_c - \pi'_g > 0$，$\pi_b - \pi_d < 0$，$\pi_f - \pi_h > 0$。此时，点 $O'(0,0)$ 为不稳定点，点 $B'(1,0)$ 为稳定点。此时双方博弈主体决策过程为：对于融资企业，无论生态链平台进行高数字化水平投入还是低数字化水平投入，融资企业加入融资生态链的相对净收益始终为正，融资企业倾向于加入融资生态链平台。对于生态链平台，由于融资企业倾向于加入生态链，而融资生态链选择高数字化水平投入的相对净收益为负，因此融资生态链倾向于减少对数字化的投入。在此情形下，演化稳定策略为｛加入，低数字化水平｝。该情形的局部稳定性见表 8－15。

表 8－15　　　　情形 11 均衡点的局部稳定性

均衡点	det(J)	tr(J)	稳定性
$O'(0,0)$	+	+	不稳定点
$A'(0,1)$	－	不定	鞍点
$B'(1,0)$	+	－	ESS
$C'(1,1)$	－	不定	鞍点
$D'(x'*,y'*)$	不定	0	鞍点或中心

情形 12：$\pi'_a - \pi'_e < 0$，$\pi'_c - \pi'_g > 0$，$\pi_b - \pi_d < 0$，$\pi_f - \pi_h > 0$。此时，点 $O'(0,0)$ 为不稳定点，点 $B'(1,0)$ 为稳定点。此时双方博弈主体决策过程为：对于融资企业，生态链平台进行高数字化水平投入时，融资企业加入融资生态链的相对净收益为负，此时融资企业倾向于不加入融资生态链平台。而当生态链平台进行低数字化投入时，融资企业加入生态链平台的相对净收益为正，此时融资企业倾向于加入融资生态链平台。因此，融资企业的策略选择将根据生态链平台的策略而定：生态链平台进行高水平投入时，融资企业选择不加入平台；当生态链平台降低投入时，融资企业加入生态链平台。对于生态链平台，当融资企业加入生态链平台时，融资生态链选择高数字化水平投入的相对净收益为负，此时融资生态链将倾向于减少对数字化的投入；当企业选择不加入生态链平台时，融资生态链选择高数字化水平投入的相对净收益为正，此时融资生态链将倾向于加大对数字化的投入。因此，融资生态链的策略选择将会根据融资企业的决策行为而定。在此情形下，演化稳定策略为｛加入，低数字化水平｝和｛不加入，高数字化水平｝。该情形的局部稳定性见表 8－16。

表 8-16　　情形 12 均衡点的局部稳定性

均衡点	det(J)	tr(J)	稳定性
O′(0,0)	+	+	不稳定点
A′(0,1)	+	-	ESS
B′(1,0)	+	-	ESS
C′(1,1)	+	+	不稳定点
D′(x′*,y′*)	-	0	鞍点

综合以上分析，在同时考虑网络效应和信息不对称的情况下，融资企业和生态链平台双方博弈策略会增加到12种情形。提高企业融资规模（L），提升生态链平台网络效应（α），提高不加入平台时企业付出的成本（C_E），降低平台费用（r），仍然会提高企业加入生态链平台的积极性。而企业加入生态链平台的影响因素相比原来增加了平台信息不对称程度（μ），以及企业在信息不对称下支付的成本（I_E）。其他参数不变时，提高数字化建设投入（λ），降低生态链平台信息不对称程度（μ），以及降低企业在信息不对称下支付的成本（I_E），都会促进企业选择加入数字金融融资生态链平台。另外，降低企业加入低数字化平台产生的额外损失（S_E）在任何情形下都可以提高企业加入数字金融融资生态链平台的积极性。

通过对以上 12 种情形下博弈双方决策行为讨论以及稳定性判定进行汇总，将各个参数的变动对博弈双方主体的相对净收益变化进行整理，具体情形如表 8-17 所示。

表 8-17　　参数变化对融资企业和生态链平台的决策影响

参数	$L\uparrow$	$C_E\uparrow$	$\alpha\uparrow$	$r\downarrow$	$S_E\downarrow$	$\lambda\uparrow$	$\mu\downarrow$	$I_E\downarrow$	$R\uparrow$	$O\downarrow$
$\pi_a-\pi_e$	↑	↑	↑	↑						
$\pi_c-\pi_g$	↑	↑	↑	↑	↑	↑				
x	↑	↑	↑	↑	↑					
$\pi'_a-\pi'_e$	↑	↑	↑	↑		↑	↑	↑		
$\pi'_c-\pi'_g$	↑	↑	↑	↑		↑	↑	↑		
x′	↑	↑	↑	↑		↑	↑	↑		
$\pi_b-\pi_d$	↑					↑			↑	↑
$\pi_f-\pi_h$									↑	↑
y 或 y′						↑	↑		↑	↑

综合以上两个博弈分析，在只考虑网络效应的因素时，融资企业与生态链平台的演化规律存在6种情形，提高融资规模（L），提高生态链平台网络效应（α），降低生态链平台费用（r），都会促进融资企业加入生态链平台。在加入信息不对称的情形下，博弈双方的演化博弈将会从6种情形增加到12种情形，提高融资生态链平台的数字化程度（λ），降低信息不对称程度（μ）都既能提高企业加入生态链平台的积极性，也可以推动生态链平台提高数字化建设水平。

通过分析以上12种情形下的决策过程以及博弈主体的演化稳定策略，可以看出，在博弈双方策略既定的条件下，融资企业加入生态链平台和生态链平台选择高数字化投入的相对净收益决定了融资企业和生态链平台主体的策略选择。相对净收益的表达式包含了影响博弈主体决策的因素，如网络效应参数、信息不对称程度等，不同的因素通过影响企业加入平台和平台投入水平的相对净收益，进而影响融资企业和生态链平台的策略选择。提高融资企业加入融资生态链平台的相对净收益，能够促进融资企业更为积极地加入平台，获得更多融资服务和效用。而提高生态链平台进行高数字化投入的相对净收益，能够提升生态链平台建设投入，提高生态链平台的数字化水平，降低生态链平台的信息不对称程度，同时也提高了融资企业加入生态链平台的积极性，使企业在高数字化水平的生态链平台中获得较高的效用，实现融资企业和生态链平台双方共赢，呈现出激励相容的状态。

总体来说，融资企业选择积极加入生态链平台，同时融资生态链平台努力提高数字化水平的投入，能够形成一种稳定的均衡状态，这就表明数字金融支持融资生态链在理论上能够对中小企业融资产生良好的影响，这种均衡解可以促进融资企业和数字金融融资生态链平台双方的共同发展。

第五节　本章小结

在演化经济理论中，金融生态的演化主要通过创新机制和选择机制来推动。金融生态发展伴随时间的变化具有一定的随机性，且通过系统的选择机制呈现出一定的规律性。而数字金融是资源跨期配置过程的数字化，能够通过技术创新和产业变迁推动金融生态环境的不断优化，为生态链提供多样化的选择。融资生态链则通过一定的制度设计对多样化进行选择，筛选优质企业加入以不断提高自身价值，进而缓解中小民营企业融资约束，从制度的角度保证了金融生态的不断优化。

本章首先从理论层面探究了数字金融对我国金融生态环境的影响，指出我国金融生态环境建设事关我国经济高质量发展，因此，保护和改善我国金融生态环境、维护金融稳定并实现我国经济金融市场的可持续发展，是当前我国金融工作的重要诉求。而数字金融能够促进法律制度创新、发挥金融信用中介功能、打破市场壁垒、转变经济发展方法，不断优化我国法治环境、信用环境、经济环境、市场环境，从而为中小民营企业融资提供良好的生态环境。

其次，本章分析了数字金融支持融资生态链的机理，指出数字金融是通过降低交易成本与缓解信息不对称两方面促进融资生态链不断完善的。本章运用了演化博弈模型分析融资企业与数字金融融资生态链平台之间的博弈过程，在融资生态链平台存在网络效应和信息不对称效应的情况下，讨论了融资企业与数字金融融资生态链平台的行为选择问题。结果显示，博弈双方最稳定的状态为融资企业加入融资生态链平台，而融资生态链平台也进行高水平的数字化投入。这就显示出数字金融对融资生态链的支持十分必要，在企业和生态链平台激励相容的情形下，能够有效缓解中小民营企业融资约束问题。

第九章　数字金融支持中小民营企业融资生态链的实证分析

本书将数字金融支持下融资生态链对中小民营企业融资难题的破解机制分为三个方面（见图9－1）：一是数字金融对中小民营企业融资的直接缓解效应；二是数字金融赋能融资生态链进而改善中小民营企业融资困难；三是数字金融通过优化金融生态环境，增强融资生态链对中小民营企业融资困难的改善效果。

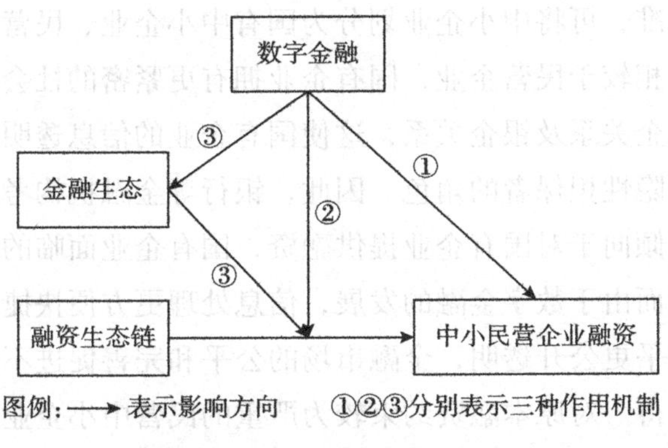

图9－1　数字金融支持中小民营企业融资生态链的机制

第一节　数字金融支持融资生态链的逻辑与假设

一、数字金融对中小民营企业融资的影响

首先本书假设我国数字金融的发展能够缓解中小企业的融资约束。在传统融资方式下，中小企业通常需要付出较高的风险评估等交易成本才能获得信贷支持，甚至由于缺少抵押品而无法获得融资支持，而数字金融创新融资方式，

能加快贷款审批流程，降低中小企业的信息成本和交易成本，以信用贷款部分代替传统的抵押贷款。凭借网络平台和数字技术的优势，数字金融改变了原有金融服务提供方式，以较少的人力物力促成了更多的融资合作。众多研究者认为信息不对称会导致企业面临融资约束，而数字金融关键的功能就是利用数字技术使中小企业和资金供给方之间的信息不对称大大降低，中小企业获得融资支持的概率和规模增加。由于本章的样本来源是中小板上市公司，因此提出如下研究假设。

H9-1：数字金融发展程度越高，上市中小企业的融资约束程度越低，即数字金融发展与上市中小企业融资约束负相关。

同时，国有企业和民营企业因我国制度体制等原因在多方面都有较为明显的差异，数字金融对中小企业融资约束的缓解作用也会因企业所有权性质的不同而有所区别。本书所指的企业所有权性质，是指企业实际控制人的所有权类型，根据这一标准，可将中小企业划分为国有中小企业、民营中小企业以及外资中小企业等。相较于民营企业，国有企业拥有更紧密的社会关系网络，主要表现在更强的政企关系及银企关系，这使国有企业的信息透明度更高，政府还往往为其充当了隐性担保者的角色。因此，银行等金融机构考虑到贷款成本和风险等因素，更倾向于对国有企业提供融资，国有企业面临的融资约束也就小于民营企业。然而由于数字金融的发展，信息处理更方便快捷，风险评估更低价准确，资信水平更公开透明，金融市场的公平和完善促进不同所有制企业在市场上被同等对待。对原本融资约束较为严重的民营中小企业来说，其受到的融资支持比以前大幅提升，融资约束的缓解程度更大。基于以上分析，本书提出如下假设。

H9-2：在上市公司中，相较于国有中小企业，民营中小企业因数字金融发展受到的融资约束缓解程度更大。

二、数字金融对融资生态链的影响

企业融资生态链是本书提出的创新概念。企业融资生态链是指企业生产经营各个环节上的相关企业构成的链条，以这一链条上的商业交易价值为基础，金融机构通过向其中嵌入资金或信用，为各个环节中的企业提供流动资金。现存的供应链金融属于一种特定形式的企业融资生态链。尽管供应链金融与融资生态链存在概念上的细微差距，但其具体实现路径和对链上企业的影响有较强的相似性。目前已有的供应链金融相关研究可以为本书对企业融资生态链的探索提供一定经验证据，因此本书在实证分析部分并不严格区分两者之间的关系。

通过对融资生态链模式中各个环节的赋能，数字金融能够从技术层面对信用数据的可靠性、数据存储的安全性和风险控制的有效性等方面进行提升，提升融资生态链缓解金融机构与中小民营企业之间信息不对称的效果，从而提升融资生态链缓解中小民营企业融资约束的效果。

综上所述，本书提出如下假设。

H9－3：数字金融发展程度越高的地方，融资生态链的发展对中小民营企业融资约束的缓解效果越好。

三、数字金融优化金融生态环境对融资生态链的影响

融资生态链的目的在于为中小民营企业提供更加高质量的融资服务，而金融生态环境则是这一服务的重要载体，为企业授信环节中的风险识别、风险管理和风险处置提供环境基础。因此不难得到，随着金融生态环境的改善，中小民营企业在融资生态链中融资的各个环节将更为通畅。另外，如本书第八章所述，数字金融能够从信用环境、市场环境、法治环境和经济环境四个方面优化金融生态环境。结合前文的论述，提出数字金融能够通过优化金融生态环境来提升中小民营企业融资生态链效能的假设。

因此，本书提出如下假设。

H9－4：数字金融能够通过优化金融生态环境，强化融资生态链对中小民营企业融资约束的缓解效应。

第二节　数字金融缓解中小民营企业融资约束的实证检验

本节是对上一节所提出假设 H9－1 和 H9－2 的验证，试图从实证分析的角度来回答数字金融能否缓解中小民营企业融资约束的问题，并对其结果进行稳健性检验。

一、模型设定

本章在 Almeida 等（2004）[①] 提出的现金—现金流敏感性模型的基础上建立实证研究模型。该模型认为如果企业能够较为便捷地从外界获取资金，则不需要随时持有大量现金，因此持有现金与现金流之间的敏感性就能反映企业受到融资约束的大小，如果回归系数显著并为正则说明企业表现出现金流敏感性，在进行外部融资时面临较强的融资约束，如果回归系数为负或不显著则可以判定不存在融资约束或融资约束较弱。因此可以建立模型表示企业的融资约束情况。

$$\frac{\Delta Cash_{it}}{A_{it-1}} = \alpha_0 + \alpha_1\frac{CF_{it}}{A_{it-1}} + \alpha_2 Grow_{it} + \alpha_3 Size_{it} + \alpha_4\frac{\Delta NWC_{it}}{A_{it-1}} + \alpha_5\frac{\Delta SD_{it}}{A_{it-1}} + \alpha_6\frac{Expend_{it}}{A_{it-1}} + u_{it} \quad (9-1)$$

式中，A 表示企业总资产，$\Delta Cash_{it}$ 表示企业现金及现金等价物持有量变动，CF_{it} 表示企业现金流，其系数 α_1 是模型重点关注的对象，a_1 显著为正说明企业的现金—现金流敏感系数较强，企业存在融资约束。

将式（9-1）除以上期总资产的各变量简写，包含在变量本身的计算中，设定基准分析框架为模型：

$$\Delta Cash_{it} = \alpha_0 + \alpha_1 CF_{it} + \alpha_2 Grow_{it} + \alpha_3 Size_{it} + \alpha_4\Delta NWC_{it} + \alpha_5\Delta SD_{it} + \alpha_6 Expend_{it} + u_{it} \quad (9-2)$$

依据本章的数据特征，加入时间控制变量（年份虚拟变量）和行业控制变量（行业虚拟变量），得到本章的基准模型如下：

$$\Delta Cash_{it} = \alpha_0 + \alpha_1 CF_{it} + \alpha_2 Grow_{it} + \alpha_3 Size_{it} + \alpha_4\Delta NWC_{it} + \alpha_5\Delta SD_{it} + \alpha_6 Expend_{it} + Yeardummy + Industrydummy + u_{it} \quad (9-3)$$

再在模型中加入数字金融与企业现金流的交互项，构建拓展模型，如果 $CF_{it}\times DIFI_{it}$ 的系数 φ_1 显著为负，表明数字金融能显著降低企业的现金—现金流敏感性，有助于缓解中小企业的融资约束。

---

① Almeida, H., Campello, M., Weisbach, M. S. The Cash Flow Sensitivity of Cash [J]. Journal of Finance, 2004, 59 (4): 1777-1804.

$$\Delta Cash_{it} = \alpha_0 + \alpha_1 CF_{it} + \varphi_1 CF_{it} \times DIFI_{it} + \alpha_2 Grow_{it} + \alpha_3 Size_{it} + \alpha_4 \Delta NWC_{it} + \alpha_5 \Delta SD_{it} + \alpha_6 Expend_{it} + Yeardummy + Industrydummy + u_{it} \quad (9-4)$$

式中，系数 α_1 的符号及显著性能够判断企业是否存在融资约束，α_1 显著为正说明企业存在明显的融资约束。$\varphi_1 CF_{it} \times DIFI_{it}$为数字金融与企业现金流的交互项，系数 φ_1 也是我们关注的重点，如果 φ_1 显著为负，则说明数字金融的发展能够缓解中小企业融资约束。

以下为控制变量：$Grow_{it}$表示企业成长性，企业的成长性较高表示企业未来具有较高的投资机会；$Size_{it}$表示企业规模，大规模的企业面临的融资约束相对较小；ΔNWC_{it}表示营运资本变动；ΔSD_{it}表示短期负债变动，企业常常会把短期负债作为流动现金的替代；$Expend_{it}$表示企业资本支出。

Yeardummy 和 *Industrydummy* 分别代表年份虚拟变量和行业虚拟变量，μ_{it}为误差项，i 是企业标识，代表第 i 个企业，t 是时间标识，表示第 t 年。在模型中加入以上控制变量和虚拟变量，进一步控制了其他因素的影响，使现金流（CF_{it}）的系数更准确地反映融资约束对现金持有的影响，交互项的系数更准确地反映数字金融对融资约束的影响。

此外，由于本章采用北京大学数字普惠金融指数来表示数字金融，该指数不仅包含总指数，还包含一级维度的三个分指数，为深入考察是数字金融的何种变化导致了企业融资约束的缓解，本章将三个分指数也纳入模型变量范围。表 9－1 展示了各个变量的具体计算方式以及变量符号。为尽量统一数据的量级，表中以比值形式出现的变量均表示去掉百分比之后的值，即原值乘以 100。数字金融指数表示原值除以 100。数据处理不影响最后的计量结果。

表 9－1　　　　变量定义及说明

变量类型	变量名称	变量符号	变量说明
因变量	企业现金持有量的变动	$\Delta Cash$	（现金及现金等价物净增加额/期初总资产）×100
自变量	数字金融指数 数字金融覆盖广度指数 数字金融使用深度指数 数字化程度指数	$DIFI$ $DIFI\_CB$ $DIFI\_UD$ $DIFI\_DL$	来自北京大学数字普惠金融指数，为使数据量级统一，所有指数均除以 100
	企业现金流	CF	（经营活动现金流量净额/期初总资产）×100

续表

变量类型	变量名称	变量符号	变量说明
控制变量	企业成长能力	*Grow*	营业收入同比增长率×100
	企业规模	*Size*	期末资产总额的自然对数
	企业净营运资本的变动	ΔNWC	（净营运资本增加额/期初总资产）×100
	企业短期债务变动	ΔSD	（流动性负债增加额/期初总资产）×100
	企业长期资本支出	*Expend*	长期资产支出（购建固定资产、无形资产和其他长期资产的现金支出）/期初总资产×100
	年度虚拟变量	*Yeardummy*	0—1 虚拟变量
	行业虚拟变量	*Industrydummy*	0—1 虚拟变量

二、数据来源与描述性统计

（一）数据来源说明

本节采用郭峰等编制的北京大学数字普惠金融指数（2011—2020）[①] 作为对数字金融发展的测度指标，该指数的各项指标来自我国目前最大的数字金融机构——蚂蚁金服的业务数据，是研究我国数字金融发展的重要参考指标之一。尽管该套指数存在一定的局限性，如样本来源单一、时间跨度较短等，但由于蚂蚁金服为我国中小微企业提供了大量的数字金融服务，在数字金融领域处于前列，因此该套指数也具有一定的代表性。在当前并无其他可替代指标用于衡量我国数字金融发展水平的情况下，采用该套指数具有一定的合理性。

本书采用的数字金融指数是地市级的指标，除了选取 *DIFI* 数字金融总指数以外，还选取了数字金融覆盖广度（*DIFI _ CB*）、数字金融使用深度（*DIFI _UD*）和数字化程度（*DIFI _DL*）来代表数字金融各维度的发展。中小企业的财务数据来自 Wind 数据库的 A 股市场中小板企业，为了与数字金融指数保持一致，企业层面的指标选取时间跨度同样为 2011—2020 年[②]。

本节选取中小板企业作为研究中小企业的样本，其合理性主要体现在以下

① 郭峰，王靖一，王芳，等．测度中国数字普惠金融发展：指数编制与空间特征［J］．经济学（季刊），2020，19（4）：1401－1418.

② 尽管证监会在 2021 年 2 月已批复同意深交所合并主板与中小板，但本书的研究时间跨度为 2011—2020 年，因此不会受到此次合并的影响。

两点：第一，未上市的中小企业存在信息披露不完全、可靠性不高的问题，而上市企业的数据披露详尽且相对较为可靠，能够更好地保证实证研究结果的稳健性；第二，若能够得出数字金融对上市中小企业融资产生积极影响的结论，那么这一结论在受融资约束相对更强的未上市中小企业中应同样成立。事实上，上市中小企业的融资渠道相对非上市中小企业更多，因而数字金融对其的影响是有限的。若通过实证检验发现数字金融对上市中小企业融资存在正向的积极影响，那么非上市中小企业由于融资渠道单一，会更多地受益于数字金融的发展，因而前述的积极影响在非上市中小企业中会更加明显。

（二）数据处理及描述性统计

首先对 Wind 数据库收集到的企业数据做以下处理：（1）考虑到金融行业的特殊性质，将金融业的企业从样本中予以剔除；（2）将*ST、ST 和 PT 类企业从样本中予以剔除；（3）将财务数据缺失的企业予以剔除。最终得到中小企业共 663 家，共 5967 个观测值。

然后为了消除离群值的影响，对企业层面的连续变量在 1% 和 99% 的水平上进行双边缩尾处理，包括 *Cash*、*CF*、*Grow*、*Size*、*NWC*、*SD* 和 *Expend*。本书所涉及的数据处理以及实证研究均通过 Stata16.0 完成。

表 9-2 列示了数字金融指数、企业层面变量，以及数字金融与现金流交互项的描述性统计。从表中数据可知，数字金融指数（*DIFI*）最大值为 3.22，最小值仅为 0.30，中位数和平均值约等于 2，表明各地区数字金融发展水平差异较大，但近年来提高较快。从分指数来看，数字金融覆盖广度的最小值和最大值都小于总指数，甚至个别偏远地区在早期年份出现过指数为负的情况。使用深度与总指数的分布较为接近，但中位数较小，说明使用深度指数中偏大值较多。数字化程度总体来看比总指数更大，平均值为 2.00，为数字金融指数中最高，最大值为 4.38，也是所有指数中的最大值，但最小值仅为 0.04，标准差 0.87 大于另外几种数字金融指数。数字化程度中包含了支付移动化、小微经营者贷款利率降低形成的实惠化、免抵押贷款增多形成的信用化等，描述性统计说明数字化程度发展水平整体较高，但不同年份和地区之间的差异较大。数字金融指数的观测数量与企业层面变量的观测数量不完全相等，这是由于个别城市或地区在个别年份缺失数据，但这种缺失特别少，对比数据发现仅有 2 个缺失值。

表 9-2　　　　变量的描述性统计

变量	样本数量	均值	中位数	标准差	最小值	最大值
数字金融指数	5965	1.94	2.00	0.69	0.30	3.22
数字金融覆盖广度	5965	1.93	2.02	0.66	-0.11	3.11
数字金融使用深度	5965	1.92	1.86	0.71	0.13	3.32
数字化程度	5965	2.00	2.28	0.87	0.04	4.38
企业现金持有量	5967	2.29	0.11	15.50	-26.46	88.83
企业现金流	5967	5.96	5.59	8.58	-20.54	33.77
企业成长能力	5967	15.89	12.00	27.75	-42.45	141.20
企业规模	5967	21.87	21.78	0.94	19.92	24.52
企业净营运资本	5967	3.79	2.53	11.04	-23.29	47.37
企业短期债务	5967	6.62	4.02	13.99	-21.93	74.56
企业长期资本支出	5967	7.30	5.03	7.17	0.10	38.46

三、实证结果及分析

（一）基准回归

基于所用企业数据的特征，采用固定效应模型对基准模型和扩展模型进行估计。考虑个体效应和时间效应，分别采用个体固定效应模型和双向固定效应模型，估计结果如表 9-3 和表 9-4 所示。

表 9-3　　　　个体固定效应模型回归估计结果

变量	(1)	(2)	(3)	(4)	(5)
	Cash	*Cash*	*Cash*	*Cash*	*Cash*
CF	0.509*** (9.783)	0.794*** (6.386)	0.767*** (5.942)	0.826*** (6.905)	0.732*** (7.031)
CF × DIFI	—	-0.159*** (-3.017)	—	—	—
CF × DIFI_CB	—	—	-0.143*** (-2.558)	—	—
CF × DIFI_UD	—	—	—	-0.179*** (-3.626)	—
CF × DIFI_DL	—	—	—	—	-0.124*** (-3.022)

续表

变量	(1) Cash	(2) Cash	(3) Cash	(4) Cash	(5) Cash
Constant	-30.27*** (-3.419)	-48.82*** (-4.785)	-45.21*** (-4.463)	-51.66*** (-5.233***)	-49.16*** (-4.751)
控制变量	控制	控制	控制	控制	控制
个体固定效应	控制	控制	控制	控制	控制
N	5967	5965	5965	5965	5965
$Adj-R^2$	0.024	0.028	0.027	0.030	0.028

注：括号内为稳健的t统计量，***、**和*分别代表在1%、5%和10%的显著性水平上显著。

表9-4　双向固定效应模型回归估计结果

变量	(1) Cash	(2) Cash	(3) Cash	(4) Cash	(5) Cash
CF	0.498*** (9.681)	0.670*** (5.145)	0.645*** (4.814)	0.693*** (5.458)	0.644*** (5.914)
CF × DIFI	—	-0.0862*** (-2.580)	—	—	—
CF × DIFI_CB	—	—	-0.0820** (-2.043)	—	—
CF × DIFI_UD	—	—	—	-0.110*** (-3.065)	—
CF × DIFI_DL	—	—	—	—	-0.0818*** (-2.863)
Constant	-74.59*** (-5.149)	-76.64*** (-5.302)	-76.16*** (-5.250)	-77.04*** (-5.376)	-76.78*** (-5.299)
控制变量	控制	控制	控制	控制	控制
个体固定效应	控制	控制	控制	控制	控制
年份固定效应	控制	控制	控制	控制	控制
N	5967	5965	5965	5965	5965
$Adj-R^2$	0.057	0.058	0.058	0.059	0.059

注：括号内为稳健的t统计量，***、**和*分别代表在1%、5%和10%的显著性水平上显著。

从表9-3和表9-4都可以明显看出数字金融与现金流的交互项系数仍然

是显著为负的，在个体固定效应模型中数字金融及其分指数对中小企业现金—现金流敏感度降低的系数分别为 -0.159、-0.143、-0.179 和 -0.124，可以看出其中数字金融使用深度的影响最大，且在个体固定效应模型中系数绝对值都有所变大，并在5%或者1%的显著性水平下显著。在双向固定效应模型中，数字金融与现金流交互项的系数绝对值与OLS基准回归模型差异不大，且仍然在5%或1%的水平下显著为负，在更严格的模型设定下验证了假设H9-1的准确性。

（二）分产权性质回归

根据Wind数据库提供的企业性质分类，本书将中央国有企业和地方国有企业划归为国有企业样本，将民营企业、集体企业和公众企业划归为民营企业样本。按照不同的样本类型，对其进行分组检验，研究不同类型的企业融资约束缓解程度是否一样。与基准回归一样，该部分采用双向固定效应模型进行回归，表9-5显示了回归结果。

表9-5　　数字金融对不同所有制中小企业的融资约束缓解效果

变量	国有企业		民营企业	
	Cash	*Cash*	*Cash*	*Cash*
CF	0.297*** (7.396)	0.446*** (4.617)	0.488*** (13.37)	0.660*** (8.127)
CF × DIFI	—	-0.0831 (-1.213)	—	-0.0960** (-2.373)
控制变量	控制	控制	控制	控制
Constant	-72.39*** (-2.595)	-69.60** (-2.488)	-85.40*** (-5.879)	-87.53*** (-6.017)
个体固定效应	控制	控制	控制	控制
年份固定效应	控制	控制	控制	控制
N	1251	1251	4509	4509
$Adj-R^2$	0.042	0.042	0.059	0.060

注：括号内为稳健的t统计量，***、**和*分别代表在1%、5%和10%的显著性水平上显著。

首先，从企业数量上可以看出，中小板上市企业大部分为民营企业，国有企业和外资企业较少，民营企业共有4509个观测值，国有企业有1251个。从分样本检验结果来看，民营企业子样本中数字金融与现金流交互项系数为

-0.096，且在5%的水平下显著，说明数字金融发展对中小民营企业有显著的融资约束缓解作用。而国有企业与之相比，系数比民营企业系数绝对值稍小但并不显著，说明数字金融对中小国有企业的融资约束缓解作用并不明显。研究结论支持了本章的假设 H9-2。中小民营企业更愿意创新和尝试新技术、新融资手段，在其本身融资约束较大的情况下，数字技术带来的融资约束缓解效应更为明显。

四、稳健性检验

本章采用的稳健性检验方法有替换模型中控制变量的衡量指标、替换数字金融衡量指标和替换融资约束衡量指标等。

（一）内生性问题的处理

内生性主要由数据测量误差、模型变量遗漏和反向因果等问题导致。本书采用的数字金融指数是城市层面的指标，而融资约束的测度是企业层面的微观财务指标，微观企业的财务状况难以对地区数字金融的发展产生显著影响。因此，从理论上来看，反向因果所导致的内生性问题对本节研究内容的影响较弱。但由于数字金融指数的构建存在着样本选择的误差可能性，以及本节回归模型中可能存在的遗漏变量问题，仍然可能存在内生性问题，影响模型的参数估计结果，因此，本节将采用工具变量法，试图对潜在的内生性问题进行处理。

在工具变量的选择方面，现有文献所采用的数字金融工具变量主要分为两种。一是使用互联网普及率作为工具变量，如谢绚丽等（2018）①、梁榜和张建华（2019）② 和万佳彧等（2020）③；二是使用各地级市到杭州市的距离，如郭峰等（2017）④ 和黄益平和陶坤玉（2019）⑤。本书认为，对于采用地级

---

① 谢绚丽，沈艳，张皓星，等．数字金融能促进创业吗？——来自中国的证据［J］．经济学（季刊），2018，17（4）：1557-1580.

② 梁榜，张建华．数字普惠金融发展能激励创新吗？——来自中国城市和中小企业的证据［J］．当代经济科学，2019，41（5）：74-86.

③ 万佳彧，周勤，肖义．数字金融、融资约束与企业创新［J］．经济评论，2020（1）：71-83.

④ 郭峰，孔涛，王靖一．互联网金融空间集聚效应分析——来自互联网金融发展指数的证据［J］．国际金融研究，2017（8）：75-85.

⑤ 黄益平，陶坤玉．中国的数字金融革命：发展、影响与监管启示［J］．国际经济评论，2019（6）：24-35，5.

市到杭州市距离作为工具变量的做法，一方面与数字金融跨空间、跨地域服务的特征相违背；另一方面，这种工具变量为截面数据，无法匹配数字金融发展水平的动态变化过程。因此，本书采用第一种选择工具变量的方式，即以省级互联网普及率作为数字金融的工具变量。

根据《中国互联网络发展状况统计报告》，本书能够获取2011—2018年的互联网普及率数据，但此后的互联网普及率似乎并未公布。因此，本书采用根据增长率推算的办法，利用2011—2018年的数据将互联网普及率外推至2019年，得到2011—2019年的互联网普及率，在模型中以 *Internet* 表示。

为了验证选用的工具变量是否有效，本书选用了 *Kleibergen－Paap* 检验方法进行弱工具变量检验，如果 *Kleibergen－Paap Wald rk F* 统计量大于经验阈值，且在1%的显著性水平上显著，则表示能够拒绝“所用工具变量是弱工具变量”的原假设，说明选取的工具变量是有效的。采用两阶段最小二乘法分别对普通固定效应模型和双向固定效应模型进行参数估计，并将结果呈现于表9－6。

表9－6　　　　2SLS法估计结果

变量	普通固定效应		双向固定效应	
	第一阶段	第二阶段	第一阶段	第二阶段
	(1)	(2)	(3)	(4)
	CF × DIFI	*Cash*	*CF × DIFI*	*Cash*
CF × DIFI	—	－0.0316** (－2.360)	—	－0.0750*** (－2.837)
CF × Internet	2.657*** (29.44)	—	3.982*** (30.371)	—
CF	0.271*** (4.870)	0.452*** (2.644)	0.499*** (6.341)	0.644*** (3.615)
Constant	－10.34*** (－4.918)	1.530 (0.293)	－86.775*** (－15.169)	－39.02*** (－2.832)
控制变量	控制	控制	控制	控制
个体固定效应	—	—	控制	控制
行业固定效应	控制	控制	—	—
年份固定效应	控制	控制	控制	控制

续表

变量	普通固定效应		双向固定效应	
	第一阶段	第二阶段	第一阶段	第二阶段
	(1)	(2)	(3)	(4)
	$CF \times DIFI$	$Cash$	$CF \times DIFI$	$Cash$
N	5967	5967	5967	5967
$Adj - R^2$	0.907	0.095	0.832	0.063
Kleibergen - Paap Wald rk F	866.54***	—	984.29***	—

注：括号内为稳健的t统计量，***、**和*分别代表在1%、5%和10%的显著性水平上显著。

表9-6中第（1）列、第（3）列是第一阶段的估计结果，报告了工具变量互联网普及率与数字金融的相关性。可以看出在普通固定效应+IV的模型中，互联网普及率与企业现金流的交乘项对数字金融与现金流交乘项的影响系数为2.657，并且在1%的显著性水平下显著；在双向固定效应+IV的模型中，工具变量交乘项对数字金融交乘项的估计系数为3.982，也在1%的水平下显著，且Kleibergen-Paap Wald rk F值也都大于经验阈值，表明工具变量选取有效，互联网普及率与数字金融的相关性较高。

第（2）列和第（4）列是第二阶段的估计结果，我们重点关注数字金融与企业现金流交乘项的估计系数，可以发现，在使用了工具变量后，数字金融对于中小企业融资约束的改善仍然有显著效果，验证了数字金融发展能够缓解中小企业融资约束的假设。

（二）剔除融资约束代理变量选择上的影响

从本书的文献综述部分可知，衡量企业融资约束的主要方法有多种，现金—现金流敏感性模型得到了较为广泛的认可和运用，除此之外，衡量融资约束的*SA*指数也因其计算简便且具有由企业外生变量构成不含内生变量而较为稳健可靠的特点，得到了众多学者的使用。

采用Hadlock和Pierce所提出的企业融资约束测度方法——*SA*指数法①，本部分利用中小企业的微观财务数据，计算得到2011—2019年样本中每个中

① Hadlock, C. J., Pierce, J. R. New Evidence on Measuring Financial Constraints: Moving Beyond the KZ Index [J]. The Review of Financial Studies, 2010, 23 (5): 1909-1940.

小企业所对应的 SA 指数，并采用鞠晓生等（2013）① 的方法，对计算得到的 SA 指数取绝对值，绝对值越大代表企业所受到的融资约束程度越严重。选择相应的控制变量后建立 SA 模型如下：

$$SA_{it} = \alpha_0 + \alpha_1 DIFI_{it} + \alpha_2 Age_{it} + \alpha_3 Size_{it} + \alpha_4 Grow_{it} + \alpha_5 M\_B_{it} + \alpha_6 Ln\_ass_{it} + \alpha_7 MShare_{it} + \alpha_8 Audit_{it} + \alpha_9 Dual_{it} + \alpha_{10} Indratio_{it} + Yeardummy + Industrydummy + u_{it} \quad (9-5)$$

其中 SA 指数的计算方法为

$$SA_{it} = -0.737 \times LnSize_{it} + 0.043 \times (LnSize_{it})^2 - 0.04 \times Age_{it} \quad (9-6)$$

模型中除了数字金融作为解释变量外，还加入了控制变量如企业年龄（*Age*）、企业规模（*Size*）、企业成长能力（*Grow*）、企业账面市值比（*M_B*）、企业无形资产比率（*Ln_ass*）、高管持股比例（*MShare*）、企业审计单位是否为四大（*Audit*）、管理层两职合一情况（*Dual*）、独立董事占比（*Indratio*），数据来源为 Wind 数据库以及 CSMAR 数据库。

估计方法使用双向固定效应模型控制个体效应和时间效应，并且采取了数字金融分指数作为数字金融各维度的发展指数。数字金融发展指数及其覆盖广度、使用深度和数字化程度的参数估计结果分别呈现于表 9－7 中的第（1）、（2）、（3）、（4）列。

表 9－7　以 SA 指数作为融资约束代理变量的回归结果

变量	(1)	(2)	(3)	(4)
	SA	*SA*	*SA*	*SA*
DIFI	-0.0402*** (-3.798)	—	—	—
DIFI_CB	—	-0.0428*** (-3.798)	—	—
DIFI_UD	—	—	-0.0403*** (-3.670)	—
DIFI_DL	—	—	—	-0.0339** (-2.420)

① 鞠晓生，卢荻，虞义华．融资约束、营运资本管理与企业创新可持续性［J］．经济研究，2013，48（1）：4－16．

续表

变量	(1)	(2)	(3)	(4)
	SA	*SA*	*SA*	*SA*
Constant	2.418 ***	2.429 ***	2.270 ***	2.271 ***
	(19.50)	(21.41)	(20.55)	(18.93)
控制变量	控制	控制	控制	控制
个体固定效应	控制	控制	控制	控制
年份固定效应	控制	控制	控制	控制
N	5693	5693	5693	5693
$Adj-R^2$	0.916	0.920	0.917	0.912

注：括号内为稳健的 t 统计量，***、** 和 * 分别代表在 1%、5% 和 10% 的显著性水平上显著。

从表 9-7 中数字金融指数及其各维度指标 *DIFI _ CB*、*DIFI _ UD* 和 *DIFI _ DL* 的参数估计结果能够看到，数字金融及其覆盖广度、使用深度和数字化程度均对 *SA* 指数的值有显著的负向影响作用，即数字金融缓解了中小企业的融资约束。同时可以看到，数字金融的覆盖广度、使用深度和数字化程度对中小企业融资约束缓解程度呈现依次递减的趋势，但三组参数估计的结果均在 5% 或 1% 的水平下显著。

综上所述，本部分以 *SA* 指数作为中小企业融资约束的代理变量，实证检验了数字金融对中小企业融资约束缓解的积极作用且与主回归结果一致，验证了主回归结果的稳健性。

第三节　数字金融对融资生态链的调节效应检验

本节是对本章第一节所提出的假设 H9-3 与假设 H9-4 的实证检验部分，试图寻找数字金融支持中小民营企业融资生态链缓解企业融资约束的不同路径。

一、数字金融的调节效应检验

为了检验数字金融融资生态链缓解中小民营企业融资约束的机制，构建以下调节效应模型对假设 H9.3 进行检验，如式（9-7）所示。

$$\Delta Cash_{i,t}=\alpha_0+\alpha_1 CF_{i,t}+\alpha_2 FEC_{i,t}+\alpha_3 FEC_{i,t}\times CF_{i,t}+\alpha_4 CF_{i,t}\times FEC_{i,t}\times DFI_{i,t}+\sum\gamma_1 Controls_{i,t}^{j}+d_t+\mu_{i,t}+\varepsilon_{i,t} \tag{9-7}$$

此外，针对数字金融的三个二级指标——数字金融的覆盖广度、使用深度以及数字化程度，分别检验了其对融资生态链缓解中小民营企业融资约束的调节效应，如式（9-8）至式（9-10）所示：

$$\Delta Cash_{i,t}=\alpha_0+\alpha_1 CF_{i,t}+\alpha_2 FEC_{i,t}+\alpha_3 FEC_{i,t}\times CF_{i,t}+\alpha_4 CF_{i,t}\times FEC_{i,t}\times DFI_{coverage,i,t}+\sum\gamma_1 Controls_{i,t}^{j}+d_t+\mu_{i,t}+\varepsilon_{i,t} \tag{9-8}$$

$$\Delta Cash_{i,t}=\alpha_0+\alpha_1 CF_{i,t}+\alpha_2 FEC_{i,t}+\alpha_3 FEC_{i,t}\times CF_{i,t}+\alpha_4 CF_{i,t}\times FEC_{i,t}\times DFI_{usage,i,t}+\sum\gamma_1 Controls_{i,t}^{j}+d_t+\mu_{i,t}+\varepsilon_{i,t} \tag{9-9}$$

$$\Delta Cash_{i,t}=\alpha_0+\alpha_1 CF_{i,t}+\alpha_2 FEC_{i,t}+\alpha_3 FEC_{i,t}\times CF_{i,t}+\alpha_4 CF_{i,t}\times FEC_{i,t}\times DFI_{digit,i,t}+\sum\gamma_1 Controls_{i,t}^{j}+d_t+\mu_{i,t}+\varepsilon_{i,t} \tag{9-10}$$

如果回归结果中 α_4 的系数显著为负，则能够说明数字金融的发展能够调节融资生态链对企业融资约束的缓解，即数字金融发展程度越高，融资生态链对企业融资约束的缓解效应越强。

表9-8展示了调节效应的检验结果。模型（1）展示了数字金融总指数的回归结果，包含数字金融的交乘项系数为-0.295，且在5%的水平下显著为负，因此可以得到结论：从总体上看，数字金融的发展能够在融资生态链对中小企业融资约束的缓解中起到正向调节作用，即中小企业所在地的数字金融发展程度越高，融资生态链的发展对其融资约束的缓解效果越好。

表9-8中的模型（2）、模型（3）、模型（4）分别是数字金融的覆盖广度、使用深度以及数字化程度对融资生态链缓解企业融资约束的调节效应检验。与模型（1）的结果类似，数字金融覆盖广度、使用深度与数字化程度的交乘项系数分别为-0.298、-0.291和-0.229，均在5%水平下显著为负，即说明中小企业所在地的数字金融的覆盖广度、使用深度和数字化程度越高，融资生态链对企业融资约束的缓解效果越好，验证了假设H9-3。

表 9-8　　数字金融及其分指数的调节效应检验

变量	(1)	(2)	(3)	(4)
	总指数	覆盖广度	使用深度	数字化程度
CF	0.355 *** (0.034)	0.356 *** (0.034)	0.355 *** (0.034)	0.354 *** (0.034)
c. CF × c. FEC	0.639 * (0.341)	0.640 * (0.354)	0.624 ** (0.316)	0.525 * (0.293)
c. CF × c. FEC × c. DFI	-0.295 ** (0.140)	—	—	—
c. CF × c. FEC × c. DFI _ coverage	—	-0.298 ** (0.148)	—	—
c. CF × c. FEC × c. DFI _ usage	—	—	-0.291 ** (0.131)	—
c. CF × c. FEC × c. DFI _ digital	—	—	—	-0.229 ** (0.112)
expend	-0.166 *** (0.029)	-0.166 *** (0.029)	-0.166 *** (0.029)	-0.166 *** (0.029)
d _ nwc	0.479 *** (0.030)	0.479 *** (0.030)	0.479 *** (0.030)	0.479 *** (0.030)
d _ sd	0.196 *** (0.064)	0.196 *** (0.064)	0.195 *** (0.064)	0.196 *** (0.064)
g _ income	-0.004 ** (0.002)	-0.004 ** (0.002)	-0.004 ** (0.002)	-0.004 ** (0.002)
size	0.006 (0.005)	0.006 (0.005)	0.006 (0.005)	0.006 (0.005)
_ cons	-0.173 * (0.100)	-0.174 * (0.100)	-0.172 * (0.101)	-0.171 * (0.101)
year	*Yes*	*Yes*	*Yes*	*Yes*
industry	*Yes*	*Yes*	*Yes*	*Yes*
R^2	0.449	0.449	0.449	0.449
$Adj-R^2$	0.447	0.447	0.447	0.447
N	8130	8130	8130	8130

注：括号内为稳健的 t 统计量，*** 、** 和 * 分别代表在 1%、5% 和 10% 的显著性水平上显著。

对样本企业的产权属性进行分组回归，结果如表9－9所示，模型（1）和模型（2）分别为民营企业组和非民营企业组的回归结果，民营企业组中，现金流、融资生态链与数字金融的交乘项系数在1%的水平下显著为正，而在非民营企业组中不显著。从回归结果来看，数字金融对融资生态链缓解中小企业融资约束效果的赋能作用在民营企业与非民营企业之间存在差异，具体体现为在民营企业融资过程中的赋能作用更显著，而在非民营企业融资过程中的赋能作用不显著。

表9－9　　调节效应的分组检验

变量	(1)	(2)
	民营企业	非民营企业
CF	0.337***	0.470***
	(0.037)	(0.075)
c. CF × c. FEC	1.025***	−0.263
	(0.336)	(0.208)
c. CF × c. FEC × c. DFI	−0.411***	−0.099
	(0.144)	(0.110)
expend	−0.178***	−0.099
	(0.033)	(0.061)
d_nwc	0.485***	0.476***
	(0.033)	(0.046)
d_sd	0.192***	0.313***
	(0.067)	(0.034)
g_income	−0.006*	−0.006***
	(0.003)	(0.002)
size	0.006	0.001
	(0.005)	(0.007)
_cons	−0.172	−0.111
	(0.108)	(0.165)
year	*Yes*	*Yes*
industry	*Yes*	*Yes*
R^2	0.454	0.486
$Adj-R^2$	0.451	0.470
N	6953	1132

注：括号内为稳健的t统计量，***、**和*分别代表在1%、5%和10%的显著性水平上显著。

进一步地，根据企业的融资约束高低进行分组回归，结果如表 9－10 所示。可以看到，包含数字金融交乘项的系数仅在低融资约束的民营企业中显著，其系数值为－0.540 且在1%的水平下显著为负。结合表 9－9 和表 9－10 的回归结果可以看到，数字金融对中小民营企业融资生态链的支持作用，更多地体现在对低融资约束民营企业的支持上，而对高融资约束民营企业的缓解作用并不显著。

表 9－10　进一步分样本检验

变量	(1)	(2)	(3)	(4)
	民营企业		非民营企业	
	高融资约束	低融资约束	高融资约束	低融资约束
CF	0.329***	0.349***	0.536***	0.431***
	(0.059)	(0.048)	(0.089)	(0.137)
c. CF × c. FEC	0.836*	1.313***	0.534	－0.342
	(0.454)	(0.390)	(1.019)	(0.302)
c. CF × c. FEC × c. DFI	－0.299	－0.540***	－0.463	－0.040
	(0.184)	(0.175)	(0.400)	(0.121)
expend	－0.185***	－0.176***	－0.025	－0.239**
	(0.046)	(0.050)	(0.094)	(0.092)
d_nwc	0.445***	0.540***	0.583***	0.389***
	(0.034)	(0.036)	(0.051)	(0.066)
d_sd	0.131**	0.309***	0.444***	0.249***
	(0.062)	(0.029)	(0.053)	(0.036)
g_income	－0.007*	－0.006**	－0.043***	－0.004***
	(0.004)	(0.003)	(0.009)	(0.001)
size	0.009	－0.001	0.006	0.003
	(0.006)	(0.005)	(0.010)	(0.009)
_cons	－0.208*	－0.084	－0.181	－0.112
	(0.122)	(0.114)	(0.223)	(0.203)
year	*Yes*	*Yes*	*Yes*	*Yes*
industry	*Yes*	*Yes*	*Yes*	*Yes*
R^2	0.431	0.492	0.561	0.468
$Adj-R^2$	0.425	0.487	0.541	0.439
N	3233	3720	632	500

注：括号内为稳健的 t 统计量，***、** 和 * 分别代表在 1%、5% 和 10% 的显著性水平上显著。

二、金融生态环境综合指数构建

金融生态环境是指与金融业生存、发展具有互动关系的社会、自然因素的总和，包括经济环境、法治环境、信用环境、市场环境等一切与金融业相互影响、相互作用的方面，主要强调金融运行的外部环境，是金融运行的基础条件。金融生态环境综合指数越高，意味着金融生态环境越好，也意味着政府对经济干预越少，实体经济基础越发达，金融发展和金融部门的市场化程度越高，制度与信用文化建设越完善，并对金融主体发展起到了至关重要的促进作用。因此，研究数字金融如何促进金融生态环境发展并最终促进金融主体健康发展有着重要意义。本章在前文研究数字金融如何促进金融生态环境的理论基础上，选取当前较为切合实际的中国金融生态环境的度量方法，最终采用综合指数法构建国家层面和省域层面金融生态环境综合指数。同时，借鉴国内外相关文献成果，根据我国金融生态环境数据可获得性，构建金融生态环境指标池，并采用主成分分析法拟合金融生态环境综合指数。通过对指数结果进行趋势分解及现状解析，拟合国家和不同省份金融生态环境状况，为下一节数字金融对我国金融生态环境指数影响实证研究构建坚实基础。

（一）金融生态环境综合指数构建思路

通过前述研究发现，作为一个发展中国家，我国具有金融市场和金融主体发展起步较晚、金融生态环境尚不够完善等特征，由此也带来数据历史长度较短、稳定性和连续性较差等缺点。基于对文献综述中金融生态环境的相关研究分析和总结，本书认为利用历史数据回归建模或是以市场数据为基础开展监测都不太适用于我国现有金融生态环境。作为一种较为清晰明了的金融生态环境衡量方法，一方面，综合指数法通过选取不同金融生态环境类别的代理指标，建立其与金融生态环境之间的联系，能够全面、系统地反映我国整体上和不同省份金融生态环境的发展变化，从而拟合出能综合反映金融生态环境的综合指数；另一方面，该指数还具有灵活性优点，能在后期作为原始指标运用于更多复杂模型。因此，本书运用综合指数法来构建中国金融生态环境综合指数（*FECI*）和省级金融生态环境指数（*PFECI*）。

基于对文献综述中金融生态环境要素的总结，以及对上一节中我国金融生态环境现状的分析，本书认为，金融生态环境构成要素中经济环境、市场环境、法治环境和信用环境四个维度为构建省域金融生态环境评价体系的主要维度，并从中选取基础指标，构建金融生态环境基础指标池。

此外，在现有度量金融生态环境指数的方法中，较多学者都采用主成分分析法来进行数据降维。主成分分析法作为一种统计方法，能够通过线性变换，将一组可能存在相关性的变量转化为线性不相关变量，从而达到压缩特征解释变量的目的，具有一定的前瞻性。因此，在后续研究中，本书将运用此方法对选取的金融生态环境指标进行数据降维，从而构建出中国金融生态环境综合指数（*FECI*）和省级金融生态环境指数（*PFECI*）。

综上所述，本书在借鉴国内外相关文献基础上结合我国金融系统实际情况，将金融生态环境分为经济环境、市场环境、法治环境和信用环境四个维度，并从中选取 13 个指标，运用主成分分析法构建我国金融生态环境综合指数和省级金融生态环境指数。

（二）金融生态环境综合指数的指标选取

1. 指标选取原则。

（1）科学性。指标选取原则的第一要务是科学性，维度的设计及评估指标的选择须基于其实际经济意义和客观理论基础，要能客观真实地反映我国金融生态环境的特点和状况，同时也能客观全面地反映出各指标中的真实联系。因此，本书从金融生态理论出发，结合相关文献中金融生态环境指标设计体系构建情况和我国金融生态现状，构建以经济环境、市场环境、法治环境和信用环境为主的四个维度，并从中选取具有科学含义的指标。

（2）客观性。指标选取须建立在客观性原则上，选取的指标是对我国金融生态环境特征的现实反映，具有一定的现实依据和客观内容。因此，本书多选取能客观反映金融生态环境的统计指标。

（3）综合性。指标选取具有综合性，应该全面考虑金融生态环境中不同层面、不同维度和不同方面的金融生态环境现状。因此，本书确定了相应的四个维度评估层次，并从中选取 13 个指标构成较完整的评价指标体系。

（4）可获取性。数据的可获取性也是原则之一。指标评价体系所设定的条件既要与客观实际情况和特征吻合，也要兼顾数据的可获得性和完整性。同时，在国家和省域的双重层面都能同时获取，以便更好地比较国家与省域、省域之间的金融生态环境质量。

2. 各指标经济含义。在金融生态环境的指标评价体系构建中，最关键的是选取指标。由于可以选取的指标较多，而在构建指标评价体系时不能将所有指标一一囊括，因此，本书在现有文献和对金融生态理论的理解分析的基础上，结合我国生态环境发展实际现状，强调选取的指标需满足以下几个条件：第一，能充分表征金融生态环境；第二，与金融生态环境相关性较大；第三，指标的国家和省域双重层面通用性较强。因此，本书将金融生态环境划分为四个基本维度，即经济环境、市场环境、法治环境和信用环境，再根据每类构成因素的特征分别选取开放度、产业结构、财政能力、政府干预、居民生活水平、人口素质、社会保障能力、执法能力和信誉等10个要素13个指标，构成金融生态环境综合指数的基础指标池。各维度指标名称和经济含义如表9-11所示。

其中，法治环境维度主要衡量其执法能力，可以从一定程度上反映我国司法和执法能力现状。本书参考韩廷春和林磊（2006）① 的研究，选取劳动争议案件受理数与结案数作为法治环境指标。

表9-11　　　　金融生态环境综合指数基础指标池

维度	要素	经济指标	指标含义
经济环境	开放度	进出口总额	以支出法衡量进口和出口总额，总额越大代表开放度越高，经济环境越好
		实际利用外资	外商直接投资实际使用金额，金额越大代表开放度越高
	产业结构	第三产业总产值占GDP比重	第三产业总产值/GDP，比例越高代表产业结构越好
	财政能力	财政收入/财政支出	一般预算收入/一般预算支出，比例越高代表财政能力越好
市场环境	政府干预	税收收入占比	年度税收收入占年度总收入的比例，比例越高，代表政府干预越少
		公共支出	公共财政支出总额，支出金额越高，政府干预越多

① 韩廷春，林磊．制度因素对中国金融发展影响的实证研究［J］．经济与管理研究，2006（7）：41-45.

续表

维度	要素	经济指标	指标含义
市场环境	居民生活水平	城乡居民消费水平	城镇和农村居民消费支出总额，总额越大，居民生活水平越好
	人口素质	人均受教育水平	每十万人高等学校平均在校生数，比例越高，人口素质越高
	社会保障能力	就业保障能力	每万人失业保险参保人数，参保比例越高，社会保障能力越强
		养老保障能力	每万人养老保险参保人数，参保比例越高，社会保障能力越强
法治环境	执法能力	劳动争议案件受理数	年度劳动争议受理的案件数，受理案件数越多，执法能力越强
		劳动争议案件结案数	年度劳动争议结案的案件数，结案案件数越多，执法能力越强
信用环境	信誉	不良贷款率	商业银行不良贷款率，不良贷款率越高，信誉水平越差，信用环境越差

3. 指标和数据来源。本指数大部分数据都借鉴国内外相关文献成果，小部分数据是根据我国金融生态环境情况和数据可获得性，选取的一些适合我国金融生态环境的重要指标，以此构建金融生态环境综合指数基础指标池。本书的数据来源主要有两个渠道：一是各类统计年鉴与专业年鉴，如中国统计年鉴、中国金融年鉴、中国经济统计年鉴和省级统计年鉴。二是各类数据库，如国家统计局网站、中国人民银行网站、Wind 数据库和 CSMAR 数据库等。鉴于数字金融快速发展时期为 2012 年后，金融生态环境指数数据区间最终确定为 2012—2019 年。为了保持数据口径的一致，选取的指标均为年度指标，个别缺失数据从相关省份对应的《国民经济和社会发展统计公报》获得或使用插值法补齐。

4. 数据的处理。在详细说明指标和数据的来源、基本情况后，鉴于不同指标在频率和量级中有差异，为了减少对最终合成指数的干扰，需要对不同指标进行不同预处理。首先，对逆向性指标进行正向性转化。取反向指标的倒数，如不良贷款率指标和公共支出指标，均需要作正向化转化。其次，统一指标的量级。数据中有总额、增长率、比率等不同量纲，直接合成会导致最终指数倾向于量级较大的指标，因此，须对基础指标进行标准化处理，消除量级干扰。本书采用 Z – Score 对各基础指标进行标准化处理，具体处理方法如式（9 –11）所示：

$$x_t^i = \frac{x_i - x_\mu}{\sigma} \tag{9-11}$$

式中，x_i 代表基础指标变量 X 的第 i 个样本数据，x_μ 是算术平均值，σ 为其标准差，x_t^i 为标准化后的指标值。

5. 基础指标筛选。为了准确客观地衡量金融生态环境综合指数，本书全面考虑了不同层面、不同环境的金融生态情况，并选取了较多相关指标。但为了规避变量之间数据信息重叠和多重共线性问题，也为了防止其真正特征被掩盖，本书采用主成分分析法，通过投影实现数据降维，将一组可能存在相关性的变量转化为线性不相关变量，在尽可能损失较少数据信息的基础上达到用少数指标代表所有指标的目的。具体方法如下：

假设有指标 $x_1, x_2, x_3, \cdots, x_t$，构成随机向量 $X = (X_1, X_2, X_3, \cdots, X_t)$，设 X 的均值向量为 μ，协方差矩阵为 $\sum$，并设 $Y = (Y_1, Y_2, Y_3, \cdots, Y_t)'$ 为对 X 进行线性转换而成的合成随机向量，即为

$$\begin{bmatrix} Y_1 \\ Y_2 \\ Y_3 \\ \vdots \\ Y_t \end{bmatrix} = \begin{bmatrix} a_{11} & a_{12} & \cdots & a_{1t} \\ a_{21} & a_{22} & \cdots & a_{2t} \\ a_{31} & a_{32} & \cdots & a_{3t} \\ \vdots & \vdots & \ddots & \vdots \\ a_{t1} & a_{t2} & \cdots & a_{tt} \end{bmatrix} \begin{bmatrix} X_1 \\ X_2 \\ X_3 \\ \vdots \\ X_t \end{bmatrix} \tag{9-12}$$

设 $a_i = (a_{i1}, a_{i2}, a_{i3}, \cdots, a_{it})'$，$A = (a_1, a_2, a_3, \cdots, a_t)'$，则 $Y = AX$，$i = 1, 2, 3 \cdots, t$ 且

$$Var(Y_1) = a'_i \sum a_i, i = 1, 2, 3, \cdots, t \tag{9-13}$$

$$Cov(Y_i, Y_j) = a'_i \sum a_j, i, j = 1, 2, 3, \cdots, t \tag{9-14}$$

由上述方程组可知，每个 Y_i 尽可能多地反映 t 个原始变量，Y_i 的方差越大则说明其包含的信息越多，同时还需要满足约束条件：

（1）$a'_i a_i = 1$，即 $a_{i1}^2 + a_{i2}^2 + \cdots + a_{ip}^2 = 1$，$i = 1, 2, 3, \cdots, t$

（2）Y_1 在满足约束（1）的情况下方差最大；Y_2 则在满足约束（1）的情

况下与 Y_1 不相关条件下方差最大；以此类推，Y_t 应在满足约束（1）的情况下，与 $Y_1,Y_2,Y_3,\cdots,Y_{t-1}$ 不相关，并在线性组合中达到方差最大。

满足以上约束条件的合成变量 $Y = Y_1,Y_2,Y_3,\cdots,Y_t$ 被视为原始变量的第一主成分、第二主成分、第三主成分和第 t 主成分，其各成分方差在总方差中所占比重递减。在对主成分个数进行筛选时，本书采取 Kaiser 准则，即选取特征值大于 1 的主成分 m 个，最终对 m 个主成分进行加权求和，得到最终评价值，权数为每个主成分的方差贡献率。

（三）金融生态环境综合指数合成

具体来看，本书运用 SPSS 软件完成主成分分析，对基础指标池中四个维度（即经济环境、市场环境、法治环境和信用环境）的 13 个指标进行主成分分析，从而合成中国金融生态环境综合指数（*FECI*）和省域金融生态环境指数（*PFECI*）。

1. 中国金融生态环境综合指数（*FECI*）。首先对国家层面 4 个维度 13 个指标进行主成分分析，按照累计贡献率不低于 85% 的原则筛选出前 2 个指标。如表 9-12 所示，*FECI* 中前 2 个主成分累积方差贡献率为 95.428%，基本可以包含原始指标信息，因此提取前 2 个主成分特征值，如表 9-13 所示。

表 9-12　　FECI 解释的总方差　　单位：%

主成分	初始特征值			提取特征值		
	特征值	方差贡献率	累积贡献率	特征值	方差贡献率	累积贡献率
1	10.886	83.736	83.736	10.886	83.736	83.736
2	1.520	11.692	95.428	1.520	11.692	95.428
3	0.341	2.623	98.051			
4	0.178	1.368	99.419			
5	0.049	0.377	99.796			
6	0.015	0.118	99.914			
7	0.011	0.086	100.000			
8	0.000	0.000	100.000			
9	0.000	0.000	100.000			
10	0.000	0.000	100.000			
11	0.000	0.000	100.000			
12	0.000	0.000	100.000			
13	0.000	0.000	100.000			

表 9 – 13　　FECI 前 2 个特征值所对应的特征变量

变量	主成分评分	
	FAC1	FAC2
第三产业占比	0.088	-0.134
进出口总额	0.051	0.534
税收收入占比	-0.046	0.541
公共支出	0.091	0.012
财政能力	-0.086	0.046
高等教育	0.089	0.095
失业保险人数	0.091	0.071
养老保险人数	0.090	0.099
居民消费水平	0.091	0.056
不良贷款率	0.085	-0.171
外商直接投资	0.091	0.023
案件受理数	0.089	0.001
案件结案数	0.089	-0.049

以 2 个特征值所对应的方差贡献率为权重，将 *FECI* 所对应的特征值进行加权平均，从而得到 *FECI*，*FECI* 运算公式如下；

$$FECI = \frac{FAC1 \times 83.736 + FAC2 \times 11.692}{95.428} \tag{9-15}$$

通过式（9 – 15）可以得到 *FECI*，因其指数部分小于 0，为了便于比较分析，本书采用 Z – Score 对各基础指标进行标准化处理。

2. 省域金融生态环境指数（PFECI）。通过对省域层面 4 个维度 13 个指标进行主成分分析，按照累计贡献率不低于 85% 的原则筛选出前 4 个指标。如表 9 – 14 所示，FECI 中前 4 个主成分累积贡献率为 87.829%，基本可以包含原始指标信息。因此提取前 4 个主成分特征值，如表 9 – 15 所示。

表 9 – 14　　PFECI 解释的总方差　　单位：%

主成分	初始特征值			提取特征值		
	特征值	方差贡献率	累积贡献率	特征值	方差贡献率	累积贡献率
1	7.448	57.291	57.291	7.448	57.291	57.291
2	1.827	14.050	71.341	1.827	14.050	71.341

续表

主成分	初始特征值			提取特征值		
	特征值	方差贡献率	累积贡献率	特征值	方差贡献率	累积贡献率
3	1.403	10.796	82.137	1.403	10.796	82.137
4	0.740	5.692	87.829	0.740	5.692	87.829
5	0.561	4.312	92.141			
6	0.292	2.247	94.388			
7	0.253	1.946	96.334			
8	0.195	1.504	97.838			
9	0.103	0.791	98.629			
10	0.090	0.694	99.323			
11	0.067	0.513	99.835			
12	0.021	0.158	99.994			
13	0.001	0.006	100.000			

表 9-15　　PFECI 前 4 个特征值所对应的特征变量

变量	成分评分			
	FAC1	FAC2	FAC3	FAC4
第三产业占比	0.072	0.386	-0.063	-0.201
进出口总额	0.122	-0.079	0.205	-0.021
税收收入占比	0.078	0.199	0.259	-0.613
公共支出	-0.076	0.145	0.467	-0.252
财政能力	0.114	0.042	-0.084	0.124
高等教育	0.074	0.280	-0.330	0.334
失业保险人数	0.119	-0.181	0.155	0.021
养老保险人数	0.114	-0.242	0.088	-0.019
居民消费水平	0.103	0.247	-0.190	-0.213
不良贷款率	-0.006	0.276	0.426	0.803
外商直接投资	0.110	-0.147	-0.007	0.225
案件受理数	0.130	-0.024	0.088	0.032
案件结案数	0.130	-0.027	0.092	0.033

以 4 个特征值所对应的方差贡献率为权重，将 *PFECI* 所对应的特征值进行加权平均，从而得到 *PFECI*，*PFECI* 计算公式如下。

$$PFECI = \frac{FAC1 \times 57.291 + FAC2 \times 14.050 + FAC3 \times 10.796 + FAC4 \times 5.692}{87.829} \tag{9-16}$$

通过式（9－16）可以得到 *PFECI*，因其指数部分小于0，本书将指数通过 Min－Max 标准法投射到［0,1］之间，从而得到我国省域金融生态环境指数。

（四）金融生态环境指数结果分析

金融生态环境涉及经济环境、市场环境、法治环境和信用环境等一切与金融业相互影响、相互作用的方方面面，是让金融能够健康有效运行的重要基础条件。因此，营造良好的金融生态环境，可以为深化金融改革、高效配置金融资源、加大金融支持实体经济力度、改善中小企业融资环境提供环境基础，从而推动我国经济转型升级和实现高质量发展。因此，在系统性、客观性的指标构建原则之下，本书分别构建了中国金融生态环境综合指数和省域金融生态环境指数，不仅可以判断在不同年份中我国金融生态环境的综合状态，还能通过选取东中西部较有代表性的省份来分析在地域分布上的横向对比，以此判断不同省域、东中西部的金融生态环境特征。

1. 中国金融生态环境综合指数分析。金融生态环境建设事关我国经济高质量发展和系统性金融风险防范，一旦金融生态失衡，必然会威胁到我国金融体系的稳定，对经济发展造成难以挽回的损失。因此，保护和改善我国金融生态环境、维护金融稳定应当是目前我国金融工作的重点之一。图 9－2 为 2012—2019 年我国金融生态环境综合指数走势。从图 9－2 中可以看出，我国金融生态环境指数在 2012—2019 年间呈现较为明显的上升趋势，但 2016 年以前和 2016 年以后呈现缓慢增长和快速攀升两个阶段。其中，2012—2016 年上升速度相对较慢，这一阶段中，金融生态环境指数从 2012 年的－1.3852 缓慢上升至 2016 年的－0.0225，共上升 1.3627，年均增幅为 0.3407；而进入 2016 年后，金融生态环境指数则在 3 年内快速攀升至 1.6781，3 年的年均增幅接近 0.5519。

从金融生态环境的四个维度来分析我国现有金融生态环境水平，在经济环境方面，我国整体经济开放在 2013—2016 年面临较为复杂严峻的形势，世界经济增长的乏力、全球贸易的深度调整导致我国进出口低迷。在《国务院关于扩大对外开放积极利用外资若干措施的通知》等政策出台后，我国对外贸

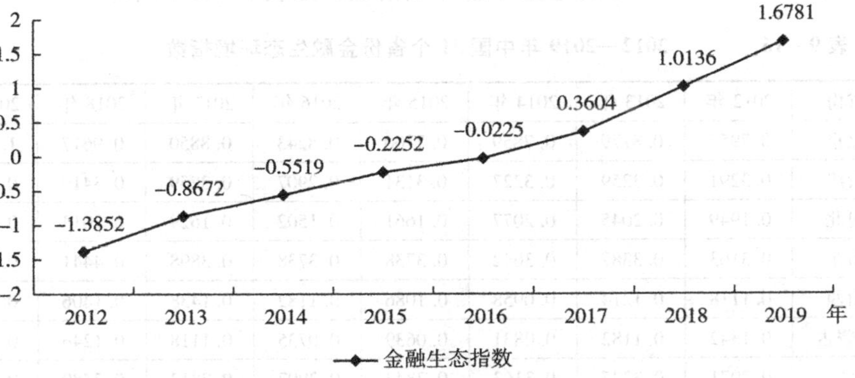

图 9－2　2012—2019 年中国金融生态环境综合指数走势

易和外商投资逐步实现数量规模和质量效益的双重提升。在供给侧结构性改革和创新驱动发展战略的共同作用下，我国产业发展逐步形成转型升级步伐加快、新兴产业蓬勃发展的运行格局。在市场环境方面，随着经济的不断发展，我国居民收入增加，居民生活水平不断提高，也享受到了医疗保险、教育、住房等方面社会福利和服务，伴随“大众创业、万众创新”的提出，政府出台了一系列鼓励“双创”的政策，如《关于推动创新创业高质量发展打造“双创”升级版的意见》等，我国就业情况持续改善。随着减税政策、“营改增”政策的全面实施，我国市场环境在 2016 年后有较为明显的提升。在法治环境方面，伴随《中华人民共和国劳动法》《中华人民共和国劳动合同法》《中华人民共和国劳动争议调解仲裁法》等一系列法律的施行，劳动者的合法权益得到了有效的保护，极大地促进了社会进步。国家统计局数据显示，我国劳动争议案件结案数从 2012 年 643292 件增长至 2019 年 1068413 件，年平均增长率达到 7.52%，显示出我国政府执法能力不断增强，法治环境不断改善。在信用环境方面，随着我国征信制度不断发展完善，人民银行相继出台《征信机构管理办法》《企业征信机构备案管理办法》《征信业务管理办法》《中国人民银行关于加强征信合规管理工作的通知》等一系列规章和规范性文件，为我国征信业务开展和征信制度发展提供了依据。全国商业银行不良贷款率始终保持较低水平和较慢增长，信用环境在样本区间内总体较好。

2. 省域金融生态环境指数分析。基于前述关于省域金融生态环境的理论与测量方法，本书对省域层面 4 个维度 13 个指标进行主成分分析得到中国 31

个省份在2012—2019年的金融生态环境指数，如表9－16所示。

表9－16　　2012—2019年中国31个省份金融生态环境指数

省份	2012年	2013年	2014年	2015年	2016年	2017年	2018年	2019年
北京	0.7955	0.8179	0.7859	0.7700	0.8243	0.8850	0.9617	1.0000
天津	0.3291	0.3259	0.3227	0.3131	0.2907	0.3259	0.3419	0.3610
河北	0.1949	0.2045	0.2077	0.1661	0.1502	0.1629	0.2013	0.2141
山东	0.3163	0.3387	0.3642	0.3738	0.3738	0.3898	0.4441	0.4569
山西	0.1118	0.1214	0.0958	0.1086	0.1182	0.1438	0.1406	0.1246
内蒙古	0.1342	0.1182	0.0831	0.0639	0.0735	0.1118	0.1246	0.1278
辽宁	0.2971	0.3227	0.3163	0.2843	0.2907	0.2812	0.2780	0.2652
吉林	0.1310	0.1374	0.1214	0.1054	0.0831	0.0990	0.1470	0.1629
黑龙江	0.1374	0.1470	0.1470	0.1470	0.1342	0.1470	0.1725	0.1661
上海	0.6613	0.6645	0.6901	0.6741	0.7348	0.7380	0.7476	0.7636
江苏	0.5623	0.5847	0.5879	0.5783	0.5847	0.6102	0.6773	0.7252
浙江	0.4505	0.4728	0.4888	0.4728	0.4856	0.5144	0.5719	0.6006
安徽	0.1246	0.1406	0.1597	0.1629	0.1757	0.1917	0.2364	0.2524
福建	0.2588	0.2428	0.2332	0.2204	0.2300	0.2396	0.2556	0.2460
江西	0.0927	0.1054	0.1214	0.1118	0.1182	0.1182	0.1502	0.1693
河南	0.1565	0.1917	0.2045	0.1981	0.1981	0.2077	0.2236	0.2492
湖北	0.2013	0.2141	0.2204	0.2109	0.2173	0.2364	0.2843	0.3067
湖南	0.1214	0.1310	0.1438	0.1310	0.1342	0.1757	0.2236	0.2428
广东	0.7444	0.7923	0.8083	0.8115	0.8179	0.8211	0.9010	0.9169
广西	0.1118	0.1054	0.0831	0.0671	0.0767	0.0958	0.1342	0.1502
海南	0.2300	0.2652	0.2588	0.2268	0.2077	0.2109	0.1853	0.1949
重庆	0.2396	0.3546	0.3259	0.2684	0.2332	0.2300	0.2684	0.2780
四川	0.2077	0.2460	0.2396	0.2364	0.2332	0.2300	0.2843	0.2971
贵州	0.0958	0.1246	0.1214	0.0958	0.0831	0.0767	0.1150	0.1182
云南	0.1246	0.1502	0.0990	0.0671	0.0543	0.0607	0.1150	0.1022
西藏	0.1182	0.1406	0.2843	0.2780	0.2141	0.1949	0.1374	0.1789
陕西	0.1597	0.1853	0.1565	0.1182	0.1214	0.1661	0.2236	0.2332
甘肃	0.0735	0.1182	0.1661	0.0831	0.0511	0.0479	0.0607	0.0671
青海	0.0000	0.0096	0.0351	0.0096	0.0032	0.0160	0.0383	0.0415
宁夏	0.1118	0.1054	0.0831	0.0575	0.0383	0.0415	0.0575	0.0671
新疆	0.0767	0.0990	0.1022	0.0831	0.0735	0.0703	0.0895	0.1310
平均	0.2378	0.2573	0.2599	0.2418	0.2395	0.2529	0.2836	0.2971

通过具体分析2012—2019年省域金融生态环境指数，本书发现我国省域金融生态环境指数在时间和空间格局中都有较为明显的演变。一方面，从时间进程来看，总体上我国金融生态环境有较为明显的改善，从平均指数来看，年度省域平均金融生态环境指数从2012年的0.2378提升至2019年的0.2971，上升趋势较为明显。而从具体省份看，大部分省份金融生态环境指数在这7年间都有着较大幅度的提高，除内蒙古、辽宁、福建、海南、云南、甘肃和宁夏等省份金融生态环境指数有所下降，大部分省份金融生态环境水平都有提高。此外，不同省份的金融生态环境发展效率有所不同，总体上呈现金融生态环境相对较好的省份发展效率也较高的特征，如北京、上海、江苏和浙江等省份在7年间提升均大于0.1。另一方面，从空间结构来看，省域间金融生态环境不平衡现象仍然存在且较为严重，东中部间相对差距仍然较大。2012年，东部地区平均金融生态环境指数为0.3723，中部只有0.1323，西部则为0.1228。而到2019年，东部地区平均指数已升至0.5479，中部则上升至0.1933，西部上升较为缓慢，只有0.1516。从具体指数来看，作为首都的北京与东部沿海地区（如上海、浙江、江苏等）的金融生态环境发展水平相对较高，其中，北京在2019年的金融生态环境指数为1，居于所有省份之首。贵州、甘肃、宁夏和青海等西部地区省份则处于相对较差的金融生态环境，其中2012年青海省金融生态环境指数为0，位列所有省份尾部。其他省份的金融生态环境处于中等水平。

三、数字金融优化金融生态环境的实证检验

（一）研究假设

金融生态环境作为一个多维层面概念，涵盖了宏观层面的所有金融环境，指与金融业生存、发展具有互动关系的社会、自然因素的总和，包括经济环境、市场环境、法治环境和信用环境等一切与金融业相互影响、相互作用的内容。数字金融也是一个多维概念，数字金融指数一个变量中涵盖了数字金融覆盖广度、使用深度和数字化程度等多个维度，核心属性就是普惠金融与精准服务的统一。数字金融的这一核心属性能兼顾社会发展、经济发展中效率和公平两方面的问题，不仅有助于经济体系的健康运转，更有助于整个宏观层面金融环境的发展。一方面，数字金融通过数据收集和挖掘提高了相关信息的价值，

减少了金融服务过程中的信息不对称现象，降低了投融资过程中的道德风险和逆向选择。同时，市场门槛的降低拓宽了资金来源渠道，使资金成本更低、成交效率更高，从而促进信用环境和法治环境的改善。建立在海量数据信息挖掘和人工智能分析基础上的风险与收益匹配，使资金配置过程中的风险管理更有效率。这种资金配置效应为经济环境提供了更高效的金融支持，从而促进金融生态环境的好转。另一方面，数字金融打破了金融服务长期存在的“二八定律”，即长期受到资金歧视的金融“长尾”客户，也能够通过数字金融发展获得所需金融支持，从而使金融服务惠及小微企业、创新创业主体、偏远地区居民等弱势群体。通过为这些“长尾”群体提供创业、就业、消费等金融服务，数字金融很大程度上可以解决我国发展不平衡、不充分的问题，使落后地区能够获得资金支持实现跨越式发展，使发展不够充分的领域也能够得到进一步发展所需的资金支持，形成更加合理的产业体系、市场体系、区域发展体系和对外开放体系，促进实现人民对美好生活的向往。因此，本书认为数字金融的这种普惠和精准服务效应有助于帮助金融生态环境中各个维度的发展，最终促进金融生态环境的进一步优化。基于此，本书提出以下研究假设：（1）数字金融总体上会有助于省域金融生态环境优化。（2）数字金融覆盖广度提升有助于促进金融生态环境优化。（3）数字金融使用深度提升有助于促进金融生态环境优化。（4）数字金融数字化程度提升有助于金融生态环境优化。

（二）模型设定

基于以上理论分析，为考察数字金融对金融生态环境的优化作用，本节建立如下回归模型：

$$FECI_{it} = \beta_0 + \beta_1 dif_{it} + \beta_2 control_{it} + \lambda_i + \eta_t + \epsilon_{it} \quad (9-17)$$

式中，$FECI_{it}$表示 i 地区在年份 t 时的金融生态环境水平；dif_{it}表示 i 地区在年份 t 时的数字金融发展水平；$control_{it}$为控制变量合集，本书将省域基本经济情况、基础设施建设、固定资产投资、科技发展水平作为控制变量；λ_i 表示地区固定效应，η_t 表示年份固定效应，ϵ_{it}为随机扰动项。

为进一步检验数字金融促进地区金融生态环境发展的具体路径，将数字金融覆盖广度、数字金融使用深度和数字金融数字化程度纳入回归模型：

$$FECI_{it} = \beta_0 + \beta_1 cdf_{it} + \beta_2 control_{it} + \lambda_i + \eta_t + \epsilon_{it} \quad (9-18)$$

$$FECI_{it} = \beta_0 + \beta_1 ddf_{it} + \beta_2 control_{it} + \lambda_i + \eta_t + \epsilon_{it} \quad (9-19)$$

$$FECI_{it} = \beta_0 + \beta_1 ldf_{it} + \beta_2 control_{it} + \lambda_i + \eta_t + \epsilon_{it} \quad (9-20)$$

式中，cdf 表示数字金融覆盖广度，ddf 表示数字金融使用深度，ldf 表示数字金融数字化程度，其他变量与模型（9－17）相同。

（三）指标选择

1. 金融生态环境指数。金融生态环境具有多维特性，因此需从其内含的多重维度中构建指标体系。本书在借鉴国内外相关文献基础上结合我国金融系统实际情况，将金融生态环境分为经济环境、市场环境、法治环境和信用环境四个维度，并从中选取 13 个指标，最终在上一节中构建出我国金融生态环境综合指数（PFECI），具体指数构建过程见前文。

2. 数字金融指数。北京大学数字金融研究中心联合蚂蚁金服研究院分别于 2016 年、2019 年和 2021 年发布了“北京大学数字普惠金融指数”第一期、第二期和第三期，该指数从数字金融使用深度、覆盖广度和数字化程度 3 个维度建立了数字普惠金融指标，对我国省级、城市和区县三个层级的数字金融发展情况进行报告，为数字金融相关的研究提供可供参考的基础数据。鉴于北京大学数字普惠金融指数较为广泛的认可度，本书选择数字金融指数和其下属三个维度作为数字金融促进金融生态环境的核心解释变量。

3. 控制变量。参考现有参考文献并结合研究的具体问题，本书选择省域经济基本情况、基础设施建设、固定资产投资和科技发展情况作为控制变量。

（1）省域经济基本情况。选用地区生产总值（GDP）和人均生产总值（人均 GDP）。地区经济规模水平对金融生态环境质量有着重要影响，越大的经济规模往往会有越好的金融生态环境水平，从而促进金融市场和金融主体更快更好发展。此外在实证过程中对 GDP 和人均 GDP 都取对数处理。

（2）基础设施建设。基础设施建设能够为促进经济发展过程中跨区域物资和人员流动提供基本保障，降低各类要素的摩擦损失，从而更好地促进经济环境、市场环境和信用环境的发展，最终促进金融生态环境的平稳发展。本书采用每万平方千米公路和铁路里程数代表各省份基础设施建设情况。

（3）固定资产投资。较高的固定资产投资水平能够提高地区对资本的吸引能力，拉动地区经济发展，从而促进地区经济环境的改善，最终促进金融生态环境发展。

（4）科技发展情况。地区的科技发展水平会影响本地区经济环境、法治环境和信用环境。科技水平高，经济环境、法治环境和信用环境等都能够更好发展。本书选取地区专利授权数作为科技发展变量，并对其进行对数处理。

（四）数据来源

本节的数据来源主要有两个渠道：一是各类统计年鉴与专业年鉴，如中国统计年鉴、中国金融年鉴、中国经济统计年鉴和省级统计年鉴；二是各类数据库，如国家统计局网站、中国人民银行网站、Wind 数据库和 CSMAR 数据库等。为了保持数据口径的一致，选取的指标均为年度指标，数据年度为 2012—2019 年，个别缺失数据从相关省份对应的《国民经济和社会发展统计公报》获得或使用插值法补齐。数字金融指数来自北京大学数字金融研究中心发布的《中国数字金融普惠金融发展指数（第三期）》。各指标数据描述性统计如表 9－17 所示。

表 9－17　变量的描述性统计

变量	观测值	平均值	标准差	最小值	最大值
金融生态环境指数	248	0.2587	0.2193	0	1
数字金融指数	248	222.641	75.432	61.470	410.28
数字金融覆盖广度	248	200.7477	77.661	32.860	384.66
数字金融使用深度	248	215.779	78.588	51.850	439.91
数字金融数字化水平	248	307.410	88.074	107.070	462.23
固定资产投资	248	12.039	11.6618	－63.500	31.800
专利授权数	248	9.959	1.589	4.800	13.180
公路里程数	248	8.855	0.873	6.275	9.960
铁路里程数	248	2.1756	0.1063	1.8365	2.2985
GDP	248	9.703	0.9901	6.570	11.590
人均 GDP	248	10.787	0.4284	9.870	12.010

（五）实证结果分析

本书对所用面板数据依次进行混合回归、固定效应（FE）模型估计和随机效应（RE）模型估计。模型检验结果发现，固定效应明显优于混合回归。但个体效应可能以随机效应的形式存在，进一步使用聚类稳健标准误，通过 LSDV 法对所选模型进行回归，大多数个体变量均很显著，表明模型中存在表征个体特征的随机扰动项 μ_i，不能采用混合回归。因此，本书采取固定效应对数字金融对金融生态环境的影响进行实证研究。

回归结果如表9-18所示，其中第（1）列为数字金融指数对金融生态环境的影响，第（2）列、第（3）列和第（4）列为数字金融覆盖广度、数字金融使用深度和数字金融数字化水平三个数字金融分维度对金融生态环境的影响。从表9-18可以看出，除数字金融使用深度外，数字金融指数、数字金融覆盖广度和数字金融数字化水平都对金融生态环境有正向影响，且都在1%的水平上显著。这证明数字金融发展程度较好的省份，其金融生态环境也越好，数字金融能够促进省域金融生态环境的提升。而在其他控制变量中，固定资产投资会对金融生态环境有促进作用，基础设施中铁路里程数也会促进金融生态环境的快速发展，但省域科技水平则会对金融生态环境有抑制作用。

表9-18　　数字金融对金融生态环境的影响实证结果

变量	(1)	(2)	(3)	(4)
数字金融指数	0.0015*** (4.90)	—	—	—
数字金融覆盖广度	—	0.0010*** (3.03)	—	—
数字金融使用深度	—	—	0.0001 (0.61)	—
数字金融数字化水平	—	—	—	0.0007*** (6.51)
固定资产投资	0.0015* (1.94)	0.0012 (1.42)	0.0001 (1.3)	0.0007 (0.97)
专利授权数	-0.1063*** (-3.66)	-0.0782*** (-2.64)	-0.0435 (-1.54)	-0.0874*** (-3.42)
公路里程数	-0.1238 (-0.74)	-0.1052 (-0.60)	-0.0413 (-0.23)	-0.0142 (-0.09)
铁路里程数	0.1372* (1.79)	0.1471* (1.84)	0.1989** (2.47)	0.1048 (1.42)
GDP	0.0837 (-0.17)	0.0247 (-0.05)	-0.0636 (0.12)	0.1382 (0.30)
人均GDP	0.1566 (-0.30)	0.0990 (-0.18)	-0.0125 (0.02)	-0.1672 (-0.34)

四、金融生态环境在数字金融调节效应中的渠道检验

前述章节已经论证了数字金融对金融生态环境的改善作用，要检验金融生态环境在数字金融支持下的融资生态链破解中小民营企业融资难题的渠道效应，只需检验金融生态环境对融资生态链缓解中小民营企业融资约束的效果即可。为了检验金融生态环境在融资生态链缓解中小民营企业融资约束中发挥的作用，构建以下调节效应模型对其进行检验，如式（9－21）所示：

$$\Delta Cash_{i,t} = \alpha_0 + \alpha_1 CF_{i,t} + \alpha_2 FEC_{i,t} + \alpha_3 FEC_{i,t} \times CF_{i,t} + \alpha_4 \times CF_{i,t} \times FEC_{i,t} \times good\_env_{i,t} + \sum \gamma_1 Controls^j_{i,t} + d_t + \mu_{i,t} + \varepsilon_{i,t} \quad (9-21)$$

式中，$good_env_{i,t}$表示金融生态环境适宜程度的代理变量，由前述章节所构建的金融生态环境指标计算得出。具体计算方式为，首先按照年份计算金融生态环境指数的均值，然后将每个企业所在省份的金融生态环境指数与年度均值进行比较，高于均值的省份，$good_env_{i,t}$取1，否则取0。若回归结果中 α_4 的系数显著为负，则能够说明数字金融的发展可以对融资生态链对企业融资约束的缓解效果起到调节作用，即数字金融发展程度越高，融资生态链对企业融资约束的缓解效应更强。

表9－19中的模型（1）是对2011—2019年全体样本的回归结果，其中包含金融生态环境的交乘项系数为－0.532，在1%的水平下显著为负，这表明在金融生态环境良好的情况下，融资生态链对中小企业的融资约束缓解效应会更强。进一步地，根据产权性质和融资约束的强弱，将企业分为四组，同样采用模型进行回归，回归结果见表9－19，其中模型（2）、模型（3）、模型（4）、模型（5）分别为四个子样本的回归结果。通过对比可以看到，交乘项的系数仅在高融资约束的民营企业组中在5%的水平下显著为负。可以看到，金融生态环境对融资生态链效果发挥的改善作用更多体现在高融资约束的民营企业中。

因此，可以得出结论，数字金融能够优化金融生态环境，而在金融生态环境良好的地区，融资生态链更能够缓解中小企业的融资约束，金融生态环境在其中发挥了渠道效应。

表 9-19　　　进一步分组回归结果

变量	(1)	(2)	(3)	(4)	(5)
		民营企业		非民营企业	
	全样本	高融资约束	低融资约束	高融资约束	低融资约束
CF	0.377 *** (0.043)	0.305 *** (0.062)	0.306 *** (0.058)	0.618 *** (0.086)	0.196 ** (0.091)
c. CF × c. fec	-0.088 (0.199)	0.452 * (0.242)	0.245 (0.266)	-1.637 *** (0.422)	0.015 (0.236)
good_env × CF × fec	-0.532 *** (0.198)	-0.424 ** (0.149)	0.023 (0.274)	-0.061 (0.433)	0.369 (0.367)
expend	-0.177 *** (0.031)	-0.183 *** (0.044)	-0.175 *** (0.051)	-0.055 (0.104)	-0.306 *** (0.091)
d_nwc	0.397 *** (0.032)	0.380 *** (0.034)	0.459 *** (0.037)	0.553 *** (0.046)	0.391 *** (0.068)
d_sd	0.174 *** (0.058)	0.119 ** (0.059)	0.282 *** (0.028)	0.405 *** (0.047)	0.276 *** (0.043)
g_income	-0.003 * (0.001)	-0.006 * (0.003)	-0.003 (0.002)	-0.045 *** (0.013)	-0.020 *** (0.007)
size	0.010 * (0.005)	0.011 (0.007)	0.001 (0.005)	-0.005 (0.010)	0.016 (0.010)
_cons	-0.243 ** (0.112)	-0.259 * (0.139)	-0.054 (0.099)	0.053 (0.216)	-0.352 (0.215)
year	*Yes*	*Yes*	*Yes*	*Yes*	*Yes*
industry	No	No	No	No	No
R^2	0.376	0.368	0.406	0.533	0.440
$Adj-R^2$	0.375	0.364	0.403	0.520	0.420
N	7678	3115	3580	541	442

第四节　本章小结

本章的主要内容包括：（1）数字金融能够对我国中小民营企业的融资约束起到有效的缓解作用。（2）数字金融能够对我国金融生态环境起到优化作用。（3）数字金融能够强化融资生态链支持中小民营企业融资的积极作用。（4）数字金融能够通过改善金融生态环境，强化融资生态链支持中小民营企业融资的积极作用。

通过第八章理论分析以及本章的实证分析，本书发现数字金融在支持中小企业融资生态链中发挥了不可忽视的作用。数字金融一方面从微观机制上对融资生态链进行赋能，提升企业融资服务的效能；另一方面通过优化金融生态环境，对融资生态链功能的提升发挥积极作用。但由于目前对融资生态链的实践探索多停留在以供应链为基础的供应链金融的模式上，数字金融在其中所能够发挥的作用尚未充分显现，需要从技术上和制度上进一步探索。

第十章 研究结论与对策建议

前面章节提出了我国中小民营企业融资的问题，并对其进行了系统性研究。本章将对其中的研究内容进行总结，形成本书的研究结论，并在此基础之上提出相应的对策建议。

第一节 本书的主要结论

一、我国中小民营企业融资面临的障碍及问题

（一）总体情况中所反映的问题

我国中小民营企业融资主要存在融资可得性不足和融资成本高昂两方面问题。从企业规模的角度来看，中小民营企业由于自身不确定性较强、经营年限短等原因，相对于大型企业而言更难满足外部融资的门槛要求，也会承担更高的风险溢价。从所有制的角度来看，相对于国有企业来说，中小民营企业缺少政府隐性担保所带来的预算软约束，所以企业经营的不确定性会更高，同样也会带来更高的门槛要求和融资成本。

商业银行等金融机构会同时存在规模歧视和所有制歧视，这两种歧视现象共同构成了中小民营企业融资难、融资贵现象的部分原因。尽管改革开放以来，我国的中小民营企业对经济社会的发展作出了不容忽视的贡献，但其在金融市场中并未得到充分的金融支持。

（二）实地调研中发现的问题

从笔者对中小民营企业和银行机构的调研结果来看，中小民营企业在融资过程中面临的主要困难是融资渠道依赖、门槛难以跨越、成本居高不下以及融资服务模式僵化等。而银行面临的主要困难是信用数据的供给不足、缺乏强有力的风控手段、国家政策目标与银行盈利目标的权衡以及经济环境所带来的外

部约束等。

这些困难所反映出来的问题有：一是中小民营企业本身的素质良莠不齐，具体体现为企业规模小、经营年限短、财务管理不规范；二是当前银行技术储备不足，具体体现为银行缺乏针对中小民营企业的有效风险评估模型；三是银企利益目标不一致，具体表现为银行缺少监督企业努力经营的激励机制；四是当前我国信用体系的信用数据要素供给不充分，难以堪当为中小民营企业融资服务的重任。

在研究中小民营企业融资问题的时候，许多研究者会对银行提出许多对策建议，以缓解中小民营企业的融资约束。但我们通过对企业和银行的调研发现，中小民营企业融资难、融资贵的境况并不仅仅是银行单方面造成的，信用数据的供给、技术储备和外部环境不足也是当下阻碍银行为中小民营企业融资的重要因素。

二、我国中小民营企业融资困境的系统性原因

本书第六章对我国中小民营企业的融资情况进行了分析，认为系统性原因和随机性原因共同导致了我国中小民营企业的融资问题。但由于这些系统性原因会对整个中小民营企业群体的融资活动产生负面影响，而随机性原因一般只会影响部分中小民营企业，且具有较强的不确定性，难以在事前进行防范和干预，因此，本书重点剖析中小民营企业融资问题的系统性原因，并遵循“微观—中观—宏观”的逻辑顺序。

首先是金融市场中供给侧的结构性因素和供需双方的异质性因素。供给侧的结构性因素主要体现在我国股票市场、债券市场和银行信贷市场为中小民营企业提供金融服务时存在市场结构无法适应需求的情况，导致金融资源分配不合理、配置效率低下等问题。供需双方异质性因素包括企业规模、所有制的异质性和银行功能的异质性，这些因素会导致中小民营企业群体融资渠道单一且难以满足实际经营需要。

其次是金融市场自身广泛存在的摩擦，包括市场中的交易成本、银企信息不对称和中小民营企业的有限承诺等。这里所讲的交易成本指广义层面上的交易成本，不仅包括科斯提出的交易成本，还包括机会成本。与其他市场类似，金融市场中的交易成本永远存在，且无法消除。一方面，金融市场中存在诸多

由技术限制和制度限制所导致的交易成本，提高了中小民营企业融资的成本，同时也降低了企业融资的效率。另一方面，对于单个企业而言，中小民营企业的风险较高，在固定利率的条件下金融机构将资源配置于中小民营企业会存在较高的机会成本，因而金融机构会更加青睐大型国有企业，这进一步提升了中小民营企业融资的门槛。

最后是中小民营企业的金融生态环境，包括政府行为和社会信用环境对中小民营企业融资所产生的影响。政府行为包括对金融市场的干预以及制度环境建设。政府对市场的不合理干预，对不同所有制企业的信贷门槛和信贷价格都造成了一定的扭曲，是中小民营企业融资难、融资贵的重要原因之一。制度是一把“双刃剑”，政府在制度环境建设上的适用性显得尤为重要，会对中小民营企业的融资问题产生深远影响。我国社会信用服务体系还有待完善，对失信主体的惩罚机制还不够健全。在信息不对称和有限承诺的背景之下，不完备的社会信用环境会大大提高企业，尤其是中小民营企业的融资门槛和成本。

三、数字金融优化融资生态链破解中小民营企业融资难题

（一）融资生态链具有缓解中小民营企业融资约束的本质属性

本书创新性地提出了融资生态链的概念。融资生态链是与实体经济的生产、流通、销售等环节深度融合的，其中的金融服务不仅与企业实际经营的各个环节进行深度融合，还能够根据激励相容原则形成激励机制，实现中小民营企业与金融机构利益一致化，充分调动企业和金融机构的积极性。一方面，企业将具有更强的动力经营自身业务，努力寻求自身的可持续发展。另一方面，银行也有动机通过自身的经验积累和技术储备，提供诸如企业数字化转型、宏观经济分析以及决策咨询等非信贷服务，帮助企业提升经营水平。在这种情形下，逐渐形成“信贷约束缓解—企业效益改善—银行收益提升”的良性循环。因此，融资生态链的本质属性是“共生”性，即主体之间“相互依存、相互制约、共生存、共发展”的内在逻辑。这种本质属性会本能地要求金融机构与中小民营企业共生存、共发展，必然会带来中小民营企业融资约束的缓解。

理论分析的结果表明，融资生态链在支持中小民营企业融资上具有一定潜力。但当前其存在的形式以供应链金融为主，并未充分体现银企激励相容的原则。本书进行实证检验后发现，尽管目前这种形式的融资生态链能够一定程度

上缓解中小企业的融资约束，但对中小民营企业的作用不显著。从实证结果来看，当前以供应链金融这种初级形式存在的融资生态链更多的是对非民营中小企业的融资产生积极作用，且相对于低融资约束的非民营企业，这种积极作用更多作用于高融资约束的非民营企业。

本书认为，为了充分发挥融资生态链对中小民营企业的融资约束的缓解作用，应强化融资生态链中银企激励相容的原则，并借助数字技术实现对融资生态链的优化。

（二）数字金融能够通过数字技术优化融资生态链

我国中小企业的融资困境，本质上是缺乏成熟高效的融资生态链。因此，解决这一问题的关键就在于培育和完善中小民营企业的融资生态链。数字金融的出现为完善融资生态链创造了条件。本书所提出的利用数字金融来完善和优化融资生态链的创新模式，能够在金融服务与实体经济主体的运行进行深度融合的同时，通过数字技术缓解中小民营企业的融资约束。

具体来看，数字金融对融资生态链的优化机制主要包括三点。第一，数字金融能够缓解融资生态链中的信息不对称。在融资生态链的运行过程中会积累大量中小民营企业的经营数据，基于物联网、区块链和大数据技术的融资生态链，能够实时自动抓取企业生产经营数据，并确保其可靠性，大大提升企业的造假成本，进而降低生态链中企业与金融机构之间的信息不对称。第二，数字金融能够降低融资生态链中的交易成本，包括信贷合约达成过程中的搜寻与信息成本、溢价与决策成本以及监督与执行成本。通过大数据、人工智能和云计算技术，融资生态链能够很好地利用智能算法将资金的供需双方进行匹配，降低搜寻与信息成本；借助大数据和人工智能技术，融资生态链中的金融机构能够准确识别企业的信用风险从而实现有效定价，降低溢价与决策成本；基于智能化的贷前贷中贷后管理流程，融资生态链能够降低信贷合约的监督与执行成本。第三，数字金融能够提升融资生态链中风险控制的有效性。通过参与融资生态链企业生产经营数据的收集、清洗、加工和信息提取全过程，数字金融能够实现对数据这一生产要素的有效利用，形成更为有效的风险控制流程，进而从根本上缓解中小民营企业的融资难、融资贵问题。

从实证检验结果来看，数字金融的总体发展及其覆盖广度、使用深度和数字化程度的提升均能强化融资生态链缓解中小企业融资约束的效果。这种强化效果在中小民营企业中体现得更为显著，且更多地体现在低融资约束的中小民营企业中。这一结果说明现阶段数字金融对融资生态链的优化作用已经初显成效，对于中小民营企业融资问题的缓解起到了一定的积极作用。但仍然可以看到的是，这种数字金融与融资生态链的耦合机制对于高融资约束的中小民营企业来说，未能充分发挥作用。一方面可能是受到企业本身的经营实力所限，不确定性较强而导致融资难、融资贵；另一方面可能是由于这种耦合机制的作用发挥需要依赖数字基础设施的进一步完善以及融资生态链与实体经济的深度嵌合。

本书认为，数字金融有效支持中小民营企业融资生态链，依赖于数字金融与融资生态链的有机融合，而当前的数字基础设施和融资生态链的建设存在进一步优化的空间。

（三）数字金融能够通过改善金融生态环境进而优化融资生态链

除了从微观层面赋能来提升融资生态链的效能，数字金融还能通过改善金融生态环境对融资生态链的效能提升起到积极作用。

金融生态环境是金融体系功能发挥的基本载体，因此金融体系能否健康高效运行取决于金融生态环境的好坏。金融生态环境越好，意味着政府对经济的不合理干预越少，实体经济基础越发达，金融的市场化程度越高，社会信用体系建设越完善，能够对金融主体的发展起到至关重要的促进作用。本书认为数字金融能够分别从法治环境、信用环境、市场环境和经济环境四个方面来改善中小民营企业的金融生态环境，而中小民营企业融资生态链赖以生存的金融生态环境很大程度上决定了其融资功能的发挥，因此数字金融能够通过优化金融生态环境，支持中小民营企业融资生态链。

融资生态链的目的在于为中小民营企业提供更加高质量的融资服务，而金融生态环境则是这一服务的重要载体，为企业授信环节中的风险识别、风险管理和风险处置提供环境基础。随着金融生态环境的改善，中小民营企业在融资生态链中融资的各个环节将更为通畅。本书实证检验了数字金融对金融生态环境的优化效果，同时验证了数字金融通过优化金融生态环境，对融资生态链支持中小民营企业融资的效果起到了显著的正向影响。更重要的是，这种正向影响在高融资约束中小民营企业中的效果更强。

第二节 对策建议

一、利用数字金融改善融资生态链中小民营企业持续经营能力

（一）通过企业数字化提升经营管理能力

在调研中我们发现，尽管企业的产品库存能够作为抵押品进行融资，但由于目前企业库存的流动性大，容易引发企业的道德风险，因此库存抵押的方式未得到广泛的采用。

受到资金实力和技术基础的限制，以往中小民营企业一般不具备大规模应用数字技术的条件。但随着近年来数字经济的快速发展，数字技术所带来的网络效应和规模效应使企业数字化的成本不断降低，数字化不再是大型企业的“专有名词”。以物联网、区块链和人工智能等为代表的数字技术，可以用于企业生产的各个环节，从原材料各品种的采购、产品的加工与生产到产品的包装以及企业的库存，其中每个环节的各项指标均可以通过数字技术与现代企业ERP管理系统相结合，实现信息的实时采集、加工和处理，不仅可以确保企业一手数据的真实性，还可以为金融机构的贷前、贷中和贷后管理提供数据支撑。

因此，企业应积极推动自身的数字化进程，提升自身信息透明度、经营管理能力和抗风险能力，从根本上提升自身的融资能力。

（二）通过数字金融构建融资生态链中企业的风险共担网络

中小民营企业加入融资生态链，一方面能够强化自身与融资生态链中其他同类企业之间的交流与合作，另一方面也能够通过增加与上下游企业的业务往来，为数据真实性的交叉验证提供可能。在这一过程中，中小民营企业通过相互学习，能够获得更多先进的经营管理经验，提升企业管理水平。同时，融资生态链内的中小民营企业形成了产业集群，而数字金融凭借其网络效应构建了中小民营企业的风险共担网络，进一步增强了中小民营企业的抗风险能力，同时也提高了信息真伪的可验证性，有助于增进银行对中小民营企业的信任，进而缓解中小民营企业的融资约束。

因此，中小民营企业应积极加入融资生态链并通过数字金融实现与其他企

业的风险共担。这不仅能降低与金融机构间的信息不对称，也能通过增强自身抗风险能力缓解融资约束。

二、运用数字金融提升融资生态链金融机构服务实体经济质效

（一）金融机构应强化数字技术研发创新

在金融领域，数据是昂贵的，同时又是廉价的。在经济活动数字化程度日渐提升的时代，每日生产的数据可数以 PB[①] 记，只有采用数字技术才能够实现数据的采集、清洗、分析和构建全流程的风控模型，挖掘数据中包含的信用信息，使数据的价值真正得以体现。同时，数字技术的广泛应用，能够将过去大量依靠人工的环节变得以智能化、数字化的方式实现。

另外，无论是传统金融的融资模式，还是融资生态链的融资模式，其本质都是建立在信用体系上的一种金融模式，那么融资全流程中的贷前、贷中、贷后管理是无法回避的，而数字技术对中小民营企业融资生态链的支持作用正是体现在这里。人工智能技术结合物联网、区块链基础设施，能够助推实现融资生态链乃至全社会的信用体系构建——涉及泛信用数据的采集、储存、清洗、分析、风控的全流程，真正缓解银企之间信息不对称的情况。

因此，金融机构应强化数字技术的研发创新，一方面能够提升自身对企业信用风险的识别能力，完善风险管理架构；另一方面也能够降低对人工的依赖，在降低金融服务成本的同时，提升中小民营企业的融资可得性。

（二）利用数字金融创新金融机构服务模式

商业银行服务模式的创新不仅体现在采用数字技术提升传统服务效能，更应体现在采用数字技术创造全新服务模式。本书认为，数字金融的关键数字技术包括物联网技术、区块链技术和人工智能技术，分别涉及数据要素的采集、存储以及价值提取三个方面，无论是对现有服务的赋能还是对新型金融服务的推出，均能够产生积极作用。

人工智能的应用能够覆盖商业银行金融业务的全流程，从个性化的用户体验与分析、智能客服以及自动化交易，到利用非财务数据的“软信用”评分，越来越多地被金融行业用于构建知识图谱和提升对客户的筛选能力。同时，人

---

① 1 PB = 10^{15} Bytes。

工智能技术能够通过结合物联网基础设施、区块链基础设施，对中小民营企业的生产经营情况进行实时动态监测，提升企业数据的可靠性、可验证性和持续可得性，为银行对中小民营企业的信用评估奠定数据基础。

因此，金融机构应充分依托数字技术为金融服务创新提供的技术环境基础，完善现有服务、创新个性化金融服务，支持中小民营企业融资，回归服务实体经济的本源。

（三）通过数字技术提升金融机构风险管理水平

金融不是一项慈善事业，需要对风险和收益进行充分权衡才能够保持其可持续性，这对金融机构的风险管理水平提出了较高的要求。商业银行的风险管理主要包括风险的识别、测度和采取相应的措施等方面。目前我国商业银行的风险识别和测度手段存在一定的局限性，对风险的识别和测度不可避免地会存在一定的偏差和滞后。

在当前宏观经济下行压力加大、商业银行加大对中小民营企业信贷投放的背景之下，如果商业银行不能有效识别中小民营企业的风险，金融普惠的理念将难以落实，在极端情况下甚至会导致金融机构的风险水平大幅攀升，所以借助数字技术提升风险识别水平是强化金融服务实体经济理念的内在要求。

因此，商业银行应借助数字技术，提升自身风险管理水平，才能在服务好中小民营企业的同时兼顾风险防控和金融普惠理念的贯彻。一方面要提供优质的金融服务，另一方面也要做好金融风险防控，才能够确保金融服务实体经济的可持续性。

三、依托数字金融优化金融生态环境以培育融资生态链

融资生态链具有缓解中小民营企业融资约束的本质属性，但其核心功能的发挥依赖于适宜的金融生态环境。适宜的金融生态环境既能够为融资生态链的合理创新提供制度支持，又能够为债权人的合法权益提供有力保障，将大大缓解中小民营企业的融资约束。而金融生态环境适宜与否很大程度上取决于政府对制度的设计与实施是否能够切合融资生态链的发展需要，以及政府能否客观公正地执行相关制度。因此，要培育中小民营企业融资生态链，政府应依托数字金融来优化金融生态环境。

（一）强化数字基础设施建设以完善社会信用体系

要充分发挥数字金融在融资生态链中的赋能作用，政府首先需要进一步完

善数字基础设施建设，推动数字技术的研发创新，以完善社会信用体系。

第一，应加强物联网基础设施建设。在融资生态链与企业经营融合所产生的金融服务中，不可避免地涉及企业生产、销售和运输等环节的数据采集，以完成现实数据向比特数据的转化。因此，物联网基础设施可以看作数字金融中数据要素的采集设施，是企业实现数字化、深度参与数字金融乃至数字经济的必要基础设施。推进物联网基础设施的建设和覆盖，能够大大拓展企业“软信息”的获取渠道，一定程度上解决中小民营企业存在的信用数据不足问题，服务于中小民营企业的信用风险评估。

第二，应加快推进区块链基础设施建设。如果说物联网基础设施是数据要素的采集设施，那么区块链基础设施则是数据要素的仓库。基于区块链的“多中心化”数据存储模式，将中小民营企业生产、经营活动过程中的信息进行“上链”，借助区块链“数据难以篡改”的特性，确保数据“上链”后的真实性。区块链的应用不仅能够为企业生产、经营数据的真实性提供保障，还能够为企业提供“自证”自身数据可靠性的途径。不采用“去中心化”的区块链结构是因为“去中心化”的结构一方面不利于监督机制的施行，另一方面会带来不必要的性能开销，抬高数据储存成本。之所以强调区块链“数据难以篡改”的特性而不是目前被广泛认为的“数据不可篡改性”，是因为实际上区块链中的数据是存在被篡改的可能性的，区块链的数据可以被“有记录”地进行修改，而不是无法修改。在2021年某品牌电动汽车“刹车失灵”事件中，如果汽车的行驶数据能够实时“上链”，那么该品牌在事故原因溯源过程中公开的车辆行驶数据便不会受到消费者对真实性的质疑。因此，结合物联网技术与区块链技术，一方面能够确保数据“上链”前的真实性，另一方面又能够确保数据“上链”后获得充分的“自证性”。

第三，应在数字基础设施建设的基础之上，完善社会信用体系。在当前大数据的背景之下，社会信用体系承担着数据要素的供给职能。市场上信用数据的供给充足是中小企业尤其是中小民营企业融资需求能够被满足的基础条件，在防范信用风险、促进信用交易方面发挥着重要作用。社会信用体系建设一方面要完善信用服务体系，实现信息采集、加工、处理、传播的功能；另一方面要完善企业征信系统，解决企业风险的可识别和可评价问题，提升金融机构风险管理的有效性。推动区块链基础设施的建设，并将物联网基础设施与其进行有机结合，能够从技术上完善信用基础设施，提升中小民营企业信用数据的质量，为金融机构对企业的信用风险评估提供更真实、可靠的数据来源。

因此，政府应以服务大数据时代的需求为宗旨，进一步完善社会信用体系建设，一方面通过数字金融推动现有信用服务体系的技术革新，另一方面逐步完善企业征信管理制度，使金融机构能在风险可控的基础上为中小民营企业提供有效金融支持。

（二）运用数字监管手段完善法治环境建设

融资生态链中相当重要的一环是构建激励相容机制，即中小民营企业融资生态链中的相关主体能够充分考虑长期与短期目标、局部与整体目标，才能够作出具有正外部效应的决策。而这一机制的运行仅靠金融机构与中小民营企业双方是难以维持稳定的，需要依赖外部力量的保障。数字金融与融资生态链在技术上和制度上均需要进行大量的创新。如何处理好鼓励金融创新与提升监管有效性之间的关系是政府需要重点关注的问题，而数字技术在解决这一问题上具有较强的潜力。因此，政府需积极运用数字技术创新监管手段以完善法治环境建设。

一方面，政府需要通过完善法律法规来保障激励相容机制的运行。金融机构尤其是商业银行之所以不愿意将信贷资金配置于中小民营企业，很大一部分原因在于一些情况下法制的缺位。在宏观经济环境不景气的背景下，大量中小民营企业由于经营不善、管理不规范等问题导致经营困难，而其中部分企业主的法制观念不强，出现财务造假、恶意拖欠贷款甚至跑路等现象，会导致银行出现抽贷、断贷的行为，加剧中小民营企业的融资困难。以大数据、人工智能和区块链等数字技术作为数字监管手段，能够为法律条文的设立提供可行性支撑，并为法律法规的具体执行提供保障。因此，为了缓解中小民营企业的融资问题，政府应以保障金融市场主体权益为目标，依托数字技术设立相应的法律法规。具体应遵循以下原则：一是要完善立法，进一步加强对民营企业合法权益的保护并完善对失信主体的惩戒制度。二是要公正司法，不应出现由于企业所有制差异而差别对待的情况。三是要高效执法，积极利用数字监管手段提升执法的速度和准确性。

另一方面，政府应该适时适度利用监管沙盒机制来鼓励数字金融融资生态链的金融创新活动。在防范监管缺位损害金融投资者的正当权益的同时，也要避免过度监管对金融创新的扼杀。监管沙盒作为一种允许金融机构在监管机构的监督之下，对金融创新进行实时、限时测试的数字监管手段，能够在风险充分可控的同时，有效引导积极的金融创新。具体来看，一是要积极推动监管技术的提升。确保监管技术的发展跟上金融创新的速度，避免监管手段落后于金融创新的窘境，否则监管沙盒的机制无法有效发挥正确引导金融创新的作用。二是要适度提升对创新试验失败的容忍度。创新往往伴随失败的可能性，作为金融创新密度极高的监管沙盒，不可避免地会存在失败案例，因此在试错成本可承受的范围内，应鼓励金融创新活动的开展。三是要协调“政产学研”多方力量培育监管沙盒生态圈。数字金融融资生态链在监管沙盒中的创新活动主体不仅包括中小民营企业和金融机构，还应包括政府部门、高校和研究机构等。因此，政府需要出面协调各方进行深度合作，平衡各方利益，构建以“政产学研”为发力点的监管沙盒生态圈，发挥对数字金融融资生态链创新的积极引导作用。

（三）以数字金融为抓手改善市场环境

数字金融不仅能为融资生态链内中小民营企业融资带来直接的便利，也为政府完善市场环境、进一步优化融资生态链提供了可靠抓手。

首先，政府应以数字金融为抓手，打破区域之间、行业之间的数据壁垒，加快构建促进数据流动的国内统一大市场。其次，政府应积极推动数字金融的创新和应用落地，引导金融机构为中小民营企业提供更多市场化的融资方式。最后，政府应以数字技术强化政府服务和治理能力，保护市场主体的正当权益。

同时，政府还应该从制度层面消除市场中的所有制歧视。在本书的前面章节中，我们可以看到中小民营企业融资难、融资贵的一部分原因是政府部门对国有企业的隐性担保和部分低效国有企业对金融资源的不合理占用。政府首先应消除由所有制差异所带来的融资禀赋差异，避免预算软约束使国有企业在信贷市场中占据优势地位的情况。其次应该建立统一的市场规则，让国有企业与民营企业在生产要素使用和市场参与上处于平等地位。最后应以公平公正为原则，完善优胜劣汰的市场竞争机制，使无法适应经济社会发展需要的企业及时退出，让所有企业在同一规则制度下充分、平等地竞争。

参考文献

[1] 艾瑞咨询．中国中小微企业融资发展报告［EB/OL］．［2021-11-15］．https：//www.iresearch.com.cn/Detail/report？id=3877&isfree=0.

[2] 白俊，连立帅．信贷资金配置差异：所有制歧视抑或禀赋差异？［J］．管理世界，2012（6）：30-42，73.

[3] 白钦先，崔晓峰．加入WTO对我国金融资源配置和金融可持续发展的影响——兼论政策性金融应发挥的作用［J］．南方金融，2001（1）：28-30.

[4] 白万平，孙溶镁，白鸽．数字金融能否提高中小企业全要素生产率？——基于中小板上市公司的分析［J］．新金融，2021（11）：53-62.

[5] 白玉娟，于丽英．我国科技金融生态系统评价及空间演化趋势分析［J］．科技管理研究，2019，39（23）：67-74.

[6] 卜振兴．从融资角度解析中小民营企业发展困境［J］．当代经济管理，2019，41（4）：72-78.

[7] 蔡跃洲，牛新星．中国数字经济增加值规模测算及结构分析［J］．中国社会科学，2021（11）：4-30，204.

[8] 曹志鹏，刘刚．普惠金融时代我国金融生态环境演进及优化［J］．西南金融，2015（5）：21-24.

[9] 车嘉丽，薛瑞．产业政策激励影响了企业融资约束吗？［J］．南方经济，2017（6）：92-114.

[10] 陈蕾．信息不对称视角下的中小企业融资困境分析［J］．投资研究，2011，30（10）：56-65.

[11] 陈麟，谭杨靖．互联网金融生态系统发展趋势及监管对策［J］．财经科学，2016（3）：49-57.

[12] 陈哲，余吉安，张榕．金融生态视角下的金融监管［J］．北京交通

大学学报（社会科学版），2012，11（1）：52－58.

［13］陈作华，方红星．融资约束、内部控制与企业避税［J］．管理科学，2018，31（3）：125－139.

［14］成学真，龚沁宜．数字普惠金融如何影响实体经济的发展——基于系统 GMM 模型和中介效应检验的分析［J］．湖南大学学报（社会科学版），2020，34（3）：59－67.

［15］邓建平，曾勇．金融生态环境、银行关联与债务融资——基于我国民营企业的实证研究［J］．会计研究，2011（12）：33－40，96－97.

［16］邓可斌，曾海舰．中国企业的融资约束：特征现象与成因检验［J］．经济研究，2014，49（2）：47－60，140.

［17］邓淇中，李鑫，陈瑞．区域金融生态环境指标体系构建及竞争力评价研究［J］．湖南科技大学学报（社会科学版），2012，15（6）：75－80.

［18］翟胜宝，王菡，陆正飞．金融生态环境和企业创新能力——基于中国制造业的经验数据［J］．经济与管理研究，2015，36（7）：53－59.

［19］董昀，李鑫．互联网金融的发展：基于文献的探究［J］．金融评论，2014，6（5）：16－40，123.

［20］杜金岷，韦施威，吴文洋．数字普惠金融促进了产业结构优化吗？［J］．经济社会体制比较，2020（6）：38－49.

［21］段坪利，王淑敏．数字普惠金融与居民收入增长研究——基于地级市和 CLDS 的证据［J］．财会月刊，2021（10）：153－160.

［22］段胜．关于民营企业融资难融资贵问题的思考——基于四川省民营企业的调查分析［J］．西南金融，2019（3）：3－11.

［23］段永琴，何伦志，克甝．数字金融、技术密集型制造业与绿色发展［J］．上海经济研究，2021（5）：89－105.

［24］范亚琴，池晓辉．地方政府债务的挤出效应及其对企业融资约束的影响［J］．上海金融，2021，489（4）：2－12.

［25］付俊文，李琪．信用担保与逆向选择：中小企业融资问题研究［J］．数量经济技术经济研究，2004（8）：127－133.

［26］耿宇宁，燕志鹏，史敏．数字科技进步对中国金融生态环境的机遇与挑战［J］．中北大学学报（社会科学版），2020，36（6）：63－70.

［27］工业和信息化部．关于公开征求《中小企业划型标准规定（修订征求意见稿）》意见的通知［EB/OL］．［2021-04-23］．https：//www.miit.gov.cn/jgsj/qyj/gzdt/art/2021/art_9087ea816daf4f7192ac845d1380cfd7.html.

［28］张伟斌，刘可．供应链金融发展能降低中小企业融资约束吗？——基于中小上市公司的实证分析［J］．经济科学，2012（3）：108-118.

［29］姚王信，夏娟，孙婷婷．供应链金融视角下科技型中小企业融资约束及其缓解研究［J］．科技进步与对策，2017，34（4）：105-110.

［30］顾雷雷，郭建鸾，王鸿宇．企业社会责任、融资约束与企业金融化［J］．金融研究，2020（2）：109-127.

［31］光明网．全国中小微企业数量达4800万户［EB/OL］．［2022-09-02］．https：//m.gmw.cn/2022-09/02/content_35997745.htm.

［32］郭峰，孔涛，王靖一．互联网金融空间集聚效应分析——来自互联网金融发展指数的证据［J］．国际金融研究，2017（8）：75-85.

［33］郭峰，王靖一，王芳，等．测度中国数字普惠金融发展：指数编制与空间特征［J］．经济学（季刊），2020，19（4）：1401-1418.

［34］国家市场监督管理总局．从2012年1085.7万户增长到2021年4457.5万户 民营企业数量10年翻两番［EB/OL］．［2022-04-18］．https：//www.samr.gov.cn/xw/mtjj/202203/t20220323_340715.html.

［35］国家统计局．统计上大中小微型企业划分办法（2017）［EB/OL］．［2018-01-03］．http：//www.stats.gov.cn/tjsj/tjbz/201801/t20180103_1569357.html.

［36］韩廷春，雷颖絮．金融生态环境对金融主体发展的影响［J］．世界经济，2008（3）：71-79.

［37］韩廷春，林磊．制度因素对中国金融发展影响的实证研究［J］．经济与管理研究，2006（7）：41-45.

［38］韩廷春，赵志赞．金融生态影响经济增长的机制分析［J］．公共管理评论，2009，8（00）：98-111.

［39］韩亚欣，何敏，李华民．大银行何以为中小企业融资？——基于某大银行支行的案例分析［J］．金融论坛，2016，21（1）：72-80.

［40］韩忠雪，周婷婷．产品市场竞争、融资约束与公司现金持有：基于

中国制造业上市公司的实证分析［J］．南开管理评论，2011，14（4）：149－160.

［41］郝云平，雷汉云．数字普惠金融推动经济增长了吗？——基于空间面板的实证［J］．当代金融研究，2018（3）：90－101.

［42］何丹．融资约束、R&D 投入与企业绩效的相关性研究——基于中国制造业上市公司 2009—2013 年的经验证据［J］．科技与管理，2015，17（5）：76－82.

［43］何宏庆．区块链驱动数字金融高质量发展：优势、困境与进路［J］．兰州学刊，2021（1）：25－35.

［44］何贤杰，朱红军，陈信元．政府的多重利益驱动与银行的信贷行为［J］．金融研究，2008（6）：1－20.

［45］胡滨．区域金融生态环境评价方法与实证研究［J］．经济管理，2009，31（6）：16－22.

［46］胡冰，王晓芳．对“一带一路”国家对外投资支点选择：基于金融生态环境视角［J］．世界经济研究，2019（7）：61－77，135.

［47］胡晓明．数字技术破解小微及消费信贷难题［J］．中国金融，2020（15）：49－51.

［48］黄斌，吴春旺，郑丰华，等．复杂网络中随机图模型研究［J］．计算机工程与科学，2014，36（7）：1377－1383.

［49］黄国平，刘煜辉．中国金融生态环境评价体系设计与分析［J］．系统工程理论与实践，2007（6）：7－14.

［50］黄浩．数字金融生态系统的形成与挑战——来自中国的经验［J］．经济学家，2018（4）：80－85.

［51］黄凯南，郝祥如．数字金融是否促进了居民消费升级？［J］．山东社会科学，2021（1）：117－125.

［52］黄亮，付伟，倪克勤．逆向选择与信用配给：中小企业融资难根源分析［J］．中央财经大学学报，2005（1）：39－43.

［53］黄明，王修华．基于征信视角的农村金融生态环境优化研究［J］．农村经济，2009（11）：76－79.

［54］黄锐，赖晓冰，唐松．金融科技如何影响企业融资约束？——动态

效应、异质性特征与宏微观机制检验［J］．国际金融研究，2020（6）：25－33.

［55］黄锐，赖晓冰，赵丹妮，等．数字金融能否缓解企业融资困境——效用识别、特征机制与监管评估［J］．中国经济问题，2021（1）：52－66.

［56］黄速建，王钦，贺俊．制度约束、需求驱动和适应性选择——中国民营企业治理演进的分析［J］．中国工业经济，2008（6）：5－16.

［57］黄蔚，汤湘希．合并商誉会增加企业的融资约束吗？［J］．证券市场导报，2018（12）：32－40，46.

［58］黄益平，黄卓．中国的数字金融发展：现在与未来［J］．经济学（季刊），2018（4）：1489－1502.

［59］黄益平，陶坤玉．中国的数字金融革命：发展、影响与监管启示［J］．国际经济评论，2019（6）：24－35，5.

［60］纪琼骁．麦克米伦缺陷与中小企业政策性融资［J］．金融研究，2003（7）：111－118.

［61］江红莉，蒋鹏程．数字金融能提升企业全要素生产率吗？——来自中国上市公司的经验证据［J］．上海财经大学学报，2021，23（3）：3－18.

［62］江伟，胡玉明，曾业勤．融资约束与企业成本粘性——基于我国工业企业的经验证据［J］．金融研究，2015（10）：133－147.

［63］姜付秀，石贝贝，马云飙．信息发布者的财务经历与企业融资约束［J］．经济研究，2016，51（6）：83－97.

［64］蒋伏心，周春平．交易成本、非正规金融与中小企业融资［J］．世界经济与政治论坛，2009（2）：22－26.

［65］解维敏，吴浩，冯彦杰．数字金融是否缓解了民营企业融资约束？［J］．系统工程理论与实践，2021，41（12）：3129－3146.

［66］鞠晓生，卢荻，虞义华．融资约束、营运资本管理与企业创新可持续性［J］．经济研究，2013，48（1）：4－16.

［67］克里斯·安德森．长尾理论［M］．北京：中信出版社，2006.

［68］匡国建．完善金融生态法律制度的思考［J］．金融研究，2005，（8）：37－43.

［69］赖雪玲．数字普惠金融发展与中小企业创新——基于中国创业板企

业的证据［J］．当代金融研究，2022，5（3）：54－65.

［70］郎香香，张朦朦，王佳宁．数字普惠金融、融资约束与中小企业创新——基于新三板企业数据的研究［J］．南方金融，2021（11）：13－25.

［71］雷新途，徐青原．区域金融生态环境对企业资产结构的影响——来自制造业的证据［J］．经济地理，2018，38（6）：102－108.

［72］李宾，龚爽，曾雅婷．数字普惠金融、融资约束与中小企业财务可持续［J］．改革，2022（5）：126－142.

［73］李波，朱太辉．银行价格竞争、融资约束与企业研发投资——基于“中介效应”模型的实证研究［J］．金融研究，2020（7）：134－152.

［74］李辰颖，吕智和，陈盈．融资约束、CFO 背景与企业避税［J］．会计之友，2019（24）：18－22.

［75］李建军，张丹俊．中小企业金融排斥程度的省域差异［J］．经济理论与经济管理，2015（8）：92－103.

［76］李金华．网络研究三部曲：图论、社会网络分析与复杂网络理论［J］．华南师范大学学报（社会科学版），2009（2）：136－138.

［77］李科，徐龙炳．融资约束、债务能力与公司业绩［J］．经济研究，2011，46（5）：61－73.

［78］李林汉，田卫民．数字金融发展、产业结构转型与地区经济增长——基于空间杜宾模型的实证分析［J］．金融理论与实践，2021（2）：8－16.

［79］李霞．宁夏农村金融生态环境：问题挑战与优化路径［J］．宁夏社会科学，2021（6）：130－135.

［80］李晓安．论金融生态系统中的信用评级机构责任承担［J］．法学杂志，2015，36（8）：50－59.

［81］李鑫，王宝明．农村中小企业信贷融资制约因素的实证研究——基于济南市农村中小企业的问卷调查［J］．农业技术经济，2010（9）：37－44.

［82］李延凯，韩廷春．金融生态演进作用于实体经济增长的机制分析——透过资本配置效率的视角［J］．中国工业经济，2011（2）：26－35.

［83］李逸凡．从优化信息结构入手破解中小企业融资难［J］．学习与实践，2016（10）：35－44.

[84] 李媛媛，崔宸琛，刘思羽．金融生态环境、企业风险承担与创新效率——基于制造业面板 VAR 的实证分析［J］．工业技术经济，2019，38（7）：76－87.

[85] 李志赟．银行结构与中小企业融资［J］．经济研究，2002（6）：38－45，94.

[86] 连玉君，彭方平，苏治．融资约束与流动性管理行为［J］．金融研究，2010（10）：158－171.

[87] 连玉君，苏治．融资约束、不确定性与上市公司投资效率［J］．管理评论，2009，21（1）：19－26.

[88] 梁榜，张建华．数字普惠金融发展能激励创新吗？——来自中国城市和中小企业的证据［J］．当代经济科学，2019，41（5）：74－86.

[89] 梁榜，张建华．中国普惠金融创新能否缓解中小企业的融资约束［J］．中国科技论坛，2018（11）：94－105.

[90] 林毅夫，李永军．中小金融机构发展与中小企业融资［J］．经济研究，2001（1）：10－18，53－93.

[91] 林毅夫，李志赟．中国的国有企业与金融体制改革［J］．经济学（季刊），2005（3）：913－936.

[92] 凌江怀，匡亚文．信用环境对中小企业融资约束的影响——基于世界银行中国企业调查数据的实证研究［J］．华南师范大学学报（社会科学版），2016（3）：127－132.

[93] 刘畅，刘冲，马光荣．中小金融机构与中小企业贷款［J］．经济研究，2017，52（8）：65－77.

[94] 刘朝明，廖林，涂瑞．区域金融生态系统基本性状模型研究［J］．金融研究，2008（5）：194－202.

[95] 刘航．流动性冲击、有限承诺能力与银行风险承担［J］．浙江社会科学，2013（6）：40－49，157.

[96] 刘佳鑫，李莎．“双循环”背景下数字金融发展与区域创新水平提升［J］．经济问题，2021（6）：24－32.

[97] 刘建洲．社会信用体系建设：内涵、模式与路径选择［J］．中共中央党校学报，2011，15（3）：50－53.

[98] 刘可，缪宏伟．供应链金融发展与中小企业融资——基于制造业中小上市公司的实证分析 [J]．金融论坛，2013，18 (1)：36-44.

[99] 刘凝霜，程霖．中国共产党民营经济政策演变及其理论创新：1921—2021 [J]．改革，2021 (1)：36-49.

[100] 刘胜强，林志军，孙芳城，等．融资约束、代理成本对企业 R&D 投资的影响——基于我国上市公司的经验证据 [J]．会计研究，2015 (11)：62-68，97.

[101] 刘伟，李连发．地方政府融资平台举债的理论分析 [J]．金融研究，2013 (5)：126-139.

[102] 刘新宇，葛扬，周凯．大数据技术下的普惠金融及信用环境建设研究——逻辑反思与对策建议 [J]．新金融，2017 (7)：46-51.

[103] 刘星，蒋水全．银行股权关联、银行业竞争与民营企业融资约束 [J]．中国管理科学，2015，23 (12)：1-10.

[104] 刘煜辉．中国地区金融生态环境评价 [M]．北京：中国金融出版社，2007.

[105] 刘志迎，郎春雷．基于共生的产业经济分析范式探讨 [J]．经济学动态，2004 (2)：29-31.

[106] 卢太平，张东旭．融资需求、融资约束与盈余管理 [J]．会计研究，2014 (1)：35-41，94.

[107] 鲁晓东．金融资源错配阻碍了中国的经济增长吗 [J]．金融研究，2008 (4)：55-68.

[108] 陆岷峰，陈捷．民营企业融资困境：供给结构、导向错位与校正重点 [J]．福建论坛（人文社会科学版），2020 (7)：68-77.

[109] 逯进，朱顺杰．金融生态、经济增长与区域发展差异——基于中国省域数据的耦合实证分析 [J]．管理评论，2015，27 (11)：44-56.

[110] 路春城，吕慧．政府补贴、融资约束与制造业研发投入 [J]．经济与管理评论，2019，35 (4)：17-27.

[111] 罗党论，甄丽明．民营控制、政治关系与企业融资约束——基于中国民营上市公司的经验证据 [J]．金融研究，2008 (12)：164-178.

[112] 罗韵轩．金融生态环境、异质性债务治理效应与债务重组——基

于中国上市公司的实证研究［J］. 会计研究，2016（3）：43－49，95.

［113］罗正英，周中胜，詹乾隆. 中小企业的银行信贷融资可获性：企业家异质特征与金融市场化程度的影响［J］. 会计研究，2010（6）：44－50，95－96.

［114］吕江林，叶金生，张斓弘. 数字普惠金融与实体经济协同发展的地区差异及效应研究［J］. 当代财经，2021（9）：53－65.

［115］吕劲松. 关于中小企业融资难、融资贵问题的思考［J］. 金融研究，2015（11）：115－123.

［116］吕雷，汪天凯，俞岳. 腐败、金融生态环境与地区经济增长［J］. 广东财经大学学报，2017，32（1）：63－73.

［117］马红，王元月. 融资约束、政府补贴和公司成长性——基于我国战略性新兴产业的实证研究［J］. 中国管理科学，2015，23（S1）：630－636.

［118］聂秀华，江萍，郑晓佳，等. 数字金融与区域技术创新水平研究［J］. 金融研究，2021（3）：132－150.

［119］聂秀华，吴青. 数字金融对中小企业技术创新的驱动效应研究［J］. 华东经济管理，2021，35（3）：42－53.

［120］聂秀华. 数字金融促进中小企业技术创新的路径与异质性研究［J］. 西部论坛，2020，30（4）：37－49.

［121］欧阳日辉. 中国数字金融创新发展报告（2021）［M］. 北京：社会科学文献出版社·皮书出版分社，2021.

［122］潘爽，叶德珠，叶显. 数字金融普惠了吗——来自城市创新的经验证据［J］. 经济学家，2021（3）：101－111.

［123］潘越，宁博，纪翔阁，等. 民营资本的宗族烙印：来自融资约束视角的证据［J］. 经济研究，2019，54（7）：94－110.

［124］彭建刚，滑亚群，邹克. 县域不良贷款率与金融生态关系的实证分析［J］. 广州大学学报（社会科学版），2016，15（7）：41－48.

［125］彭捷. 农村信用环境是构建良好金融生态环境的基础［J］. 西南金融，2006（8）：63－64.

［126］皮天雷. 金融生态的法律制度研究：基于新制度经济学的分析

[J]．金融理论与实践，2006（2）：7－11.

[127] 钱爱民，付东．金融生态环境、金融资源配置与产能过剩 [J]．经济与管理研究，2017，38（5）：54－65.

[128] 钱海章，陶云清，曹松威，等．中国数字金融发展与经济增长的理论与实证 [J]．数量经济技术经济研究，2020，37（6）：26－46.

[129] 钱雪松，方胜．《物权法》出台、融资约束与民营企业投资效率——基于双重差分法的经验分析 [J]．经济学（季刊），2021，21（2）：713－732.

[130] 邱兆祥，刘远亮．宏观经济不确定性与银行资产组合行为：1995—2009 [J]．金融研究，2010（11）：34－44.

[131] 全国工商联．小微融资难题破解有道 [EB/OL]．[2020－05－11]．http：//www.acfic.org.cn/fgzs/fgdt/202005/t20200511_64900.html.

[132] 阙方平，陶雄华．中国金融生态制度变迁研究——金融运行中的矛盾与调和 [M]．北京：中国金融出版社，2014.

[133] 人民网．持续优化税收营商环境 支持民营经济发展壮大 [EB/OL]．[2023－04－12]．http：//finance.people.com.cn/n1/2023/0412/c1004－32662050.html.

[134] 人民银行举行2020年上半年金融统计数据新闻发布会_新闻发布_中国政府网 [EB/OL]．[2022－06－21]．http：//www.gov.cn/xinwen/2020－07/11/content_5525933.htm.

[135] 沈建光．解困中小企业切忌“头痛医头” [J]．金融发展评论，2011（12）：71－74.

[136] 沈军，赵晶晶，张迪．金融生态与金融效率———一个二元视角下的理论分析 [J]．金融发展研究，2008（1）：12－15.

[137] 盛明泉，项春艳，谢睿．数字普惠金融能否抑制实体企业“脱实向虚” [J]．首都经济贸易大学学报，2022，24（1）：96－112.

[138] 盛昭瀚，蒋德鹏．演化经济学 [M]．上海：上海三联书店，2002.

[139] 石艳蕊．农村金融生态平衡及机制保障研究——以河北省为例 [J]．农业经济问题，2010，31（7）：42－48.

[140] 史玉琼．关于建立失信惩戒机制的研究 [J]．征信，2018，36

(9)：18 –23.

［141］舒长江，胡援成．信贷错配和商业银行脆弱性特征下的金融加速器效应［J］．系统工程理论与实践，2019，39（10）：2512 –2522.

［142］斯蒂芬·D. 威廉森．宏观经济学［M］．郭庆旺，译．北京：中国人民大学出版社，2015.

［143］宋华，黄千员，杨雨东．金融导向和供应链导向的供应链金融对企业绩效的影响［J］．管理学报，2021，18（5）：760 –768.

［144］宋敏，周鹏，司海涛．金融科技与企业全要素生产率——“赋能”和信贷配给的视角［J］．中国工业经济，2021（4）：138 –155.

［145］宋淑琴，孙志超．金融生态环境、债务重组与非效率投资［J］．财经问题研究，2019（8）：62 –69.

［146］宋晓燕．论有效金融监管制度之构建［J］．东方法学，2020（2）：103 –120.

［147］搜狐新闻．中小企业倒闭六成因融资问题［EB/OL］．［2008 –08 –05］．http：//news. sohu. com/20080805/n258594745. shtml.

［148］苏宁．优化金融环境改善金融生态［N］．金融时报，2005 –07 –13.

［149］粟麟，杨伟明．数字金融：发展现状、未来趋势与监管启示［J］．北方金融，2021（6）：8 –12.

［150］谭之博，赵岳．企业规模与融资来源的实证研究——基于小企业银行融资抑制的视角［J］．金融研究，2012（3）：166 –179.

［151］唐松，王俊杰，马杨，等．可抵押资产、社会网络与商业信用［J］．南开管理评论，2017，20（3）：53 –64，89.

［152］唐松，伍旭川，祝佳．数字金融与企业技术创新——结构特征、机制识别与金融监管下的效应差异［J］．管理世界，2020，36（5）：52 –66，9.

［153］唐文进，李爽，陶云清．数字普惠金融发展与产业结构升级——来自283 个城市的经验证据［J］．广东财经大学学报，2019，34（6）：35 –49.

［154］滕磊，马德功．数字金融能够促进高质量发展吗？［J］．统计研

究，2020，37（11）：80-92.

［155］万佳彧，周勤，肖义．数字金融、融资约束与企业创新［J］．经济评论，2020（1）：71-83.

［156］万良勇，魏明海．金融生态、利益输送与信贷资源配置效率——基于河北担保圈的案例研究［J］．管理世界，2009（5）：6-16，46，187.

［157］汪涛，李惠青．互联网金融下小微企业融资模式及风险研究［M］．成都：电子科技大学出版社，2018.

［158］汪亚楠，叶欣，许林．数字金融能提振实体经济吗［J］．财经科学，2020（3）：1-13.

［159］王碧珺，谭语嫣，余淼杰，等．融资约束是否抑制了中国民营企业对外直接投资［J］．世界经济，2015，38（12）：54-78.

［160］王朝弟．中小企业融资问题与金融支持的几点思考［J］．金融研究，2003（1）：90-97.

［161］王怀明，王钰．金融生态环境、内部资本市场与融资约束［J］．南京审计大学学报，2018，15（3）：11-20.

［162］王家庭，赵亮．我国上市公司的融资约束及其影响因素的实证分析［J］．产业经济研究，2010（3）：77-84.

［163］王娟，朱卫未．数字金融发展能否校正企业非效率投资［J］．财经科学，2020（3）：14-25.

［164］王珏，骆力前，郭琦．地方政府干预是否损害信贷配置效率？［J］．金融研究，2015（4）：99-114.

［165］王亮亮．金融危机冲击、融资约束与公司避税［J］．南开管理评论，2016，19（1）：155-168.

［166］王孟本，毋国莲．英汉生态学词典［M］．北京：科学出版社，2004.

［167］王琼，耿成轩．金融生态环境、产权性质与战略性新兴产业融资效率［J］．经济经纬，2017，34（3）：87-92.

［168］王晓亮，田昆儒，蒋勇．金融生态环境与政府投融资平台企业投资效率研究［J］．会计研究，2019（6）：13-19.

［169］王晓燕，史秀敏，师亚楠．供应商集中度与缓解中小企业融资约

束——基于债务融资的中介效应检验［J］．金融与经济，2020（12）：78－85.

［170］王馨．互联网金融助解“长尾”小微企业融资难问题研究［J］．金融研究，2015（9）：128－139.

［171］王永仓，温涛．数字金融的经济增长效应及异质性研究［J］．现代经济探讨，2020（11）：56－69.

［172］魏文君，吴蒙．内部控制、融资约束与公司绩效［J］．会计之友，2019（21）：53－58.

［173］魏志华，曾爱民，李博．金融生态环境与企业融资约束——基于中国上市公司的实证研究［J］．会计研究，2014（5）：73－80，95.

［174］魏志华，王贞洁，吴育辉，等．金融生态环境、审计意见与债务融资成本［J］．审计研究，2012（3）：98－105.

［175］翁旻，耿成轩．融资约束、资产有形性和现金持有——以制造业上市公司为例［J］．工业技术经济，2019，38（5）：104－111.

［176］吴昊旻，靳亭亭．金融生态环境与企业创新效率［J］．金融论坛，2017，22（12）：57－67.

［177］吴庆田，王倩．普惠金融发展质量与中小企业融资效率［J］．金融与经济，2020（9）：37－43，67.

［178］夏泰凤，金雪军．供应链金融解困中小企业融资难的优势分析［J］．商业研究，2011（6）：128－133.

［179］向琳，李季刚．中国农村金融生态环境优化的区域效率比较［J］．工业技术经济，2010，29（7）：146－149.

［180］萧安富，徐彦斐．金融生态与资金配置效率的一个微观解释：自贡案例研究［J］．金融研究，2005（6）：154－163.

［181］谢德仁，陈运森．金融生态环境、产权性质与负债的治理效应［J］．经济研究，2009，44（5）：118－129.

［182］谢军，黄志忠，何翠茹．宏观货币政策和企业金融生态环境优化——基于企业融资约束的实证分析［J］．经济评论，2013（4）：116－123.

［183］谢平，邹传伟．互联网金融模式研究［J］．金融研究，2012（12）：11－22.

[184] 谢绚丽，沈艳，张皓星，等．数字金融能促进创业吗？——来自中国的证据［J］．经济学（季刊），2018，17（4）：1557－1580.

[185] 谢雪燕，朱晓阳．数字金融与中小企业技术创新——来自新三板企业的证据［J］．国际金融研究，2021（1）：87－96.

[186] 新华网．习近平：在民营企业座谈会上的讲话－新华网［EB/OL］．［2022－06－16］．http://www.xinhuanet.com/politics/2018－11/01/c_1123649488.htm.

[187] 朱秋华，杨毅，杨婷．信息披露质量、供应链金融与中小企业融资约束——基于创业板上市公司的经验证据［J］．企业经济，2019（6）：89－96.

[188] 徐丹丹，刘凯元，曾章备，等．我国区域农村金融生态环境评价研究——基于突变级数法的分析［J］．农业经济问题，2016，37（4）：70－80.

[189] 徐诺金．论我国的金融生态问题［J］．金融研究，2005（2）：35－45.

[190] 徐诺金．论我国金融生态环境问题［J］．金融研究，2005（11）：31－38.

[191] 徐伟呈，范爱军．数字金融、内驱机制与实体经济增长——基于实体企业金融化的研究视角［J］．山西财经大学学报，2022，44（1）：28－42.

[192] 徐小林．区域金融生态环境评价方法［J］．金融研究，2005（11）：39－45.

[193] 徐晓萍，李猛．商业信用的提供：来自上海市中小企业的证据［J］．金融研究，2009（6）：161－174.

[194] 许敏，朱伶俐，方祯．融资约束、R&D投入与中小企业绩效［J］．财会月刊，2017（30）：37－43.

[195] 严涣，肖卫国．财政政策影响银行信贷的渠道分析［J］．财经科学，2021（7）：81－92.

[196] 严若森，姜潇．关于制度环境、政治关联、融资约束与企业研发投入的多重关系模型与实证研究［J］．管理学报，2019，16（1）：72－84.

[197] 杨珏．农村金融生态环境建设存在的问题及对策 [J]．山西财经大学学报，2010，32 (S1)：75.

[198] 杨竹清，张华．数字经济促进了银行信用贷款吗？——基于中国城市数据的实证研究 [J]．浙江金融，2021 (4)：33-43，14.

[199] 姚爽，黄玮强，张展，等．区域金融生态环境评价——基于修正变异系数法 [J]．技术经济，2015，34 (10)：61-67.

[200] 姚王信，夏娟，孙婷婷．供应链金融视角下科技型中小企业融资约束及其缓解研究 [J]．科技进步与对策，2017，34 (4)：105-110.

[201] 易纲．关于改善小微企业金融服务的几个视角 [J]．商业文化，2018 (18)：12-14.

[202] 易宪容，卢婷．基础性制度是金融生态的核心 [J]．经济社会体制比较，2006 (2)：47-54.

[203] 易行健，周利．数字普惠金融发展是否显著影响了居民消费——来自中国家庭的微观证据 [J]．金融研究，2018 (11)：47-67.

[204] 于连超，董晋亭，王雷，等．环境管理体系认证有助于缓解企业融资约束吗？[J]．审计与经济研究，2021，36 (6)：116-126.

[205] 于明霞，高艺格．金融生态环境评价研究——以吉林省为例[J]．工业技术经济，2017，36 (9)：153-160.

[206] 于蔚，汪淼军，金祥荣．政治关联和融资约束：信息效应与资源效应 [J]．经济研究，2012，47 (9)：125-139.

[207] 余明桂，潘红波．政治关系、制度环境与民营企业银行贷款[J]．管理世界，2008 (8)：9-21，39，187.

[208] 余明桂，潘红波．所有权性质、商业信用与信贷资源配置效率 [J]．经济管理，2010，32 (8)：106-117.

[209] 余明桂，钟慧洁，范蕊．民营化、融资约束与企业创新——来自中国工业企业的证据 [J]．金融研究，2019 (4)：75-91.

[210] 俞兆云，陈飞翔．对中小企业信贷融资约束及其影响因素的实证研究 [J]．统计与决策，2010 (8)：93-96.

[211] 喻平，豆俊霞．数字普惠金融、企业异质性与中小微企业创新 [J]．当代经济管理，2020，42 (12)：79-87.

［212］喻平，豆俊霞．数字普惠金融发展缓解了中小企业融资约束吗［J］．财会月刊，2020（3）：140－146.

［213］袁纯清．共生理论——兼论小型经济［M］．北京：经济科学出版社，1998.

［214］袁鲲，曾德涛．区际差异、数字金融发展与企业融资约束——基于文本分析法的实证检验［J］．山西财经大学学报，2020，42（12）：40－52.

［215］袁庆明．新制度经济学（第二版）［M］．上海：复旦大学出版社，2019.

［216］张琛，刘银国．融资约束与民营企业税务自利行为研究［J］．经济管理，2016，38（3）：113－123.

［217］张亨明，汪天倩，黄修齐．我国区域性股权交易市场发展的现实困境及其路径选择［J］．改革，2020（10）：104－113.

［218］张红凤，汲昌霖．政治关联、金融生态环境与企业融资——基于山东省上市公司数据的实证分析［J］．经济理论与经济管理，2015（11）：77－86.

［219］张红凤，张细松．论"新常态"下金融生态失衡的政府治理［J］．教学与研究，2016（12）：15－22.

［220］张华．科技金融创新生态系统的规划框架与协同创新机制［J］．科学管理研究，2016，34（5）：89－93.

［221］张嘉望，彭晖，李博阳．地方政府行为、融资约束与企业研发投入［J］．财贸经济，2019，40（7）：20－35.

［222］张杰，经朝明，刘东．商业信贷、关系型借贷与小企业信贷约束：来自江苏的证据［J］．世界经济，2007（3）：75－85.

［223］张杰．金融抑制、融资约束与出口产品质量［J］．金融研究，2015（6）：64－79.

［224］张捷，王霄．中小企业金融成长周期与融资结构变化［J］．世界经济，2002（9）：63－70.

［225］张金鑫，王逸．会计稳健性与公司融资约束——基于两类稳健性视角的研究［J］．会计研究，2013（9）：44－50，96.

[226] 张静，张焰朝．企业战略差异度与融资约束——基于信息不对称视角的研究［J］．北京工商大学学报（社会科学版），2021，36（2）：92-104.

[227] 张莉芳．融资约束、高额现金持有和投资效率［J］．山西财经大学学报，2013，35（4）：114-124.

[228] 张良桥．论进化稳定策略［J］．经济评论，2003（2）：70-74.

[229] 张琳，廉永辉，辛兵海．宏观经济不确定性、银行异质性和信贷供给［J］．当代经济科学，2015，37（4）：60-71，126.

[230] 张龙耀，邢朝辉．中国农村数字普惠金融发展的分布动态、地区差异与收敛性研究［J］．数量经济技术经济研究，2021，38（3）：23-42.

[231] 张萍，沈晓婷．农村金融生态体系的构建与评价——以浙江省为例［J］．农业经济问题，2015，36（12）：58-64，111.

[232] 张启文，张叶．基于农村经济视角下的农村金融生态优化路径研究［J］．农业经济，2020（3）：115-116.

[233] 张伟．数字普惠金融对城镇居民就业的影响——基于中国省级数据的研究［J］．经营管理者，2021（5）：96-97.

[234] 张伟斌，刘可．供应链金融发展能降低中小企业融资约束吗？——基于中小上市公司的实证分析［J］．经济科学，2012（3）：108-118.

[235] 张先锋，杨栋旭，张杰．对外直接投资能缓解企业融资约束吗——基于中国工业企业的经验证据［J］．国际贸易问题，2017（8）：131-141.

[236] 张晓琳，温洁，翟淑萍．董事高管责任保险与企业融资约束［J］．金融与经济，2020（4）：75-83.

[237] 张晓玫，潘玲．我国银行业市场结构与中小企业关系型贷款［J］．金融研究，2013（6）：133-145.

[238] 张辛雨，马野驰．东北三省区域金融生态环境评价［J］．工业技术经济，2020，39（8）：107-115.

[239] 张璇，李子健，李春涛．银行业竞争、融资约束与企业创新——中国工业企业的经验证据［J］．金融研究，2019（10）：98-116.

[240] 张勇．企业纳税与银行信贷资源配置：诚信纳税能为企业带来“真金白银”吗？[J]．现代财经（天津财经大学学报），2020，40（7）：54 -70.

[241] 张玉喜，张倩．区域科技金融生态系统的动态综合评价 [J]．科学学研究，2018，36（11）：1963 -1974.

[242] 张运，许涤龙．长株潭城市群金融生态环境评价实证 [J]．经济地理，2017，37（12）：89 -95.

[243] 张宗新．融资缺口：小企业融资功能缺陷的一种解释 [J]．社会科学，2000（8）：6 -10.

[244] 赵立成，杨大海，肖瑜．改善经济环境 发展环境经济 [J]．经济纵横，1999，（12）：49.

[245] 赵平．中国贷款利率自由化与中小企业贷款供给约束——基于 S - W 贷款供给曲线的理论分析 [J]．经济理论与经济管理，2014（8）：78 -88.

[246] 中国财政科学研究院．2019 年“降成本”问卷调查分析报告 [EB/OL]．[2022 -06 -22]．https：//www.chineseafs.org/ckynewsmgr/newsContent _ queryOneNewsRecord? retVal = cnzkcgxw&zyflag = 1&searchFlag = 2&newsid = 0720223910 _ 43151540.

[247] 中国人民银行，中国银保监会．中国小微企业金融服务报告（2018） [EB/OL]．[2019 -06 -24]．http：//www.pbc.gov.cn/goutongjiaoliu/113456/113469/3848271/index.html.

[248] 中国人民银行．中国人民银行 工业和信息化部 公安部 财政部 工商总局 法制办 银监会 证监会 保监会 国家互联网信息办公室关于促进互联网金融健康发展的指导意见（银发〔2015〕221 号）[EB/OL]．[2015 -07 -18]．http：//www.pbc.gov.cn/tiaofasi/144941/3581332/3588198/index.html.

[249] 中国政府网．刘鹤主持召开国务院促进中小企业发展工作领导小组第一次会议 [EB/OL]．[2018 -08 -20]．http：//www.gov.cn/guowuyuan/2018 -08/20/content _ 5315204.htm.

[250] 中国政府网．改革开放 30 年工业经济在调整优化中实现了跨越式发展 [EB/OL]．[2023 -03 -27]．http：//www.gov.cn/test/2008 -11/12/

content _ 1146564. htm.

［251］中国政府网．银保监会新闻发言人就信贷投放情况等答问［EB/OL］．（2021 - 11 - 20）．http：//www. gov. cn/xinwen/2021 - 11/20/content _ 5652112. htm.

［252］中国政府网．中共中央 国务院关于构建更加完善的要素市场化配置体制机制的意见［EB/OL］．［2020 - 3 - 30］．http：//www. gov. cn/zhengce/2020 - 04/09/content _ 5500622. htm.

［253］中国政府网．中共中央关于经济体制改革的决定［EB/OL］．［1984 - 10 - 20］．http：//www. gov. cn/test/2008 - 06/26/content _ 1028140. htm.

［254］钟宁桦，刘志阔，何嘉鑫，等．我国企业债务的结构性问题［J］．经济研究，2016，51（7）：102 - 117.

［255］钟伟，宛圆渊．预算软约束和金融危机理论的微观建构［J］．经济研究，2001（8）：44 - 52，96.

［256］周昌发．中国农村金融生态法治环境建设研究［J］．云南社会科学，2013（2）：144 - 148.

［257］周涛，张子柯，陈关荣，等．复杂网络研究的机遇与挑战［J］．电子科技大学学报，2014，43（1）：1 - 5.

［258］周小川．法治金融生态［J］．中国经济周刊，2005（3）：11.

［259］周小川．区域金融生态环境建设与地方融资的关系［J］．中国金融，2009（16）：8 - 9.

［260］周小川．完善法律制度 改进金融生态［N］．金融时报，2004 - 12 - 07（1）.

［261］邹新月，施锡铨．非国有经济信贷融资困境的理性认识［J］．上海财经大学学报，2002（4）：26 - 31.

［262］Adizes I. Managing Corporate Lifecycles［M］. The Adizes Institute Publishing, 2004.

［263］Allen F, Qian J, Qian M. Law, Finance, and Economic Growth in China［J］. Journal of Financial Economics, 2005, 77（1）: 57 - 116.

［264］Almeida, H., Campello, M., Weisbach, M. S. The Cash Flow Sensitivity of Cash［J］. Journal of Finance, 2004, 59（4）: 1777 - 1804.

[265] Anderson C, The Long Tail: Why The Future of Business Is Selling Less of More [M]. New York: Hyperion, 2006.

[266] Arrow K J. The Organization of Economic Activity: Issues [J]. The Analysis and Evaluation of Public Expenditures: the PPB System, 1969, 1: 47.

[267] Banks E. e – Finance: the Electronic Revolution in Financial Services [M]. John Wiley&Sons, Inc., 2001.

[268] Beck T, Demirguc – Kunt A, Levine R. SMEs, Growth, and Poverty: Cross – Country Evidence [J]. Journal of Economic Growth, 2005, 10 (3): 199 – 229.

[269] Beck, T. Financing Constraints of SMEs in Developing Countries: Evidence, Determinants and Solutions [A]. In KDI 36th Anniversary International Conference [C]. 2007, 4: 26 – 27.

[270] Beck, T., Pamuk, H., Ramrattan, R., et al. Payment Instruments, Finance and Development [J]. Journal of Development Economics, 2018, 133: 162 – 186.

[271] Berger, A. N., Udell, G. F. A More Complete Conceptual Framework for SME Finance [J]. Journal of Banking & Finance, 2006, 30 (11): 2945 – 2966.

[272] Berger, A. N., Udell, G. F. Small Business Credit Availability and Relationship Lending: The Importance of Bank Organisational Structure [J]. The economic Journal, 2002, 112 (477): F32 – F53.

[273] Bernanke, Gertler. Agency Costs, Net Worth, and Business Fluctuations [J]. American Economic Review, 1989, 79 (1): 14 – 31.

[274] Blalock G, Gertler P J. Welfare Gains from Foreign Direct Investment Through Technology Transfer to Local Suppliers [J]. Journal of International Economics, 2008, 74 (2): 402 – 421.

[275] Bronfenbrenner U. The Ecology of Human Development: Experiments by Nature and Design [M]. Cambridge: Harvard University Press, 1979.

[276] Casson M C. Transaction Costs and the Theory of the Multinational Enterprise [M]. New Theories of the Multinational Enterprise (RLE international

business). Routledge, 2013.

[277] Chen, M., Guariglia, A. Internal Financial Constraints and Firm Productivity in China: Do Liquidity and Export behavior Make a Difference? [J]. Journal of Comparative Economics, 2013, 41 (4): 1123 - 1140.

[278] Cheng M, Qu Y. Does Bank FinTech Reduce Credit risk? Evidence from China [J]. Pacific - Basin Finance Journal, 2020, 63: 101398.

[279] Cheng X, Wu J, Liao S S. A Study of Contagion in the Financial System from the Perspective of Network Analytics [J]. Neurocomputing, 2017, 264 (6): 42 - 49.

[280] Cheng, B., Ioannou, I., Serafeim, G. Corporate social Responsibility and Access to Finance [J]. Strategic Management Journal, 2014, 35 (1): 1 - 23.

[281] Coase R H. The Nature of the Firm [J]. Economica, 1937, 4 (16): 386 - 405.

[282] COASE R H. The Problem of Social Cost [J]. Journal of Law and Economics, 1960 (3): 1.

[283] Cowan, K., Drexler, A., &Yañez, Á. The Effect of Credit Guarantees on Credit Availability and Delinquency rates [J]. Journal of Banking & Finance, 2015, 59: 98 - 110.

[284] Cull R, Li W, Sun B, et al. Government Connections and Financial Constraints: Evidence from a Large Representative Sample of Chinese Firms [J]. Journal of Corporate Finance, 2015, 32: 271 - 294.

[285] Dahlman C J. The Problem of Externality [J]. The Journal of Law and Economics, 1979, 22 (1): 141 - 162.

[286] Denis, D. J., Sibilkov, V. Financial Constraints, Investment, and the Value of Cash Holdings [J]. The Review of Financial Studies, 2010, 23 (1): 247 - 269.

[287] Digital Finance Institute. Digital Finance Innovation [EB/OL]. [2021 - 10 - 30]. http://digifin.org/digital - finance - innovation/.

[288] Edwards, A., Schwab, C., Shevlin, T. Financial Constraints and

Cash Tax Savings [J]. The Accounting Review, 2016, 91 (3): 859-881.

[289] Fama E F. Efficient Capital Markets: A Review of Theory and Empirical Work [J]. The Journal of Finance, 1970, 25 (2): 383-417.

[290] Fazzari, S. M., Athey, M. J. Asymmetric information, Financing Constraints, and Investment [J]. The Review of Economics and Statistics, 1987, 69 (3): 481-487.

[291] Fazzari, S., Hubbard, R. G., Petersen, B. C. Financing Constraints and Corporate Investment [J]. Brookings Papers on Economic Activity, 1988 (1): 141-195.

[292] Feng L, Fu T, Apergis N, et al. The Role of Government Intervention in Financial Development: Micro-Evidence from China [J]. Accounting & Finance, 2019, 59 (5): 2855-2878.

[293] Ferguson M F, Peters S R. What Constitutes Evidence of Discrimination in Lending? [J]. The Journal of Finance, 1995, 50 (2): 739-748.

[294] Financial Stability Board. FinTech: Describing the Landscape and a Framework for Analysis [R]. FSB Research Report, 2016.

[295] Firth, M., Lin, C., Liu, P., Wong, S. M. Inside the Black Box: Bank Credit Allocation in China's Private Sector [J]. Journal of Banking & Finance, 2009, 33 (6): 1144-1155.

[296] Ford C. A Regulatory Roadmap for Financial Innovation [M]. Routledge Handbook of Financial Technology and Law. Routledge, 2021.

[297] Fuster, A., Plosser, M., Schnabl, P., and Vickery, J. The Role of Technology in Mortgage Lending [J]. The Review of Financial Studies, 2019, 32 (5): 1854-1899.

[298] George A. The Market for Lemons: Quality Uncertainty and the Market Mechanism [J]. The Quarterly Journal of Economics, 1970, 84 (3): 488-500.

[299] Goldstein, I., Jiang, W., Karolyi, G. A. To FinTech and Beyond [J]. The Review of Financial Studies, 2019, 32 (5): 1647-1661.

[300] Gomber, P., Koch, J. A., Siering, M. Digital Finance and FinTech: Current Research and Future Research Directions [J]. Journal of Business Eco-

nomics, 2017, 87 (5): 537 - 580.

[301] Goodfriend M, Lacker J M. Limited Commitment and Central Bank Lending [J]. Federal Reserve Bank of Richmond Economic Quarterly, 1999, 85 (4): 1.

[302] Greenwald B C, Stiglitz J E, Weiss A. Informational Imperfections in the Capital Market and Macro - Economic Fluctuations [R]. National Bureau of Economic Research, 1984.

[303] Greenwood J, Jovanovic B. Financial Development, Growth, and the Distribution of Income [J]. Journal of Political Economy, 1990, 98 (5, Part 1): 1076 - 1107.

[304] Greiner L E. Evolution and Revolution as Organizations Grow [J]. Harvard Business Review, 1972, 50 (4): 39 - 46.

[305] Hadlock, C. J., Pierce, J. R. New Evidence on Measuring Financial Constraints: Moving Beyond the KZ Index [J]. The Review of Financial Studies, 2010, 23 (5): 1909 - 1940.

[306] Haire M. Biological Models and Empirical Histories of the Growth of Organizations [J]. Modern Organization Theory, 1959, 10: 272 - 306.

[307] Hall, B. H., Moncada - Paternò - Castello, P., Montresor, S., Vezzani, A. Financing Constraints, R&D Investments and Innovative Performances: New Empirical Evidence at the Firm Level for Europe [J]. Economics of Innovation and New Technology, 2016, 25 (3): 183 - 196.

[308] Hennart J F. The Nature of the Transnational Firm [M]. Routledge, 2005: 79 - 126.

[309] Herger N, Hodler R, Lobsiger M. What Determines Financial Development? Culture, Institutions or Trade [J]. Review of World Economics, 2008, 144 (3): 558 - 587.

[310] Hoshi T, Kashyap A, Scharfstein D. Corporate structure, Liquidity, and Investment: Evidence from Japanese Industrial Groups [J]. The Quarterly Journal of Economics, 1991, 106 (1): 33 - 60.

[311] Huang, Y., Lin, C., Sheng, Z., and Wei, L. FinTech Credit and

Service Quality [R] . Working Paper of the University of Hong Kong, 2018.

[312] Jafarey S, Rupert P. Limited Commitment, Money, and Credit [J] . Journal of Economic Theory, 2001, 99 (1 -2): 22 -58.

[313] Jaffee D M, Russell T. Imperfect Information, Uncertainty, and Credit Rationing [J] . The Quarterly Journal of Economics, 1976, 90 (4): 651 -666.

[314] Jensen M C, Meckling W H. Theory of the Firm: Managerial Behavior, Agency Costs and Ownership Structure [J] . Journal of Financial Economics, 1976, 3 (4): 305 -360.

[315] Jensen M C. Agency Costs of Free Cash Flow, Corporate Finance, and Takeovers [J] . The American Economic Review, 1986, 76 (2): 323 -329.

[316] Kanatas G, Stefanadis C. Culture, Financial Development, and Economic Growth [J] . Ssrn Electronic Journal, 2005 (42) .

[317] Katz M L, Shapiro C. Network Externalities, Competition, and Compatibility [J] . The American Economic Review, 1985, 75 (3): 424 -440.

[318] La Porta R, Lopez - de - Silanes F, Shleifer A, et al. Investor Protection and Corporate Governance [J] . Journal of Financial Economics, 2000, 58 (1 -2): 3 -27.

[319] Law, K. K. , Mills, L. F. Taxes and Financial Constraints: Evidence from Linguistic Cues [J] . Journal of Accounting Research, 2015, 53 (4): 777 - 819.

[320] Levine R. Finance and Growth: Theory and Evidence [J] . Handbook of Economic Growth, 2005 (1): 865 -934.

[321] Ligon E, Thomas J P, Worrall T. Informal Insurance Arrangements with Limited Commitment: Theory and Evidence from Village Economies [J] . The Review of Economic Studies, 2002, 69 (1): 209 -244.

[322] Lin, M. , Prabhala, N. R. , Viswanathan, S. Judging Borrowers by the Company They Keep: Friendship Networks and Information Asymmetry in Online Peer - to - peer Lending [J] . Management Science, 2013, 59 (1): 17 -35.

[323] Love, I. Financial Development and Financing Constraints: International Evidence from the Structural Investment model [J] . The Review of Financial

Studies, 2003, 16 (3): 765 – 791.

[324] Lu Z, Zhu J, Zhang W. Bank discrimination, Holding Bank Ownership, and Economic Consequences: Evidence from China [J]. Journal of Banking & Finance, 2012, 36 (2): 341 – 354.

[325] Mann R J. Explaining the Pattern of Secured Credit [M]. The Creation and Interpretation of Commercial Law. Routledge, 2022.

[326] Manyika, J., Lund, S., Singer, M., White, O., & Berry, C. Digital Finance for all: Powering Inclusive Growth in Emerging Economies [R]. McKinsey Global Institute, 2016, 9: 1 – 15.

[327] Marshall A. Principles of Economics [R]. London: The Macmillan Company, Working Paper, 1938.

[328] Mester L J. The Nexus of Macroprudential Supervision, Monetary Policy, and Financial Stability [J]. Journal of Financial Stability, 2017, 30 (7): 177 – 180.

[329] Modigliani F, Miller M H. The Cost of Capital, Corporation Finance and the Theory of Investment [J]. American Economic Review, 1958, 48 (3): 261 – 297.

[330] Myers S C, Majluf N S. Corporate Financing and Investment Decisions When Firms have Information that Investors do not Have [J]. Journal of Financial Economics, 1984, 13 (2): 187 – 221.

[331] Myers S C. The Capital Structure Puzzle [J]. The Journal of Finance, 1984, 39 (3): 574 – 592.

[332] Naeem, K., Li, M. C. Corporate Investment Efficiency: The Role of Financial Development in Firms with Financing Constraints and Agency Issues in OECD Non – Financial firms [J]. International Review of Financial Analysis, 2019, 62: 53 – 68.

[333] Newman C, Rand J, Talbot T, et al. Technology Transfers, Foreign Investment and Productivity Spillovers [J]. European Economic Review, 2015, 76: 168 – 187.

[334] Opler, T., Pinkowitz, L., Stulz, R., Williamson, R. The Determi-

nants and Implications of Corporate Cash Holdings [J] . Journal of Financial Economics, 1999, 52 (1): 3-46.

[335] Osano, H. M. , Languitone, H. Factors Influencing Access to Finance by SMEs in Mozambique: Case of SMEs in Maputo Central Business District [J] . Journal of Innovation and Entrepreneurship, 2016, 5 (1): 1-16.

[336] PEREZ C. Technological Revolutions and Financial Capital [M] . Edward Elgar Publishing, 2003.

[337] Pfeffer J, Salancik G R. The External Control of Organizations: A Resource Dependence Perspective [J] . Social Science Electronic Publishing, 1978, 23: 123-133.

[338] Povel P, Raith M. Financial Constraints and Product Market Competition: ex ante vs. ex Post Incentives [J] . International Journal of Industrial Organization, 2004, 22 (7): 917-949.

[339] Rostow W W. Money and Capital in Economic Development. [J] . American Political Science Review, 1974, 68 (4): 1822-1824.

[340] Ryan, R. M. , O' Toole, C. M. , McCann, F. Does Bank Market Power Affect SME Financing Constraints? [J] . Journal of Banking & Finance, 2014, 49: 495-505.

[341] Sanches D, Williamson S. Money and Credit with Limited Commitment and Theft [J] . Journal of Economic theory, 2010, 145 (4): 1525-1549.

[342] Shaw E S. Financial Deepening in Economic Development [M] . New York: Oxford University Press, 1973.

[343] Stein, J. C. Agency, Information and Corporate Investment [J] . Handbook of the Economics of Finance, 2003 (1): 111-165.

[344] Stigler G J. The economics of Information [J] . Journal of Political Economy, 1961, 69 (3): 213-225.

[345] Stiglitz, J. E. , Weiss, A. Credit rationing in Markets with Imperfect Information [J] . The American Economic Review, 1981, 71 (3): 393-410.

[346] Stulz R M, Williamson R. Culture, Openness, and Finance [J] . Journal of Financial Economics, 2003, 70 (3): 313-349.

[347] Swamy V. Financial Development and Inclusive Growth: Impact of Government Intervention in Prioritised Credit [J]. Zagreb International Review of Economics & Business, 2010, 13 (2): 55-72.

[348] Tansley A G. The Use and Abuse of Vegetational Concepts and Terms [J]. Ecology, 1935, 16 (3): 284-307.

[349] Wang, J., Y. Shen and Y. Huang. Evaluating the Regulatory Scheme for Internet Finance in China: The Case of Peer-to-peer Lending [J]. China Economic Journal, 2016, 9 (3): 272-287.

[350] Wattanapruttipaisan, T. Four Proposals for Improved Financing of SME Development in ASEAN [J]. Asian Development Review, 2003, 20 (2): 66-104.

[351] Whited, T. M., Wu, G. Financial Constraints Risk [J]. The Review of Financial Studies, 2006, 19 (2): 531-559.

[352] Williamson O E. Transaction-cost Economics: the Governance of Contractual Relations [J]. The Journal of Law and Economics, 1979, 22 (2): 233-261.

后　记

融资问题长期以来一直困扰着我国中小企业的生存和发展，当前我国经济社会已进入高质量发展的新时代，运用数字金融通过优化金融生态进而有效缓解中小企业融资约束的研究，尤其显现其重要的理论价值和深刻的现实意义。本书正是在这样的时代背景下，在作者主持完成的国家社会科学基金项目“数字金融支持中小民营企业融资生态链研究”（19BJL075）的基础上进一步充实、改进和完善，并付梓出版。在该项目的申请、研究和结项过程中以及在本书的撰写、数据的整理和内容的更新过程中，除了封面署名的笔者外，罗雨柯博士、雷淳博士也参加了部分章节撰写。此外，腾磊博士、韩喜昆博士、赖广文硕士等参加了本书的部分讨论，并提供了相应数据；谢莹硕士等参与了本书的校对工作。

本书的出版受到“四川大学中央高校基本科研业务费”的资助，并得到笔者工作单位领导和同仁的大力支持；在撰写和出版过程中，本书借鉴和参阅了大量国内外其他作者的文献资料，所引用的文献均已在参考文献或脚注中注明，尽管如此也难免挂一漏万，敬请见谅；中国金融出版社的编辑和工作人员为本书的顺利、按期和高质量出版付出了大量的辛勤和汗水。在此，谨向他们表示诚挚的敬意和衷心的感谢！

本书虽经笔者悉心研究，审慎著述，反复校核，依然难免存在疏误，还望读者不吝赐教，这里一并致谢！

马德功

2023 年 3 月于川大农林村